# Kostentabelle für Notare

## – Bäuerle Tabelle –

Herausgegeben vom
Bayerischen Notarverein e.V.

35. Auflage
Stand vom 1. Januar 2021

Nomos

Die Deutsche Nationalbibliothek verzeichnet diese Publikation in der Deutschen Nationalbibliografie; detaillierte bibliografische Daten sind im Internet über http://dnb.d-nb.de abrufbar.

ISBN 978-3-8487-7053-3

35. Auflage 2021

## Vorwort zur 35. Auflage

Sehr geehrte Leserinnen und Leser,

bald nach Veröffentlichung der Vorauflage hat sich überraschend eine Änderung des GNotKG angekündigt. Es haben sich durch das zum 1.1.2021 in Kraft getretene KostRÄG 2021 einige notarrelevante Vorschriften und Gebühren geändert, so dass schon nach kurzer Zeit die Neuauflage unumgänglich wurde.
Die wegen der neuen KV-Nr. 22115 notwendige 0,1 Gebührenspalte wurde in die Gebührentabelle aufgenommen. Die bisherige 0,6 Gebührenspalte konnte wegen entsprechender Änderung der KV-Nr. 22125 entfernt werden.
Die Gebührentabelle (§ 34 Abs. 2 GNotKG) haben wir dahingehend benutzerfreundlicher gestaltet, indem wir bei den 0,1 und 0,2 Gebührenspalten die Deckelung auf 125,00 € kenntlich gemacht haben. Bei der Gebührentabelle mit den ermäßigten Gebühren (§ 91 GNotKG) haben wir außer der 0,6 Gebührenspalte auch die 0,2 Spalte herausgenommen, ist der dortige Gebührentatbestand doch von der Ermäßigung ausgenommen.

Die zum Jahreswechsel eingetretenen Änderungen hinsichtlich der Rubriken
- Gebäudebewertung nach Brandversicherungssummen;
- Wertberechnung nach Preisindizes für Wohngebäude;
- Sachbezugswerte und
- Düsseldorfer Tabelle

wurden berücksichtigt.

Außerdem wurden die Kostenstichworte wieder überarbeitet. Dort wurde das Grundbuch- und Nachlassgerichtskostenrecht von einem Bezirksrevisor des Amtsgerichts München auf den neuesten Stand gebracht.

Um die Bäuerle-Tabelle noch praxistauglicher zu machen, wurden folgende Tabellen aus dem Bewertungsgesetz neu aufgenommen, nämlich
- über Kapitalwert einer lebenslänglichen Nutzung oder Leistung (§ 14 Abs. 1 BewG) sowie
- über Berichtigungszeiten zur nachträglichen Ermittlung der Gegenleistung bei Nutzungsauflagen (§ 14 Abs. 2 BewG).

So hoffen wir, mit der Neuauflage der traditionellen Bäuerle-Tabelle wieder ein die tägliche Arbeit der Notarinnen und Notare sowie deren fachkundigen Mitarbeiterinnen und Mitarbeiter unterstützendes Werkzeug an die Hand geben zu können.

Selbstverständlich nehmen wir auch künftig gerne Verbesserungsvorschläge entgegen.

München, im Februar 2021 Bayerischer Notarverein e.V.

# Inhalt

## Gebührentabelle nach § 34 Abs. 2 GNotKG (Tabelle B)

| Geschäftswert bis ... € | 0,1 | 0,2 | 0,3 | 0,5 | 1,0 | 2,0 |
|---:|---:|---:|---:|---:|---:|---:|
| **500** | 15,00 | 15,00 | 15,00 | 15,00 | 15,00 | 30,00 |
| **1.000** | 15,00 | 15,00 | 15,00 | 15,00 | 19,00 | 38,00 |
| **1.500** | 15,00 | 15,00 | 15,00 | 15,00 | 23,00 | 46,00 |
| **2.000** | 15,00 | 15,00 | 15,00 | 15,00 | 27,00 | 54,00 |
| **3.000** | 15,00 | 15,00 | 15,00 | 16,50 | 33,00 | 66,00 |
| **4.000** | 15,00 | 15,00 | 15,00 | 19,50 | 39,00 | 78,00 |
| **5.000** | 15,00 | 15,00 | 15,00 | 22,50 | 45,00 | 90,00 |
| **6.000** | 15,00 | 15,00 | 15,30 | 25,50 | 51,00 | 102,00 |
| **7.000** | 15,00 | 15,00 | 17,10 | 28,50 | 57,00 | 114,00 |
| **8.000** | 15,00 | 15,00 | 18,90 | 31,50 | 63,00 | 126,00 |
| **9.000** | 15,00 | 15,00 | 20,70 | 34,50 | 69,00 | 138,00 |
| **10.000** | 15,00 | 15,00 | 22,50 | 37,50 | 75,00 | 150,00 |
| **13.000** | 15,00 | 16,60 | 24,90 | 41,50 | 83,00 | 166,00 |
| **16.000** | 15,00 | 18,20 | 27,30 | 45,50 | 91,00 | 182,00 |
| **19.000** | 15,00 | 19,80 | 29,70 | 49,50 | 99,00 | 198,00 |
| **22.000** | 15,00 | 21,40 | 32,10 | 53,50 | 107,00 | 214,00 |
| **25.000** | 15,00 | 23,00 | 34,50 | 57,50 | 115,00 | 230,00 |
| **30.000** | 15,00 | 25,00 | 37,50 | 62,50 | 125,00 | 250,00 |
| **35.000** | 15,00 | 27,00 | 40,50 | 67,50 | 135,00 | 270,00 |
| **40.000** | 15,00 | 29,00 | 43,50 | 72,50 | 145,00 | 290,00 |
| **45.000** | 15,50 | 31,00 | 46,50 | 77,50 | 155,00 | 310,00 |
| **50.000** | 16,50 | 33,00 | 49,50 | 82,50 | 165,00 | 330,00 |
| **65.000** | 19,20 | 38,40 | 57,60 | 96,00 | 192,00 | 384,00 |
| **80.000** | 21,90 | 43,80 | 65,70 | 109,50 | 219,00 | 438,00 |
| **95.000** | 24,60 | 49,20 | 73,80 | 123,00 | 246,00 | 492,00 |
| **110.000** | 27,30 | 54,60 | 81,90 | 136,50 | 273,00 | 546,00 |
| **125.000** | 30,00 | 60,00 | 90,00 | 150,00 | 300,00 | 600,00 |
| **140.000** | 32,70 | 65,40 | 98,10 | 163,50 | 327,00 | 654,00 |
| **155.000** | 35,40 | 70,80 | 106,20 | 177,00 | 354,00 | 708,00 |
| **170.000** | 38,10 | 76,20 | 114,30 | 190,50 | 381,00 | 762,00 |
| **185.000** | 40,80 | 81,60 | 122,40 | 204,00 | 408,00 | 816,00 |
| **200.000** | 43,50 | 87,00 | 130,50 | 217,50 | 435,00 | 870,00 |
| **230.000** | 48,50 | 97,00 | 145,50 | 242,50 | 485,00 | 970,00 |
| **260.000** | 53,50 | 107,00 | 160,50 | 267,50 | 535,00 | 1.070,00 |
| **290.000** | 58,50 | 117,00 | 175,50 | 292,50 | 585,00 | 1.170,00 |
| **320.000** | 63,50 | | 190,50 | 317,50 | 635,00 | 1.270,00 |

## Gebührentabelle nach § 34 Abs. 2 GNotKG (Tabelle B)

| Geschäftswert bis ... € | 0,1 | 0,2 | 0,3 | 0,5 | 1,0 | 2,0 |
|---|---|---|---|---|---|---|
| 350.000 | 68,50 | ↓ nach KV-Nrn. 25100 bzw. 22114 Höchstgebühr 70,00 bzw. 125,00 | 205,50 | 342,50 | 685,00 | 1.370,00 |
| 380.000 | 73,50 | | 220,50 | 367,50 | 735,00 | 1.470,00 |
| 410.000 | 78,50 | | 235,50 | 392,50 | 785,00 | 1.570,00 |
| 440.000 | 83,50 | | 250,50 | 417,50 | 835,00 | 1.670,00 |
| 470.000 | 88,50 | | 265,50 | 442,50 | 885,00 | 1.770,00 |
| 500.000 | 93,50 | | 280,50 | 467,50 | 935,00 | 1.870,00 |
| 550.000 | 101,50 | | 304,50 | 507,50 | 1.015,00 | 2.030,00 |
| 600.000 | 109,50 | | 328,50 | 547,50 | 1.095,00 | 2.190,00 |
| 650.000 | 117,50 | | 352,50 | 587,50 | 1.175,00 | 2.350,00 |
| 700.000 | ↓ nach KV-Nr. 22115 Höchstgebühr 125,00 | | 376,50 | 627,50 | 1.255,00 | 2.510,00 |
| 750.000 | | | 400,50 | 667,50 | 1.335,00 | 2.670,00 |
| 800.000 | | | 424,50 | 707,50 | 1.415,00 | 2.830,00 |
| 850.000 | | | 448,50 | 747,50 | 1.495,00 | 2.990,00 |
| 900.000 | | | 472,50 | 787,50 | 1.575,00 | 3.150,00 |
| 950.000 | | | 496,50 | 827,50 | 1.655,00 | 3.310,00 |
| 1.000.000 | | | 520,50 | 867,50 | 1.735,00 | 3.470,00 |
| 1.050.000 | | | 544,50 | 907,50 | 1.815,00 | 3.630,00 |
| 1.100.000 | | | 568,50 | 947,50 | 1.895,00 | 3.790,00 |
| 1.150.000 | | | 592,50 | 987,50 | 1.975,00 | 3.950,00 |
| 1.200.000 | | | 616,50 | 1.027,50 | 2.055,00 | 4.110,00 |
| 1.250.000 | | | 640,50 | 1.067,50 | 2.135,00 | 4.270,00 |
| 1.300.000 | | | 664,50 | 1.107,50 | 2.215,00 | 4.430,00 |
| 1.350.000 | | | 688,50 | 1.147,50 | 2.295,00 | 4.590,00 |
| 1.400.000 | | | 712,50 | 1.187,50 | 2.375,00 | 4.750,00 |
| 1.450.000 | | | 736,50 | 1.227,50 | 2.455,00 | 4.910,00 |
| 1.500.000 | | | 760,50 | 1.267,50 | 2.535,00 | 5.070,00 |
| 1.550.000 | | | 784,50 | 1.307,50 | 2.615,00 | 5.230,00 |
| 1.600.000 | | | 808,50 | 1.347,50 | 2.695,00 | 5.390,00 |
| 1.650.000 | | | 832,50 | 1.387,50 | 2.775,00 | 5.550,00 |
| 1.700.000 | | | 856,50 | 1.427,50 | 2.855,00 | 5.710,00 |
| 1.750.000 | | | 880,50 | 1.467,50 | 2.935,00 | 5.870,00 |
| 1.800.000 | | | 904,50 | 1.507,50 | 3.015,00 | 6.030,00 |
| 1.850.000 | | | 928,50 | 1.547,50 | 3.095,00 | 6.190,00 |
| 1.900.000 | | | 952,50 | 1.587,50 | 3.175,00 | 6.350,00 |
| 1.950.000 | | | 976,50 | 1.627,50 | 3.255,00 | 6.510,00 |
| 2.000.000 | | | 1.000,50 | 1.667,50 | 3.335,00 | 6.670,00 |

## Gebührentabelle nach § 34 Abs. 2 GNotKG (Tabelle B)

| Geschäftswert bis ... € | 0,1 | 0,2 | 0,3 | 0,5 | 1,0 | 2,0 |
|---|---|---|---|---|---|---|
| 2.050.000 | ↓ | ↓ | 1.024,50 | 1.707,50 | 3.415,00 | 6.830,00 |
| 2.100.000 | nach | nach | nach | 1.747,50 | 3.495,00 | 6.990,00 |
| 2.150.000 | KV-Nr. | KV-Nrn. | KV-Nr. | 1.787,50 | 3.575,00 | 7.150,00 |
| 2.200.000 | 22115 | 25100 | 22115 | 1.827,50 | 3.655,00 | 7.310,00 |
| 2.250.000 | Höchst- gebühr | bzw. 22114 | Höchst- | 1.867,50 | 3.735,00 | 7.470,00 |
| 2.300.000 | 125,00 | Höchst- | gebühr | 1.907,50 | 3.815,00 | 7.630,00 |
| 2.350.000 | | gebühr | 125,00 | 1.947,50 | 3.895,00 | 7.790,00 |
| 2.400.000 | | 70,00 | 1.192,50 | 1.987,50 | 3.975,00 | 7.950,00 |
| 2.450.000 | | bzw. | 1.216,50 | 2.027,50 | 4.055,00 | 8.110,00 |
| 2.500.000 | | 125,00 | 1.240,50 | 2.067,50 | 4.135,00 | 8.270,00 |
| 2.550.000 | | | 1.264,50 | 2.107,50 | 4.215,00 | 8.430,00 |
| 2.600.000 | | | 1.288,50 | 2.147,50 | 4.295,00 | 8.590,00 |
| 2.650.000 | | | 1.312,50 | 2.187,50 | 4.375,00 | 8.750,00 |
| 2.700.000 | | | 1.336,50 | 2.227,50 | 4.455,00 | 8.910,00 |
| 2.750.000 | | | 1.360,50 | 2.267,50 | 4.535,00 | 9.070,00 |
| 2.800.000 | | | 1.384,50 | 2.307,50 | 4.615,00 | 9.230,00 |
| 2.850.000 | | | 1.408,50 | 2.347,50 | 4.695,00 | 9.390,00 |
| 2.900.000 | | | 1.432,50 | 2.387,50 | 4.775,00 | 9.550,00 |
| 2.950.000 | | | 1.456,50 | 2.427,50 | 4.855,00 | 9.710,00 |
| 3.000.000 | | | 1.480,50 | 2.467,50 | 4.935,00 | 9.870,00 |
| 3.050.000 | | | 1.504,50 | 2.507,50 | 5.015,00 | 10.030,00 |
| 3.100.000 | | | 1.528,50 | 2.547,50 | 5.095,00 | 10.190,00 |
| 3.150.000 | | | 1.552,50 | 2.587,50 | 5.175,00 | 10.350,00 |
| 3.200.000 | | | 1.576,50 | 2.627,50 | 5.255,00 | 10.510,00 |
| 3.250.000 | | | 1.600,50 | 2.667,50 | 5.335,00 | 10.670,00 |
| 3.300.000 | | | 1.624,50 | 2.707,50 | 5.415,00 | 10.830,00 |
| 3.350.000 | | | 1.648,50 | 2.747,50 | 5.495,00 | 10.990,00 |
| 3.400.000 | | | 1.672,50 | 2.787,50 | 5.575,00 | 11.150,00 |
| 3.450.000 | | | 1.696,50 | 2.827,50 | 5.655,00 | 11.310,00 |
| 3.500.000 | | | 1.720,50 | 2.867,50 | 5.735,00 | 11.470,00 |
| 3.550.000 | | | 1.744,50 | 2.907,50 | 5.815,00 | 11.630,00 |
| 3.600.000 | | | 1.768,50 | 2.947,50 | 5.895,00 | 11.790,00 |
| 3.650.000 | | | 1.792,50 | 2.987,50 | 5.975,00 | 11.950,00 |
| 3.700.000 | | | 1.816,50 | 3.027,50 | 6.055,00 | 12.110,00 |
| 3.750.000 | | | 1.840,50 | 3.067,50 | 6.135,00 | 12.270,00 |
| 3.800.000 | | | 1.864,50 | 3.107,50 | 6.215,00 | 12.430,00 |

## Gebührentabelle nach § 34 Abs. 2 GNotKG (Tabelle B)

| Geschäftswert bis ... € | 0,1 | 0,2 | 0,3 | 0,5 | 1,0 | 2,0 |
|---|---|---|---|---|---|---|
| **3.850.000** | ↓ nach KV-Nr. 22115 Höchstgebühr 125,00 | ↓ nach KV-Nrn. 25100 bzw. 22114 Höchstgebühr 70,00 bzw. 125,00 | 1.888,50 | 3.147,50 | 6.295,00 | 12.590,00 |
| **3.900.000** | | | 1.912,50 | 3.187,50 | 6.375,00 | 12.750,00 |
| **3.950.000** | | | 1.936,50 | 3.227,50 | 6.455,00 | 12.910,00 |
| **4.000.000** | | | 1.960,50 | 3.267,50 | 6.535,00 | 13.070,00 |
| **4.050.000** | | | 1.984,50 | 3.307,50 | 6.615,00 | 13.230,00 |
| **4.100.000** | | | 2.008,50 | 3.347,50 | 6.695,00 | 13.390,00 |
| **4.150.000** | | | 2.032,50 | 3.387,50 | 6.775,00 | 13.550,00 |
| **4.200.000** | | | 2.056,50 | 3.427,50 | 6.855,00 | 13.710,00 |
| **4.250.000** | | | 2.080,50 | 3.467,50 | 6.935,00 | 13.870,00 |
| **4.300.000** | | | 2.104,50 | 3.507,50 | 7.015,00 | 14.030,00 |
| **4.350.000** | | | 2.128,50 | 3.547,50 | 7.095,00 | 14.190,00 |
| **4.400.000** | | | 2.152,50 | 3.587,50 | 7.175,00 | 14.350,00 |
| **4.450.000** | | | 2.176,50 | 3.627,50 | 7.255,00 | 14.510,00 |
| **4.500.000** | | | 2.200,50 | 3.667,50 | 7.335,00 | 14.670,00 |
| **4.550.000** | | | 2.224,50 | 3.707,50 | 7.415,00 | 14.830,00 |
| **4.600.000** | | | 2.248,50 | 3.747,50 | 7.495,00 | 14.990,00 |
| **4.650.000** | | | 2.272,50 | 3.787,50 | 7.575,00 | 15.150,00 |
| **4.700.000** | | | 2.296,50 | 3.827,50 | 7.655,00 | 15.310,00 |
| **4.750.000** | | | 2.320,50 | 3.867,50 | 7.735,00 | 15.470,00 |
| **4.800.000** | | | 2.344,50 | 3.907,50 | 7.815,00 | 15.630,00 |
| **4.850.000** | | | 2.368,50 | 3.947,50 | 7.895,00 | 15.790,00 |
| **4.900.000** | | | 2.392,50 | 3.987,50 | 7.975,00 | 15.950,00 |
| **4.950.000** | | | 2.416,50 | 4.027,50 | 8.055,00 | 16.110,00 |
| **5.000.000** | | | 2.440,50 | 4.067,50 | 8.135,00 | 16.270,00 |
| **5.200.000** | | | 2.479,50 | 4.132,50 | 8.265,00 | 16.530,00 |
| **5.400.000** | | | 2.518,50 | 4.197,50 | 8.395,00 | 16.790,00 |
| **5.600.000** | | | 2.557,50 | 4.262,50 | 8.525,00 | 17.050,00 |
| **5.800.000** | | | 2.596,50 | 4.327,50 | 8.655,00 | 17.310,00 |
| **6.000.000** | | | 2.635,50 | 4.392,50 | 8.785,00 | 17.570,00 |
| **6.200.000** | | | 2.674,50 | 4.457,50 | 8.915,00 | 17.830,00 |
| **6.400.000** | | | 2.713,50 | 4.522,50 | 9.045,00 | 18.090,00 |
| **6.600.000** | | | 2.752,50 | 4.587,50 | 9.175,00 | 18.350,00 |
| **6.800.000** | | | 2.791,50 | 4.652,50 | 9.305,00 | 18.610,00 |
| **7.000.000** | | | 2.830,50 | 4.717,50 | 9.435,00 | 18.870,00 |
| **7.200.000** | | | 2.869,50 | 4.782,50 | 9.565,00 | 19.130,00 |
| **7.400.000** | | | 2.908,50 | 4.847,50 | 9.695,00 | 19.390,00 |

## Gebührentabelle nach § 34 Abs. 2 GNotKG (Tabelle B)

| Geschäftswert bis ... € | 0,1 | 0,2 | 0,3 | 0,5 | 1,0 | 2,0 |
|---|---|---|---|---|---|---|
| **7.600.000** | ↓ nach KV-Nr. 22115 Höchstgebühr 125,00 | ↓ nach KV-Nrn. 25100 bzw. 22114 Höchstgebühr 70,00 bzw. 125,00 | 2.947,50 | 4.912,50 | 9.825,00 | 19.650,00 |
| **7.800.000** | | | 2.986,50 | 4.977,50 | 9.955,00 | 19.910,00 |
| 8.000.000 | | | 3.025,50 | 5.042,50 | 10.085,00 | 20.170,00 |
| **8.200.000** | | | 3.064,50 | 5.107,50 | 10.215,00 | 20.430,00 |
| **8.400.000** | | | 3.103,50 | 5.172,50 | 10.345,00 | 20.690,00 |
| **8.600.000** | | | 3.142,50 | 5.237,50 | 10.475,00 | 20.950,00 |
| **8.800.000** | | | 3.181,50 | 5.302,50 | 10.605,00 | 21.210,00 |
| **9.000.000** | | | 3.220,50 | 5.367,50 | 10.735,00 | 21.470,00 |
| **9.200.000** | | | 3.259,50 | 5.432,50 | 10.865,00 | 21.730,00 |
| **9.400.000** | | | 3.298,50 | 5.497,50 | 10.995,00 | 21.990,00 |
| **9.600.000** | | | 3.337,50 | 5.562,50 | 11.125,00 | 22.250,00 |
| **9.800.000** | | | 3.376,50 | 5.627,50 | 11.255,00 | 22.510,00 |
| 10.000.000 | | | 3.415,50 | 5.692,50 | 11.385,00 | 22.770,00 |
| **10.250.000** | | | 3.460,50 | 5.767,50 | 11.535,00 | 23.070,00 |
| **10.500.000** | | | 3.505,50 | 5.842,50 | 11.685,00 | 23.370,00 |
| **10.750.000** | | | 3.550,50 | 5.917,50 | 11.835,00 | 23.670,00 |
| **11.000.000** | | | 3.595,50 | 5.992,50 | 11.985,00 | 23.970,00 |
| **11.250.000** | | | 3.640,50 | 6.067,50 | 12.135,00 | 24.270,00 |
| **11.500.000** | | | 3.685,50 | 6.142,50 | 12.285,00 | 24.570,00 |
| **11.750.000** | | | 3.730,50 | 6.217,50 | 12.435,00 | 24.870,00 |
| **12.000.000** | | | 3.775,50 | 6.292,50 | 12.585,00 | 25.170,00 |
| **12.250.000** | | | 3.820,50 | 6.367,50 | 12.735,00 | 25.470,00 |
| 12.500.000 | | | 3.865,50 | 6.442,50 | 12.885,00 | 25.770,00 |
| **12.750.000** | | | 3.910,50 | 6.517,50 | 13.035,00 | 26.070,00 |
| **13.000.000** | | | 3.955,50 | 6.592,50 | 13.185,00 | 26.370,00 |
| **13.250.000** | | | 4.000,50 | 6.667,50 | 13.335,00 | 26.670,00 |
| **13.500.000** | | | 4.045,50 | 6.742,50 | 13.485,00 | 26.970,00 |
| **13.750.000** | | | 4.090,50 | 6.817,50 | 13.635,00 | 27.270,00 |
| **14.000.000** | | | 4.135,50 | 6.892,50 | 13.785,00 | 27.570,00 |
| **14.250.000** | | | 4.180,50 | 6.967,50 | 13.935,00 | 27.870,00 |
| **14.500.000** | | | 4.225,50 | 7.042,50 | 14.085,00 | 28.170,00 |
| **14.750.000** | | | 4.270,50 | 7.117,50 | 14.235,00 | 28.470,00 |
| 15.000.000 | | | 4.315,50 | 7.192,50 | 14.385,00 | 28.770,00 |
| **15.250.000** | | | 4.360,50 | 7.267,50 | 14.535,00 | 29.070,00 |
| **15.500.000** | | | 4.405,50 | 7.342,50 | 14.685,00 | 29.370,00 |
| **15.750.000** | | | 4.450,50 | 7.417,50 | 14.835,00 | 29.670,00 |

## Gebührentabelle nach § 34 Abs. 2 GNotKG (Tabelle B)

| Geschäftswert bis ... € | 0,1 | 0,2 | 0,3 | 0,5 | 1,0 | 2,0 |
|---|---|---|---|---|---|---|
| **16.000.000** | ↓<br>nach<br>KV-Nr.<br>22115<br>Höchst-<br>gebühr<br>125,00 | ↓<br>nach<br>KV-Nrn.<br>25100<br>bzw.<br>22114<br>Höchst-<br>gebühr<br>70,00<br>bzw.<br>125,00 | 4.495,50 | 7.492,50 | 14.985,00 | 29.970,00 |
| **16.250.000** | | | 4.540,50 | 7.567,50 | 15.135,00 | 30.270,00 |
| **16.500.000** | | | 4.585,50 | 7.642,50 | 15.285,00 | 30.570,00 |
| **16.750.000** | | | 4.630,50 | 7.717,50 | 15.435,00 | 30.870,00 |
| **17.000.000** | | | 4.675,50 | 7.792,50 | 15.585,00 | 31.170,00 |
| **17.250.000** | | | 4.720,50 | 7.867,50 | 15.735,00 | 31.470,00 |
| **17.500.000** | | | 4.765,50 | 7.942,50 | 15.885,00 | 31.770,00 |
| **17.750.000** | | | 4.810,50 | 8.017,50 | 16.035,00 | 32.070,00 |
| 18.000.000 | | | 4.855,50 | 8.092,50 | 16.185,00 | 32.370,00 |
| **18.250.000** | | | 4.900,50 | 8.167,50 | 16.335,00 | 32.670,00 |
| **18.500.000** | | | 4.945,50 | 8.242,50 | 16.485,00 | 32.970,00 |
| **18.750.000** | | | 4.990,50 | 8.317,50 | 16.635,00 | 33.270,00 |
| **19.000.000** | | | 5.035,50 | 8.392,50 | 16.785,00 | 33.570,00 |
| **19.250.000** | | | 5.080,50 | 8.467,50 | 16.935,00 | 33.870,00 |
| **19.500.000** | | | 5.125,50 | 8.542,50 | 17.085,00 | 34.170,00 |
| **19.750.000** | | | 5.170,50 | 8.617,50 | 17.235,00 | 34.470,00 |
| **20.000.000** | | | 5.215,50 | 8.692,50 | 17.385,00 | 34.770,00 |
| **20.500.000** | | | 5.299,50 | 8.832,50 | 17.665,00 | 35.330,00 |
| **21.000.000** | | | 5.383,50 | 8.972,50 | 17.945,00 | 35.890,00 |
| **21.500.000** | | | 5.467,50 | 9.112,50 | 18.225,00 | 36.450,00 |
| **22.000.000** | | | 5.551,50 | 9.252,50 | 18.505,00 | 37.010,00 |
| **22.500.000** | | | 5.635,50 | 9.392,50 | 18.785,00 | 37.570,00 |
| **23.000.000** | | | 5.719,50 | 9.532,50 | 19.065,00 | 38.130,00 |
| **23.500.000** | | | 5.803,50 | 9.672,50 | 19.345,00 | 38.690,00 |
| **24.000.000** | | | 5.887,50 | 9.812,50 | 19.625,00 | 39.250,00 |
| **24.500.000** | | | 5.971,50 | 9.952,50 | 19.905,00 | 39.810,00 |
| **25.000.000** | | | 6.055,50 | 10.092,50 | 20.185,00 | 40.370,00 |
| **25.500.000** | | | 6.139,50 | 10.232,50 | 20.465,00 | 40.930,00 |
| **26.000.000** | | | 6.223,50 | 10.372,50 | 20.745,00 | 41.490,00 |
| **26.500.000** | | | 6.307,50 | 10.512,50 | 21.025,00 | 42.050,00 |
| **27.000.000** | | | 6.391,50 | 10.652,50 | 21.305,00 | 42.610,00 |
| **27.500.000** | | | 6.475,50 | 10.792,50 | 21.585,00 | 43.170,00 |
| **28.000.000** | | | 6.559,50 | 10.932,50 | 21.865,00 | 43.730,00 |
| **28.500.000** | | | 6.643,50 | 11.072,50 | 22.145,00 | 44.290,00 |
| **29.000.000** | | | 6.727,50 | 11.212,50 | 22.425,00 | 44.850,00 |
| **29.500.000** | | | 6.811,50 | 11.352,50 | 22.705,00 | 45.410,00 |

## Gebührentabelle nach § 34 Abs. 2 GNotKG (Tabelle B)

| Geschäftswert bis ... € | 0,1 | 0,2 | 0,3 | 0,5 | 1,0 | 2,0 |
|---|---|---|---|---|---|---|
| **30.000.000** | ↓ nach KV-Nr. 22115 Höchstgebühr 125,00 | ↓ nach KV-Nrn. 25100 bzw. 22114 Höchstgebühr 70,00 bzw. 125,00 | 6.895,50 | 11.492,50 | 22.985,00 | 45.970,00 |
| **31.000.000** | | | 6.931,50 | 11.552,50 | 23.105,00 | 46.210,00 |
| **32.000.000** | | | 6.967,50 | 11.612,50 | 23.225,00 | 46.450,00 |
| **33.000.000** | | | 7.003,50 | 11.672,50 | 23.345,00 | 46.690,00 |
| **34.000.000** | | | 7.039,50 | 11.732,50 | 23.465,00 | 46.930,00 |
| **35.000.000** | | | 7.075,50 | 11.792,50 | 23.585,00 | 47.170,00 |
| **36.000.000** | | | 7.111,50 | 11.852,50 | 23.705,00 | 47.410,00 |
| **37.000.000** | | | 7.147,50 | 11.912,50 | 23.825,00 | 47.650,00 |
| **38.000.000** | | | 7.183,50 | 11.972,50 | 23.945,00 | 47.890,00 |
| **39.000.000** | | | 7.219,50 | 12.032,50 | 24.065,00 | 48.130,00 |
| **40.000.000** | | | 7.255,50 | 12.092,50 | 24.185,00 | 48.370,00 |
| **41.000.000** | | | 7.291,50 | 12.152,50 | 24.305,00 | 48.610,00 |
| **42.000.000** | | | 7.327,50 | 12.212,50 | 24.425,00 | 48.850,00 |
| **43.000.000** | | | 7.363,50 | 12.272,50 | 24.545,00 | 49.090,00 |
| **44.000.000** | | | 7.399,50 | 12.332,50 | 24.665,00 | 49.330,00 |
| **45.000.000** | | | 7.435,50 | 12.392,50 | 24.785,00 | 49.570,00 |
| **46.000.000** | | | 7.471,50 | 12.452,50 | 24.905,00 | 49.810,00 |
| 47.000.000 | | | 7.507,50 | 12.512,50 | 25.025,00 | 50.050,00 |
| **48.000.000** | | | 7.543,50 | 12.572,50 | 25.145,00 | 50.290,00 |
| **49.000.000** | | | 7.579,50 | 12.632,50 | 25.265,00 | 50.530,00 |
| **50.000.000** | | | 7.615,50 | 12.692,50 | 25.385,00 | 50.770,00 |
| **51.000.000** | | | 7.651,50 | 12.752,50 | 25.505,00 | 51.010,00 |
| **52.000.000** | | | 7.687,50 | 12.812,50 | 25.625,00 | 51.250,00 |
| 53.000.000 | | | 7.723,50 | 12.872,50 | 25.745,00 | 51.490,00 |
| **54.000.000** | | | 7.759,50 | 12.932,50 | 25.865,00 | 51.730,00 |
| **55.000.000** | | | 7.795,50 | 12.992,50 | 25.985,00 | 51.970,00 |
| **56.000.000** | | | 7.831,50 | 13.052,50 | 26.105,00 | 52.210,00 |
| **57.000.000** | | | 7.867,50 | 13.112,50 | 26.225,00 | 52.450,00 |
| **58.000.000** | | | 7.903,50 | 13.172,50 | 26.345,00 | 52.690,00 |
| **59.000.000** | | | 7.939,50 | 13.232,50 | 26.465,00 | 52.930,00 |
| **60.000.000** | | | 7.975,50 | 13.292,50 | 26.585,00 | 53.170,00 |

## **Die wichtigsten Gebührensätze**
mit einigen Beispielen (grobe Übersicht)

| | |
|---|---|
| **2,0 Gebühr** | Ehevertrag (Nr. 21100)<br>Erbvertrag (Nr. 21100)<br>sonstiger Vertrag (Nr. 21100)<br>Gemeinschaftliches Testament (Nr. 21100, Vorbem.2.1.1 Nr.2)<br>Vertragsangebot (Nr. 21100, Vorbem.2.1.1 Nr.1)<br>Vermächtniserfüllung zu privatschriftlichem Testament (Nr. 21100)<br>Beschluss (Nr. 21100)<br>Verlosung (Nr. 23200)<br>Vollstreckbarerklärung eines Schiedsspruchs mit vereinbartem Wortlaut (Nr. 23801) |
| **1,0 Gebühr** | Vertragsannahme, wenn mit Zwangsvollstreckungsunterwerfung (Nr. 21200)<br>Verfügungsgeschäft zu Urkunde von anderem deutschen Notar (Nr. 21102 Nr.1)<br>Vermächtniserfüllung zu Erbvertrag oder öffentlichem Testament (Nr. 21102 Nr.1)<br>Aufhebung eines Vertrags, auch Erbvertrags (Nr. 21102 Nr.2)<br>Vollmacht (Nr. 21200)<br>Zustimmung (Nr. 21200)<br>Sonstige Erklärung, soweit keine Sonderbestimmung besteht (Nr. 21200)<br>Eidesstattliche Versicherung (Nr. 23300)<br>Bescheinigung über Tatsachen oder Verhältnisse (Nr. 25104)<br>Verwahrung bis 13 Mio € (Nr. 25300) |
| **0,5 Gebühr** | Vertragsannahme, wenn ohne Zwangsvollstreckungsunterwerfung (Nr. 21101 Nr.1)<br>Verfügungsgeschäft zu Urkunde vom selben Notar[1] (Nr. 21101 Nr.2)<br>Widerruf einer letztwilligen Verfügung (Nr. 21201 Nr.1)<br>Rücktritt von Erbvertrag (Nr. 21201 Nr.2)<br>Anfechtung einer Verfügung von Todes wegen (Nr. 21201 Nr.3)<br>Grundbucherklärung (Nr. 21201 Nr.4)<br>Anmeldung zum Handelsregister oder ähnlichem Register (Nr. 21201 Nr.5)<br>Antrag an das Nachlassgericht (Nr. 21201 Nr.6)<br>Ausschlagung der Erbschaft (Nr. 21201 Nr.7)<br>Zustimmung zur Annahme als Kind (Nr. 21201 Nr.8)<br>Vollzugsgebühr - wenn das Beurkundungsverfahren 2,0 beträgt[2] (Nr. 22110)<br>Betreuungsgebühr (Nr. 222003)<br>Treuhandgebühr (Nr. 22201)<br>Erteilung einer vollstr. Ausf. wenn Eintritt einer Tatsache etc. zu prüfen ist (Nr. 23803) |
| **0,3 Gebühr** | Vollzugsgebühr - wenn das Beurkundungsverfahren weniger als 2,0 beträgt (Nr. 22111)<br>Rückgabe eines Erbvertrags aus notarieller Verwahrung (Nr. 23100)<br>Rangbescheinigung § 122 GNotKG (Nr. 25201) |
| **0,2 Gebühr** | Unterschriftsbeglaubigung[3] (Nr. 25100)<br>Erzeugung XML-Strukturdaten (Nr. 22114) |
| **0,1 Gebühr** | Erzeugung XML-Strukturdaten, wenn eine andere Gebühr dieses Unterabschnitts entsteht (Nr. 22115) |

1 Dem selben Notar steht gleich der Aktenverwahrer gem. § 51 BNotO, der Notariatsverwalter gem. § 56 BNotO oder ein anderer Notar, mit dem der Notar am Ort seines Amtssitzes zur gemeinsamen Berufsausübung verbunden ist oder mit dem er dort gemeinsame Geschäftsräume unterhält (Vorbem. 2)

2 Ggf. mit Höchstgebühr

3 Mindestens 20 €, höchstens 70 €; u.U. Festgebühr mit 20 €

## Mögliche zusätzliche Gebühren

Neben einer Beurkundungsgebühr können u.a. folgende zusätzliche Gebühren entstehen:

| | | | |
|---|---|---|---|
| **Vollzugsgebühr**[1]<br>Nrn. 22110 - 22113 Geschäftswert: wie bei der Beurkundung, § 112 GNotKG | | | |
| 1. | Anforderung und Prüfung einer Erklärung oder Bescheinigung nach öffentlich-rechtlichen Vorschriften, mit Ausnahme der Unbedenklichkeitsbescheinigung des Finanzamts, | (für jede Tätigkeit höchstens 50 €)[2] | 0,5 (wenn die Gebühr für das zugrunde liegende Beurkundungsverfahren weniger als 2,0 beträgt, dann 0,3) für jedes Beurkundungsverfahren nur einmal |
| 2. | Anforderung und Prüfung einer anderen als der in Nr. 4 genannten gerichtlichen Entscheidung oder Bescheinigung, dies gilt auch für die Ermittlung des Inhalts eines ausländischen Registers, | | |
| 3. | Fertigung, Änderung oder Ergänzung der Liste der Gesellschafter (§ 8 Abs. 1 Nr. 3, § 40 GmbHG) oder der Liste der Personen, welche neue Geschäftsanteile übernommen haben (§ 57 Abs. 3 Nr. 2 GmbHG), | (für jede Tätigkeit höchstens 250 €)[3] | |
| 4. | Anforderung und Prüfung einer Entscheidung des Familien-, Betreuungs- oder Nachlassgerichts einschließlich aller Tätigkeiten des Notars gemäß den §§ 1828 und 1829 BGB im Namen der Beteiligten sowie die Erteilung einer Bescheinigung über die Wirksamkeit oder Unwirksamkeit des Rechtsgeschäfts, | | |
| 5. | Anforderung und Prüfung einer Vollmachtsbestätigung oder einer privatrechtlichen Zustimmungserklärung,[4] | | |
| 6. | Anforderung und Prüfung einer privatrechtlichen Verzichtserklärung, | | |
| 7. | Anforderung und Prüfung einer Erklärung über die Ausübung oder Nichtausübung eines privatrechtlichen Vorkaufs- oder Wiederkaufsrechts, | | |
| 8. | Anforderung und Prüfung einer Erklärung über die Zustimmung zu einer Schuldübernahme oder einer Entlassung aus der Haftung, | | |
| 9. | Anforderung und Prüfung einer Erklärung oder sonstigen Urkunde zur Verfügung über ein Recht an einem Grundstück oder einem grundstücksgleichen Recht sowie zur Löschung oder Inhaltsänderung einer sonstigen Eintragung im Grundbuch oder in einem Register oder Anforderung und Prüfung einer Erklärung, inwieweit ein Grundpfandrecht eine Verbindlichkeit sichert, | | |
| 10. | Anforderung und Prüfung einer Verpflichtungserklärung betreffend eine in Nr. 9 genannte Verfügung oder einer Erklärung über die Nichtausübung eines Rechts und | | |
| 11. | über die in den Nrn. 1 und 2 genannten Tätigkeiten hinausgehende Tätigkeit für die Beteiligten gegenüber der Behörde, dem Gericht oder der Körperschaft oder Anstalt des öffentlichen Rechts.[5] | | |
| **Elektronischer Vollzug und XML-Strukturdaten**<br>Nr. 22114 | | | |
| | Erzeugung von strukturierten Daten in Form der Extensible Markup Language (XML) oder in einem nach dem Stand der Technik vergleichbaren Format für eine automatisierte Weiterbearbeitung → (Nr. 22115: 0,1 Gebühr – höchstens 125,00 €, wenn neben der Gebühr 22114 eine andere Gebühr dieses Unterabschnitts entsteht.) | 0,2 – höchstens 125,00 € (für jede Urkunde nur einmal) | |

1 Wird eine Vollzugstätigkeit unter Beteiligung eines ausländischen Gerichts oder einer ausländischen Behörde vorgenommen, bestimmt sich die Vollzugsgebühr nach Unterabschnitt 2 (Nrn. 22120 ff)
2 Kostenverzeichnis Nr. 22112
3 Kostenverzeichnis Nr. 22113
4 Zustimmungsbeschlüsse stehen Zustimmungserklärungen gleich
5 Z.B. Stellung des Antrags auf amtliche Vermessung

## Mögliche zusätzliche Gebühren

| | | |
|---|---|---|
| **Betreuungsgebühr**<br>Nr. 22200 Geschäftswert: wie bei der Beurkundung, § 113 Abs. 1 GNotKG | | |
| 1. | Erteilung einer Bescheinigung über den Eintritt der Wirksamkeit von Verträgen, Erklärungen und Beschlüssen, | 0,5<br>(für jedes Beurkundungsverfahren nur einmal) |
| 2. | Prüfung und Mitteilung des Vorliegens von Fälligkeitsvoraussetzungen einer Leistung oder Teilleistung, | |
| 3. | Beachtung einer Auflage eines an dem Beurkundungsverfahren Beteiligten im Rahmen eines Treuhandauftrags, eine Urkunde oder Auszüge einer Urkunde nur unter bestimmten Bedingungen herauszugeben, wenn die Herausgabe nicht lediglich davon abhängt, dass ein Beteiligter der Herausgabe zustimmt, oder die Erklärung der Bewilligung nach § 19 GBO aufgrund einer Vollmacht, wenn diese nur unter bestimmten Bedingungen abgegeben werden soll, | |
| 4. | Prüfung und Beachtung der Auszahlungsvoraussetzungen von verwahrtem Geld und der Ablieferungsvoraussetzungen von verwahrten Wertpapieren und Kostbarkeiten, | |
| 5. | Anzeige oder Anmeldung einer Tatsache, insbesondere einer Abtretung oder Verpfändung, an einen nicht an dem Beurkundungsverfahren Beteiligten zur Erzielung einer Rechtsfolge, wenn sich die Tätigkeit des Notars nicht darauf beschränkt, dem nicht am Beurkundungsverfahren Beteiligten die Urkunde oder eine Kopie oder eine Ausfertigung der Urkunde zu übermitteln, | |
| 6. | Erteilung einer Bescheinigung über Veränderungen hinsichtlich der Personen der Gesellschafter oder des Umfangs ihrer Beteiligung (§ 40 Abs. 2 GmbHG), wenn Umstände außerhalb der Urkunde zu prüfen sind, und | |
| 7. | Entgegennahme der für den Gläubiger bestimmten Ausfertigung einer Grundpfandrechtsbestellungsurkunde zur Herbeiführung der Bindungswirkung gem. § 873 Abs. 2 BGB. | |
| | | |
| **Treuhandgebühr**<br>Nr. 22201 Geschäftswert: Wert des Sicherungsinteresses, § 113 Abs. 2 GNotKG | | |
| | Die Treuhandgebühr entsteht für die Beachtung von Auflagen durch einen nicht unmittelbar an dem Beurkundungsverfahren Beteiligten, eine Urkunde oder Auszüge einer Urkunde nur unter bestimmten Bedingungen herauszugeben. Die Gebühr entsteht für jeden Treuhandauftrag gesondert. | 0,5<br>(für jeden Treuhandauftrag gesondert) |
| | | |
| **Vertretungsbescheinigung etc.**<br>Nr. 25200 | | |
| | Erteilung einer Bescheinigung nach § 21 Abs. 1 BNotO →<br>*(§ 21 Abs. 1 BNotO:*<br>*Die Notare sind zuständig,*<br>*1. Bescheinigungen über eine Vertretungsberechtigung sowie*<br>*2. Bescheinigungen über das Bestehen oder den Sitz einer juristischen Person oder Handelsgesellschaft, die Firmenänderung, eine Umwandlung oder sonstige rechtserhebliche Umstände auszustellen,*<br>*wenn sich diese Umstände aus einer Eintragung im Handelsregister oder in einem ähnlichen Register ergeben. Die Bescheinigung hat die gleiche Beweiskraft wie ein Zeugnis des Registergerichts.)* | 15 €<br>für jedes Registerblatt, dessen Einsicht zur Erteilung erforderlich ist |

## Mögliche zusätzliche Gebühren

| | | |
|---|---|---|
| **Unzeitgebühr**<br>Nr. 26000 | | |
| | Tätigkeiten, die auf Verlangen der Beteiligten an Sonntagen und allgemeinen Feiertagen, an Sonnabenden vor 8 und nach 13 Uhr sowie an den übrigen Werktagen außerhalb der Zeit von 8 bis 18 Uhr vorgenommen werden →<br>(1) Treffen mehrere der genannten Voraussetzungen zu, so wird die Gebühr nur einmal erhoben.<br>(2) Die Gebühr fällt nur an, wenn bei den einzelnen Geschäften nichts anderen bestimmt ist. | in Höhe von 30 % der für das Verfahren oder das Geschäft zu erhebenden Gebühr – höchstens 30 € |
| | | |
| **Fremde Sprache**<br>Nr. 26001 | | |
| | Abgabe der zu beurkundenden Erklärung eines Beteiligten in einer fremden Sprache ohne Hinzuziehung eines Dolmetschers sowie Beurkundung, Beglaubigung oder Bescheinigung in einer fremden Sprache oder Übersetzung einer Erklärung in eine andere Sprache →<br>Mit der Gebühr ist auch die Erteilung einer Bescheinigung gem. § 50 BeurkG abgegolten. | in Höhe von 30 % der für das Beurkundungsverfahren, für eine Beglaubigung oder Bescheinigung zu erhebenden Gebühr – höchstens 5.000 € |
| | | |
| **Auswärtsgebühr**[6]<br>Nr. 26002 | | |
| | Die Tätigkeit wird auf Verlangen eines Beteiligten außerhalb der Geschäftsstelle des Notars vorgenommen:<br>Zusatzgebühr für jede angefangene halbe Stunde der Abwesenheit, wenn nicht die Gebühr 26003 entsteht →<br>(1) Nimmt der Notar mehrere Geschäfte vor, so entsteht die Gebühr nur einmal. Sie ist auf die einzelnen Geschäfte unter Berücksichtigung der für jedes Geschäft aufgewandten Zeit angemessen zu verteilen.<br>(2) Die Zusatzgebühr wird auch dann erhoben, wenn ein Geschäft aus einem in der Person eines Beteiligten liegenden Grund nicht vorgenommen wird.<br>(3) Neben dieser Gebühr wird kein Tages- und Abwesenheitsgeld (Nr. 32008) erhoben. | 50 €<br>(für jede angefangene halbe Stunde) |
| Nr. 26003 | | |
| | Die Tätigkeit wird auf Verlangen eines Beteiligten außerhalb der Geschäftsstelle des Notars vorgenommen und betrifft **ausschließlich**<br>1. die Errichtung, Aufhebung oder Änderung einer Verfügung von Todes wegen,<br>2. die Errichtung, den Widerruf oder die Änderung einer Vollmacht, die zur Registrierung im Zentralen Vorsorgeregister geeignet ist,<br>3. die Abgabe einer Erklärung gem. § 1897 Abs. 4 BGB[7] oder<br>4. eine Willensäußerung eines Beteiligten hinsichtlich seiner medizinischen Behandlung oder deren Abbruch:<br>Zusatzgebühr →<br>Die Gebühr entsteht für jeden Auftraggeber nur einmal. Im Übrigen gelten die Absätze 2 und 3 der Anmerkung zu 26002 entsprechend. | 50 €<br>(für jeden Auftraggeber einmal) |

6 Wegen Auslagen bei Geschäftsreise siehe unter Auslagen. Eine Geschäftsreise liegt vor, wenn das Reiseziel außerhalb der Gemeinde liegt, in der sich der Amtssitz oder die Wohnung des Notars befindet (Anm. 3.2 Abs. 2)

7 Vorschlag einer Person zur Bestellung zum Betreuer

# Dokumentenpauschale

Nr. 32001

Die Dokumentenpauschale für Ausfertigungen, Kopien und Ausdrucke bis zur Größe von DIN A 3, die

1. **ohne besonderen Antrag** von eigenen Niederschriften, eigenen Entwürfen und von Urkunden, auf denen der Notar eine Unterschrift beglaubigt hat, angefertigt oder per Telefax übermittelt worden sind; dies gilt nur, wenn die Dokumente nicht beim Notar verbleiben,
2. in einem Beurkundungsverfahren auf besonderen Antrag angefertigt oder per Telefax übermittelt worden sind; dies gilt nur, wenn der Antrag spätestens bei der Aufnahme der Niederschrift gestellt wird,
3. bei einem Auftrag zur Erstellung eines Entwurfs auf besonderen Antrag angefertigt oder per Telefax übermittelt worden sind; dies gilt nur, wenn der Antrag spätestens am Tag vor der Versendung des Entwurfs gestellt wird:

je Seite → 0,15 €;
je Seite in Farbe → 0,30 €.

Nachstehende Tabelle für Seiten bis DIN A 3 nicht in Farbe:

| Seiten | Euro | Seiten | Euro | Seiten | Euro | Seiten | Euro |
|---|---|---|---|---|---|---|---|
| 1 | 0,15 | 27 | 4,05 | 53 | 7,95 | 79 | 11,85 |
| 2 | 0,30 | 28 | 4,20 | 54 | 8,10 | 80 | 12,00 |
| 3 | 0,45 | 29 | 4,35 | 55 | 8,25 | 81 | 12,15 |
| 4 | 0,60 | 30 | 4,50 | 56 | 8,40 | 82 | 12,30 |
| 5 | 0,75 | 31 | 4,65 | 57 | 8,55 | 83 | 12,45 |
| 6 | 0,90 | 32 | 4,80 | 58 | 8,70 | 84 | 12,60 |
| 7 | 1,05 | 33 | 4,95 | 59 | 8,85 | 85 | 12,75 |
| 8 | 1,20 | 34 | 5,10 | 60 | 9,00 | 86 | 12,90 |
| 9 | 1,35 | 35 | 5,25 | 61 | 9,15 | 87 | 13,05 |
| 10 | 1,50 | 36 | 5,40 | 62 | 9,30 | 88 | 13,20 |
| 11 | 1,65 | 37 | 5,55 | 63 | 9,45 | 89 | 13,35 |
| 12 | 1,80 | 38 | 5,70 | 64 | 9,60 | 90 | 13,50 |
| 13 | 1,95 | 39 | 5,85 | 65 | 9,75 | 91 | 13,65 |
| 14 | 2,10 | 40 | 6,00 | 66 | 9,90 | 92 | 13,80 |
| 15 | 2,25 | 41 | 6,15 | 67 | 10,05 | 93 | 13,95 |
| 16 | 2,40 | 42 | 6,30 | 68 | 10,20 | 94 | 14,10 |
| 17 | 2,55 | 43 | 6,45 | 69 | 10,35 | 95 | 14,25 |
| 18 | 2,70 | 44 | 6,60 | 70 | 10,50 | 96 | 14,40 |
| 19 | 2,85 | 45 | 6,75 | 71 | 10,65 | 97 | 14,55 |
| 20 | 3,00 | 46 | 6,90 | 72 | 10,80 | 98 | 14,70 |
| 21 | 3,15 | 47 | 7,05 | 73 | 10,95 | 99 | 14,85 |
| 22 | 3,30 | 48 | 7,20 | 74 | 11,10 | 100 | 15,00 |
| 23 | 3,45 | 49 | 7,35 | 75 | 11,25 | 101 | 15,15 |
| 24 | 3,60 | 50 | 7,50 | 76 | 11,40 | 102 | 15,30 |
| 25 | 3,75 | 51 | 7,65 | 77 | 11,55 | 103 | 15,45 |
| 26 | 3,90 | 52 | 7,80 | 78 | 11,70 | 104 | 15,60 |

Nr. 32000

Pauschale für die Herstellung und Überlassung von Ausfertigungen, Kopien und Ausdrucken (Dokumentenpauschale) bis zur Größe von DIN A 3, die **auf besonderen Antrag** angefertigt oder per Telefax übermittelt worden sind:[1]

für die ersten 50 Seiten je Seite → 0,50 €;
für jede weitere Seite → 0,15 €;
für die ersten 50 Seiten in Farbe je Seite → 1,00 €;
für jede weitere Seite in Farbe → 0,30 €.

Nachstehende Tabelle für Seiten bis DIN A 3 nicht in Farbe:

| Seiten | Euro | Seiten | Euro |
|---|---|---|---|
| 1 | 0,50 | 25 | 12,50 |
| 2 | 1,00 | 26 | 13,00 |
| 3 | 1,50 | 27 | 13,50 |
| 4 | 2,00 | 28 | 14,00 |
| 5 | 2,50 | 29 | 14,50 |
| 6 | 3,00 | 30 | 15,00 |
| 7 | 3,50 | 31 | 15,50 |
| 8 | 4,00 | 32 | 16,00 |
| 9 | 4,50 | 33 | 16,50 |
| 10 | 5,00 | 34 | 17,00 |
| 11 | 5,50 | 35 | 17,50 |
| 12 | 6,00 | 36 | 18,00 |
| 13 | 6,50 | 37 | 18,50 |
| 14 | 7,00 | 38 | 19,00 |
| 15 | 7,50 | 39 | 19,50 |
| 16 | 8,00 | 40 | 20,00 |
| 17 | 8,50 | 41 | 20,50 |
| 18 | 9,00 | 42 | 21,00 |
| 19 | 9,50 | 43 | 21,50 |
| 20 | 10,00 | 44 | 22,00 |
| 21 | 10,50 | 45 | 22,50 |
| 22 | 11,00 | 46 | 23,00 |
| 23 | 11,50 | 47 | 23,50 |
| 24 | 12,00 | 48 | 24,00 |

1 Dieser Auslagentatbestand gilt nicht für die Fälle Nummer 32001 Nr. 2 u. 3.

## Dokumentenpauschale

| Seiten | Euro | Seiten | Euro | Seiten | Euro | Seiten | Euro |
|---|---|---|---|---|---|---|---|
| 105 | 15,75 | 135 | 20,25 | 165 | 24,75 | 195 | 29,25 |
| 106 | 15,90 | 136 | 20,40 | 166 | 24,90 | 196 | 29,40 |
| 107 | 16,05 | 137 | 20,55 | 167 | 25,05 | 197 | 29,55 |
| 108 | 16,20 | 138 | 20,70 | 168 | 25,20 | 198 | 29,70 |
| 109 | 16,35 | 139 | 20,85 | 169 | 25,35 | 199 | 29,85 |
| 110 | 16,50 | 140 | 21,00 | 170 | 25,50 | 200 | 30,00 |
| 111 | 16,65 | 141 | 21,15 | 171 | 25,65 | 201 | 30,15 |
| 112 | 16,80 | 142 | 21,30 | 172 | 25,80 | 202 | 30,30 |
| 113 | 16,95 | 143 | 21,45 | 173 | 25,95 | 203 | 30,45 |
| 114 | 17,10 | 144 | 21,60 | 174 | 26,10 | 204 | 30,60 |
| 115 | 17,25 | 145 | 21,75 | 175 | 26,25 | 205 | 30,75 |
| 116 | 17,40 | 146 | 21,90 | 176 | 26,40 | 206 | 30,90 |
| 117 | 17,55 | 147 | 22,05 | 177 | 26,55 | 207 | 31,05 |
| 118 | 17,70 | 148 | 22,20 | 178 | 26,70 | 208 | 31,20 |
| 119 | 17,85 | 149 | 22,35 | 179 | 26,85 | 209 | 31,35 |
| 120 | 18,00 | 150 | 22,50 | 180 | 27,00 | 210 | 31,50 |
| 121 | 18,15 | 151 | 22,65 | 181 | 27,15 | 211 | 31,65 |
| 122 | 18,30 | 152 | 22,80 | 182 | 27,30 | 212 | 31,80 |
| 123 | 18,45 | 153 | 22,95 | 183 | 27,45 | 213 | 31,95 |
| 124 | 18,60 | 154 | 23,10 | 184 | 27,60 | 214 | 32,10 |
| 125 | 18,75 | 155 | 23,25 | 185 | 27,75 | 215 | 32,25 |
| 126 | 18,90 | 156 | 23,40 | 186 | 27,90 | 216 | 32,40 |
| 127 | 19,05 | 157 | 23,55 | 187 | 28,05 | 217 | 32,55 |
| 128 | 19,20 | 158 | 23,70 | 188 | 28,20 | 218 | 32,70 |
| 129 | 19,35 | 159 | 23,85 | 189 | 28,35 | 219 | 32,85 |
| 130 | 19,50 | 160 | 24,00 | 190 | 28,50 | 220 | 33,00 |
| 131 | 19,65 | 161 | 24,15 | 191 | 28,65 | 221 | 33,15 |
| 132 | 19,80 | 162 | 24,30 | 192 | 28,80 | 222 | 33,30 |
| 133 | 19,95 | 163 | 24,45 | 193 | 28,95 | 223 | 33,45 |
| 134 | 20,10 | 164 | 24,60 | 194 | 29,10 | 224 | 33,60 |

| Seiten | Euro | Seiten | Euro |
|---|---|---|---|
| 49 | 24,50 | 79 | 29,35 |
| 50 | 25,00 | 80 | 29,50 |
| 51 | 25,15 | 81 | 29,65 |
| 52 | 25,30 | 82 | 29,80 |
| 53 | 25,45 | 83 | 29,95 |
| 54 | 25,60 | 84 | 30,10 |
| 55 | 25,75 | 85 | 30,25 |
| 56 | 25,90 | 86 | 30,40 |
| 57 | 26,05 | 87 | 30,55 |
| 58 | 26,20 | 88 | 30,70 |
| 59 | 26,35 | 89 | 30,85 |
| 60 | 26,50 | 90 | 31,00 |
| 61 | 26,65 | 91 | 31,15 |
| 62 | 26,80 | 92 | 31,30 |
| 63 | 26,95 | 93 | 31,45 |
| 64 | 27,10 | 94 | 31,60 |
| 65 | 27,25 | 95 | 31,75 |
| 66 | 27,40 | 96 | 31,90 |
| 67 | 27,55 | 97 | 32,05 |
| 68 | 27,70 | 98 | 32,20 |
| 69 | 27,85 | 99 | 32,35 |
| 70 | 28,00 | 100 | 32,50 |
| 71 | 28,15 | 101 | 32,65 |
| 72 | 28,30 | 102 | 32,80 |
| 73 | 28,45 | 103 | 32,95 |
| 74 | 28,60 | 104 | 33,10 |
| 75 | 28,75 | 105 | 33,25 |
| 76 | 28,90 | 106 | 33,40 |
| 77 | 29,05 | 107 | 33,55 |
| 78 | 29,20 | 108 | 33,70 |

Nr. 32003
Entgelte für die Herstellung von Kopien oder Ausdrucken der in den Nummern 32000 und 32001 genannten Art in einer **Größe von mehr als DIN A3** → in voller Höhe
oder pauschal je Seite → 3,00 €
oder pauschal je Seite in Farbe → 6,00 €.

Nr. 32002
Dokumentenpauschale für die Überlassung von **elektronisch gespeicherten Dateien** oder deren Bereitstellung zum Abruf anstelle der in den Nummern 32000 und 32001 genannten Dokumente ohne Rücksicht auf die Größe der Vorlage:
je Datei → 1,50 €
für die in einem Arbeitsgang überlassenen, bereitgestellten oder in einem Arbeitsgang auf denselben Datenträger übertragenen Dokumente insgesamt höchstens → 5,00 €.

Werden zum Zweck der Überlassung von elektronisch gespeicherten Dateien Dokumente zuvor auf Antrag von der Papierform in die elektronische Form übertragen, beträgt die Dokumentenpauschale nicht weniger, als die Dokumentenpauschale im Fall der Nummer 32000 für eine Schwarz-Weiß-Kopie betragen würde.

# Gebührentabelle für ermäßigte Notargebühren (§ 91 GNotKG)

**Hinweise:**

a) Zu ermäßigen sind die Gebühren Teil 2 Hauptabschnitt 1 (= Beurkundungsverfahren) oder 4 (= Entwurf und Beratung) oder Nr. 23803 (= Verfahren über Erteilung einer vollstreckbaren Ausfertigung) und Nr. 25202 (= Erteilung eines Teilhypotheken-, Grundschuld- oder Rentenschuldbriefs).

Nicht privilegiert sind Hauptabschnitt 2 (= Vollzugs- und Betreuungstätigkeiten), Hauptabschnitt 3 (= Sonstige notarielle Verfahren), Hauptabschnitt 5 (= Sonstige Geschäfte) und Hauptabschnitt 6 (= Zusatzgebühren), ferner nicht Teil 3 (= Auslagen).

b) Die Spalten mit 0,1 Gebühr (= KV-Nr. 22115) und 0,2 Gebühr (= KV-Nrn. 25100 und 22114) wurden hier nicht abgedruckt, weil die dortigen Gebührentatbestände nicht der Ermäßigung unterliegen, s. § 91 Abs. 1 S. 1 GNotKG.

c) Bei einem Geschäft bis zu 25.000 € ist keine Ermäßigung vorzunehmen.

Die Gebühren sind zu ermäßigen bei Geschäftswerten

| | | | | | |
|---|---|---|---|---|---|
| von mehr als | 25.000 € | bis | 110.000 € | um | 30 %, |
| von mehr als | 110.000 € | bis | 260.000 € | um | 40 %, |
| von mehr als | 260.000 € | bis | 1.000.000 € | um | 50 %, |
| von mehr als | 1.000.000 € | | | um | 60 %. |

Eine ermäßigte Gebühr darf jedoch die Gebühr nicht unterschreiten, die bei einem niedrigeren Geschäftswert zu erheben ist.

Bei Anwendung der Ermäßigungsvorschriften ergibt sich folgende Gebührentabelle:

| Geschäftswert bis ... € | 0,3 | 0,5 | 1,0 | 2,0 |
|---|---|---|---|---|
| 500 | 15,00 | 15,00 | 15,00 | 30,00 |
| **1.000** | 15,00 | 15,00 | 19,00 | 38,00 |
| **1.500** | 15,00 | 15,00 | 23,00 | 46,00 |
| **2.000** | 15,00 | 15,00 | 27,00 | 54,00 |
| **3.000** | 15,00 | 16,50 | 33,00 | 66,00 |
| **4.000** | 15,00 | 19,50 | 39,00 | 78,00 |
| **5.000** | 15,00 | 22,50 | 45,00 | 90,00 |
| **6.000** | 15,30 | 25,50 | 51,00 | 102,00 |
| **7.000** | 17,10 | 28,50 | 57,00 | 114,00 |
| **8.000** | 18,90 | 31,50 | 63,00 | 126,00 |
| **9.000** | 20,70 | 34,50 | 69,00 | 138,00 |
| **10.000** | 22,50 | 37,50 | 75,00 | 150,00 |
| **13.000** | 24,90 | 41,50 | 83,00 | 166,00 |
| **16.000** | 27,30 | 45,50 | 91,00 | 182,00 |
| **19.000** | 29,70 | 49,50 | 99,00 | 198,00 |
| **22.000** | 32,10 | 53,50 | 107,00 | 214,00 |
| **25.000** | 34,50 | 57,50 | 115,00 | 230,00 |
| **30.000** | 34,50 | 57,50 | 115,00 | 230,00 |
| **35.000** | 34,50 | 57,50 | 115,00 | 230,00 |

## Gebührentabelle für ermäßigte Notargebühren (§ 91 GNotKG)

| Geschäftswert bis ... € | 0,3 | 0,5 | 1,0 | 2,0 |
|---|---|---|---|---|
| **40.000** | 34,50 | 57,50 | 115,00 | 230,00 |
| **45.000** | 34,50 | 57,50 | 115,00 | 230,00 |
| **50.000** | 34,65 | 57,75 | 115,50 | 231,00 |
| **65.000** | 40,32 | 67,20 | 134,40 | 268,80 |
| **80.000** | 45,99 | 76,65 | 153,30 | 306,60 |
| **95.000** | 51,66 | 86,10 | 172,20 | 344,40 |
| **110.000** | 57,33 | 95,55 | 191,10 | 382,20 |
| **125.000** | 57,33 | 95,55 | 191,10 | 382,20 |
| **140.000** | 58,86 | 98,10 | 196,20 | 392,40 |
| **155.000** | 63,72 | 106,20 | 212,40 | 424,80 |
| **170.000** | 68,58 | 114,30 | 228,60 | 457,20 |
| **185.000** | 73,44 | 122,40 | 244,80 | 489,60 |
| **200.000** | 78,30 | 130,50 | 261,00 | 522,00 |
| **230.000** | 87,30 | 145,50 | 291,00 | 582,00 |
| **260.000** | 96,30 | 160,50 | 321,00 | 642,00 |
| **290.000** | 96,30 | 160,50 | 321,00 | 642,00 |
| **320.000** | 96,30 | 160,50 | 321,00 | 642,00 |
| **350.000** | 102,75 | 171,25 | 342,50 | 685,00 |
| **380.000** | 110,25 | 183,75 | 367,50 | 735,00 |
| **410.000** | 117,75 | 196,25 | 392,50 | 785,00 |
| **440.000** | 125,25 | 208,75 | 417,50 | 835,00 |
| **470.000** | 132,75 | 221,25 | 442,50 | 885,00 |
| **500.000** | 140,25 | 233,75 | 467,50 | 935,00 |
| **550.000** | 152,25 | 253,75 | 507,50 | 1.015,00 |
| **600.000** | 164,25 | 273,75 | 547,50 | 1.095,00 |
| **650.000** | 176,25 | 293,75 | 587,50 | 1.175,00 |
| **700.000** | 188,25 | 313,75 | 627,50 | 1.255,00 |
| **750.000** | 200,25 | 333,75 | 667,50 | 1.335,00 |
| **800.000** | 212,25 | 353,75 | 707,50 | 1.415,00 |
| **850.000** | 224,25 | 373,75 | 747,50 | 1.495,00 |
| **900.000** | 236,25 | 393,75 | 787,50 | 1.575,00 |
| **950.000** | 248,25 | 413,75 | 827,50 | 1.655,00 |
| **1.000.000** | 260,25 | 433,75 | 867,50 | 1.735,00 |
| **1.050.000** | 260,25 | 433,75 | 867,50 | 1.735,00 |
| **1.100.000** | 260,25 | 433,75 | 867,50 | 1.735,00 |
| **1.150.000** | 260,25 | 433,75 | 867,50 | 1.735,00 |

# Gebührentabelle für ermäßigte Notargebühren (§ 91 GNotKG)

| Geschäftswert bis ... € | 0,3 | 0,5 | 1,0 | 2,0 |
|---|---|---|---|---|
| **1.200.000** | 260,25 | 433,75 | 867,50 | 1.735,00 |
| **1.250.000** | 260,25 | 433,75 | 867,50 | 1.735,00 |
| **1.300.000** | 265,80 | 443,00 | 886,00 | 1.772,00 |
| **1.350.000** | 275,40 | 459,00 | 918,00 | 1.836,00 |
| **1.400.000** | 285,00 | 475,00 | 950,00 | 1.900,00 |
| **1.450.000** | 294,60 | 491,00 | 982,00 | 1.964,00 |
| **1.500.000** | 304,20 | 507,00 | 1.014,00 | 2.028,00 |
| **1.550.000** | 313,80 | 523,00 | 1.046,00 | 2.092,00 |
| **1.600.000** | 323,40 | 539,00 | 1.078,00 | 2.156,00 |
| **1.650.000** | 333,00 | 555,00 | 1.110,00 | 2.220,00 |
| **1.700.000** | 342,60 | 571,00 | 1.142,00 | 2.284,00 |
| **1.750.000** | 352,20 | 587,00 | 1.174,00 | 2.348,00 |
| **1.800.000** | 361,80 | 603,00 | 1.206,00 | 2.412,00 |
| **1.850.000** | 371,40 | 619,00 | 1.238,00 | 2.476,00 |
| **1.900.000** | 381,00 | 635,00 | 1.270,00 | 2.540,00 |
| **1.950.000** | 390,60 | 651,00 | 1.302,00 | 2.604,00 |
| **2.000.000** | 400,20 | 667,00 | 1.334,00 | 2.668,00 |
| **2.050.000** | 409,80 | 683,00 | 1.366,00 | 2.732,00 |
| **2.100.000** | 419,40 | 699,00 | 1.398,00 | 2.796,00 |
| **2.150.000** | 429,00 | 715,00 | 1.430,00 | 2.860,00 |
| **2.200.000** | 438,60 | 731,00 | 1.462,00 | 2.924,00 |
| **2.250.000** | 448,20 | 747,00 | 1.494,00 | 2.988,00 |
| **2.300.000** | 457,80 | 763,00 | 1.526,00 | 3.052,00 |
| **2.350.000** | 467,40 | 779,00 | 1.558,00 | 3.116,00 |
| **2.400.000** | 477,00 | 795,00 | 1.590,00 | 3.180,00 |
| **2.450.000** | 486,60 | 811,00 | 1.622,00 | 3.244,00 |
| **2.500.000** | 496,20 | 827,00 | 1.654,00 | 3.308,00 |
| **2.550.000** | 505,80 | 843,00 | 1.686,00 | 3.372,00 |
| **2.600.000** | 515,40 | 859,00 | 1.718,00 | 3.436,00 |
| **2.650.000** | 525,00 | 875,00 | 1.750,00 | 3.500,00 |
| **2.700.000** | 534,60 | 891,00 | 1.782,00 | 3.564,00 |
| **2.750.000** | 544,20 | 907,00 | 1.814,00 | 3.628,00 |
| **2.800.000** | 553,80 | 923,00 | 1.846,00 | 3.692,00 |
| **2.850.000** | 563,40 | 939,00 | 1.878,00 | 3.756,00 |
| **2.900.000** | 573,00 | 955,00 | 1.910,00 | 3.820,00 |
| **2.950.000** | 582,60 | 971,00 | 1.942,00 | 3.884,00 |

# Gebührentabelle für ermäßigte Notargebühren (§ 91 GNotKG)

| Geschäftswert bis ... € | 0,3 | 0,5 | 1,0 | 2,0 |
|---|---|---|---|---|
| **3.000.000** | 592,20 | 987,00 | 1.974,00 | 3.948,00 |
| **3.050.000** | 601,80 | 1.003,00 | 2.006,00 | 4.012,00 |
| **3.100.000** | 611,40 | 1.019,00 | 2.038,00 | 4.076,00 |
| **3.150.000** | 621,00 | 1.035,00 | 2.070,00 | 4.140,00 |
| **3.200.000** | 630,60 | 1.051,00 | 2.102,00 | 4.204,00 |
| **3.250.000** | 640,20 | 1.067,00 | 2.134,00 | 4.268,00 |
| **3.300.000** | 649,80 | 1.083,00 | 2.166,00 | 4.332,00 |
| **3.350.000** | 659,40 | 1.099,00 | 2.198,00 | 4.396,00 |
| **3.400.000** | 669,00 | 1.115,00 | 2.230,00 | 4.460,00 |
| **3.450.000** | 678,60 | 1.131,00 | 2.262,00 | 4.524,00 |
| **3.500.000** | 688,20 | 1.147,00 | 2.294,00 | 4.588,00 |
| **3.550.000** | 697,80 | 1.163,00 | 2.326,00 | 4.652,00 |
| **3.600.000** | 707,40 | 1.179,00 | 2.358,00 | 4.716,00 |
| **3.650.000** | 717,00 | 1.195,00 | 2.390,00 | 4.780,00 |
| **3.700.000** | 726,60 | 1.211,00 | 2.422,00 | 4.844,00 |
| **3.750.000** | 736,20 | 1.227,00 | 2.454,00 | 4.908,00 |
| **3.800.000** | 745,80 | 1.243,00 | 2.486,00 | 4.972,00 |
| **3.850.000** | 755,40 | 1.259,00 | 2.518,00 | 5.036,00 |
| **3.900.000** | 765,00 | 1.275,00 | 2.550,00 | 5.100,00 |
| **3.950.000** | 774,60 | 1.291,00 | 2.582,00 | 5.164,00 |
| **4.000.000** | 784,20 | 1.307,00 | 2.614,00 | 5.228,00 |
| **4.050.000** | 793,80 | 1.323,00 | 2.646,00 | 5.292,00 |
| **4.100.000** | 803,40 | 1.339,00 | 2.678,00 | 5.356,00 |
| **4.150.000** | 813,00 | 1.355,00 | 2.710,00 | 5.420,00 |
| **4.200.000** | 822,60 | 1.371,00 | 2.742,00 | 5.484,00 |
| **4.250.000** | 832,20 | 1.387,00 | 2.774,00 | 5.548,00 |
| **4.300.000** | 841,80 | 1.403,00 | 2.806,00 | 5.612,00 |
| **4.350.000** | 851,40 | 1.419,00 | 2.838,00 | 5.676,00 |
| **4.400.000** | 861,00 | 1.435,00 | 2.870,00 | 5.740,00 |
| **4.450.000** | 870,60 | 1.451,00 | 2.902,00 | 5.804,00 |
| **4.500.000** | 880,20 | 1.467,00 | 2.934,00 | 5.868,00 |
| **4.550.000** | 889,80 | 1.483,00 | 2.966,00 | 5.932,00 |
| **4.600.000** | 899,40 | 1.499,00 | 2.998,00 | 5.996,00 |
| **4.650.000** | 909,00 | 1.515,00 | 3.030,00 | 6.060,00 |
| **4.700.000** | 918,60 | 1.531,00 | 3.062,00 | 6.124,00 |
| **4.750.000** | 928,20 | 1.547,00 | 3.094,00 | 6.188,00 |

## Gebührentabelle für ermäßigte Notargebühren (§ 91 GNotKG)

| Geschäftswert bis ... € | 0,3 | 0,5 | 1,0 | 2,0 |
|---|---|---|---|---|
| **4.800.000** | 937,80 | 1.563,00 | 3.126,00 | 6.252,00 |
| **4.850.000** | 947,40 | 1.579,00 | 3.158,00 | 6.316,00 |
| **4.900.000** | 957,00 | 1.595,00 | 3.190,00 | 6.380,00 |
| **4.950.000** | 966,60 | 1.611,00 | 3.222,00 | 6.444,00 |
| **5.000.000** | 976,20 | 1.627,00 | 3.254,00 | 6.508,00 |
| **5.200.000** | 991,80 | 1.653,00 | 3.306,00 | 6.612,00 |
| **5.400.000** | 1.007,40 | 1.679,00 | 3.358,00 | 6.716,00 |
| **5.600.000** | 1.023,00 | 1.705,00 | 3.410,00 | 6.820,00 |
| **5.800.000** | 1.038,60 | 1.731,00 | 3.462,00 | 6.924,00 |
| **6.000.000** | 1.054,20 | 1.757,00 | 3.514,00 | 7.028,00 |
| **6.200.000** | 1.069,80 | 1.783,00 | 3.566,00 | 7.132,00 |
| **6.400.000** | 1.085,40 | 1.809,00 | 3.618,00 | 7.236,00 |
| **6.600.000** | 1.101,00 | 1.835,00 | 3.670,00 | 7.340,00 |
| **6.800.000** | 1.116,60 | 1.861,00 | 3.722,00 | 7.444,00 |
| **7.000.000** | 1.132,20 | 1.887,00 | 3.774,00 | 7.548,00 |
| **7.200.000** | 1.147,80 | 1.913,00 | 3.826,00 | 7.652,00 |
| **7.400.000** | 1.163,40 | 1.939,00 | 3.878,00 | 7.756,00 |
| **7.600.000** | 1.179,00 | 1.965,00 | 3.930,00 | 7.860,00 |
| **7.800.000** | 1.194,60 | 1.991,00 | 3.982,00 | 7.964,00 |
| **8.000.000** | 1.210,20 | 2.017,00 | 4.034,00 | 8.068,00 |
| **8.200.000** | 1.225,80 | 2.043,00 | 4.086,00 | 8.172,00 |
| **8.400.000** | 1.241,40 | 2.069,00 | 4.138,00 | 8.276,00 |
| **8.600.000** | 1.257,00 | 2.095,00 | 4.190,00 | 8.380,00 |
| **8.800.000** | 1.272,60 | 2.121,00 | 4.242,00 | 8.484,00 |
| **9.000.000** | 1.288,20 | 2.147,00 | 4.294,00 | 8.588,00 |
| **9.200.000** | 1.303,80 | 2.173,00 | 4.346,00 | 8.692,00 |
| **9.400.000** | 1.319,40 | 2.199,00 | 4.398,00 | 8.796,00 |
| **9.600.000** | 1.335,00 | 2.225,00 | 4.450,00 | 8.900,00 |
| **9.800.000** | 1.350,60 | 2.251,00 | 4.502,00 | 9.004,00 |
| **10.000.000** | 1.366,20 | 2.277,00 | 4.554,00 | 9.108,00 |
| **10.250.000** | 1.384,20 | 2.307,00 | 4.614,00 | 9.228,00 |
| **10.500.000** | 1.402,20 | 2.337,00 | 4.674,00 | 9.348,00 |
| **10.750.000** | 1.420,20 | 2.367,00 | 4.734,00 | 9.468,00 |
| **11.000.000** | 1.438,20 | 2.397,00 | 4.794,00 | 9.588,00 |
| **11.250.000** | 1.456,20 | 2.427,00 | 4.854,00 | 9.708,00 |
| **11.500.000** | 1.474,20 | 2.457,00 | 4.914,00 | 9.828,00 |

## Gebührentabelle für ermäßigte Notargebühren (§ 91 GNotKG)

| Geschäftswert bis ... € | 0,3 | 0,5 | 1,0 | 2,0 |
|---|---|---|---|---|
| **11.750.000** | 1.492,20 | 2.487,00 | 4.974,00 | 9.948,00 |
| **12.000.000** | 1.510,20 | 2.517,00 | 5.034,00 | 10.068,00 |
| **12.250.000** | 1.528,20 | 2.547,00 | 5.094,00 | 10.188,00 |
| **12.500.000** | 1.546,20 | 2.577,00 | 5.154,00 | 10.308,00 |
| **12.750.000** | 1.564,20 | 2.607,00 | 5.214,00 | 10.428,00 |
| **13.000.000** | 1.582,20 | 2.637,00 | 5.274,00 | 10.548,00 |
| **13.250.000** | 1.600,20 | 2.667,00 | 5.334,00 | 10.668,00 |
| **13.500.000** | 1.618,20 | 2.697,00 | 5.394,00 | 10.788,00 |
| **13.750.000** | 1.636,20 | 2.727,00 | 5.454,00 | 10.908,00 |
| **14.000.000** | 1.654,20 | 2.757,00 | 5.514,00 | 11.028,00 |
| **14.250.000** | 1.672,20 | 2.787,00 | 5.574,00 | 11.148,00 |
| **14.500.000** | 1.690,20 | 2.817,00 | 5.634,00 | 11.268,00 |
| **14.750.000** | 1.708,20 | 2.847,00 | 5.694,00 | 11.388,00 |
| **15.000.000** | 1.726,20 | 2.877,00 | 5.754,00 | 11.508,00 |
| **15.250.000** | 1.744,20 | 2.907,00 | 5.814,00 | 11.628,00 |
| **15.500.000** | 1.762,20 | 2.937,00 | 5.874,00 | 11.748,00 |
| **15.750.000** | 1.780,20 | 2.967,00 | 5.934,00 | 11.868,00 |
| **16.000.000** | 1.798,20 | 2.997,00 | 5.994,00 | 11.988,00 |
| **16.250.000** | 1.816,20 | 3.027,00 | 6.054,00 | 12.108,00 |
| **16.500.000** | 1.834,20 | 3.057,00 | 6.114,00 | 12.228,00 |
| **16.750.000** | 1.852,20 | 3.087,00 | 6.174,00 | 12.348,00 |
| **17.000.000** | 1.870,20 | 3.117,00 | 6.234,00 | 12.468,00 |
| **17.250.000** | 1.888,20 | 3.147,00 | 6.294,00 | 12.588,00 |
| **17.500.000** | 1.906,20 | 3.177,00 | 6.354,00 | 12.708,00 |
| **17.750.000** | 1.924,20 | 3.207,00 | 6.414,00 | 12.828,00 |
| **18.000.000** | 1.942,20 | 3.237,00 | 6.474,00 | 12.948,00 |
| **18.250.000** | 1.960,20 | 3.267,00 | 6.534,00 | 13.068,00 |
| **18.500.000** | 1.978,20 | 3.297,00 | 6.594,00 | 13.188,00 |
| **18.750.000** | 1.996,20 | 3.327,00 | 6.654,00 | 13.308,00 |
| **19.000.000** | 2.014,20 | 3.357,00 | 6.714,00 | 13.428,00 |
| **19.250.000** | 2.032,20 | 3.387,00 | 6.774,00 | 13.548,00 |
| **19.500.000** | 2.050,20 | 3.417,00 | 6.834,00 | 13.668,00 |
| **19.750.000** | 2.068,20 | 3.447,00 | 6.894,00 | 13.788,00 |
| **20.000.000** | 2.086,20 | 3.477,00 | 6.954,00 | 13.908,00 |
| **20.500.000** | 2.119,80 | 3.533,00 | 7.066,00 | 14.132,00 |
| **21.000.000** | 2.153,40 | 3.589,00 | 7.178,00 | 14.356,00 |

## Gebührentabelle für ermäßigte Notargebühren (§ 91 GNotKG)

| Geschäftswert bis ... € | 0,3 | 0,5 | 1,0 | 2,0 |
|---|---|---|---|---|
| **21.500.000** | 2.187,00 | 3.645,00 | 7.290,00 | 14.580,00 |
| **22.000.000** | 2.220,60 | 3.701,00 | 7.402,00 | 14.804,00 |
| **22.500.000** | 2.254,20 | 3.757,00 | 7.514,00 | 15.028,00 |
| **23.000.000** | 2.287,80 | 3.813,00 | 7.626,00 | 15.252,00 |
| **23.500.000** | 2.321,40 | 3.869,00 | 7.738,00 | 15.476,00 |
| **24.000.000** | 2.355,00 | 3.925,00 | 7.850,00 | 15.700,00 |
| **24.500.000** | 2.388,60 | 3.981,00 | 7.962,00 | 15.924,00 |
| **25.000.000** | 2.422,20 | 4.037,00 | 8.074,00 | 16.148,00 |
| **25.500.000** | 2.455,80 | 4.093,00 | 8.186,00 | 16.372,00 |
| **26.000.000** | 2.489,40 | 4.149,00 | 8.298,00 | 16.596,00 |
| **26.500.000** | 2.523,00 | 4.205,00 | 8.410,00 | 16.820,00 |
| **27.000.000** | 2.556,60 | 4.261,00 | 8.522,00 | 17.044,00 |
| **27.500.000** | 2.590,20 | 4.317,00 | 8.634,00 | 17.268,00 |
| **28.000.000** | 2.623,80 | 4.373,00 | 8.746,00 | 17.492,00 |
| **28.500.000** | 2.657,40 | 4.429,00 | 8.858,00 | 17.716,00 |
| **29.000.000** | 2.691,00 | 4.485,00 | 8.970,00 | 17.940,00 |
| **29.500.000** | 2.724,60 | 4.541,00 | 9.082,00 | 18.164,00 |
| **30.000.000** | 2.758,20 | 4.597,00 | 9.194,00 | 18.388,00 |
| **31.000.000** | 2.772,60 | 4.621,00 | 9.242,00 | 18.484,00 |
| **32.000.000** | 2.787,00 | 4.645,00 | 9.290,00 | 18.580,00 |
| **33.000.000** | 2.801,40 | 4.669,00 | 9.338,00 | 18.676,00 |
| **34.000.000** | 2.815,80 | 4.693,00 | 9.386,00 | 18.772,00 |
| **35.000.000** | 2.830,20 | 4.717,00 | 9.434,00 | 18.868,00 |
| **36.000.000** | 2.844,60 | 4.741,00 | 9.482,00 | 18.964,00 |
| **37.000.000** | 2.859,00 | 4.765,00 | 9.530,00 | 19.060,00 |
| **38.000.000** | 2.873,40 | 4.789,00 | 9.578,00 | 19.156,00 |
| **39.000.000** | 2.887,80 | 4.813,00 | 9.626,00 | 19.252,00 |
| **40.000.000** | 2.902,20 | 4.837,00 | 9.674,00 | 19.348,00 |
| **41.000.000** | 2.916,60 | 4.861,00 | 9.722,00 | 19.444,00 |
| **42.000.000** | 2.931,00 | 4.885,00 | 9.770,00 | 19.540,00 |
| **43.000.000** | 2.945,40 | 4.909,00 | 9.818,00 | 19.636,00 |
| **44.000.000** | 2.959,80 | 4.933,00 | 9.866,00 | 19.732,00 |
| **45.000.000** | 2.974,20 | 4.957,00 | 9.914,00 | 19.828,00 |
| **46.000.000** | 2.988,60 | 4.981,00 | 9.962,00 | 19.924,00 |
| **47.000.000** | 3.003,00 | 5.005,00 | 10.010,00 | 20.020,00 |
| **48.000.000** | 3.017,40 | 5.029,00 | 10.058,00 | 20.116,00 |

## Gebührentabelle für ermäßigte Notargebühren (§ 91 GNotKG)

| Geschäfts-wert bis ... € | 0,3 | 0,5 | 1,0 | 2,0 |
|---|---|---|---|---|
| **49.000.000** | 3.031,80 | 5.053,00 | 10.106,00 | 20.212,00 |
| **50.000.000** | 3.046,20 | 5.077,00 | 10.154,00 | 20.308,00 |
| **51.000.000** | 3.060,60 | 5.101,00 | 10.202,00 | 20.404,00 |
| **52.000.000** | 3.075,00 | 5.125,00 | 10.250,00 | 20.500,00 |
| **53.000.000** | 3.089,40 | 5.149,00 | 10.298,00 | 20.596,00 |
| **54.000.000** | 3.103,80 | 5.173,00 | 10.346,00 | 20.692,00 |
| **55.000.000** | 3.118,20 | 5.197,00 | 10.394,00 | 20.788,00 |
| **56.000.000** | 3.132,60 | 5.221,00 | 10.442,00 | 20.884,00 |
| **57.000.000** | 3.147,00 | 5.245,00 | 10.490,00 | 20.980,00 |
| **58.000.000** | 3.161,40 | 5.269,00 | 10.538,00 | 21.076,00 |
| **59.000.000** | 3.175,80 | 5.293,00 | 10.586,00 | 21.172,00 |
| **60.000.000** | 3.190,20 | 5.317,00 | 10.634,00 | 21.268,00 |

# Geschäftswerte bei wiederkehrenden Nutzungen und Leistungen, bei Miet- und Pachtrechten sowie bei Dienstverträgen

## 1. Wiederkehrende Nutzungen und Leistungen (§ 52 GNotKG)

a) Für die Wertbestimmung maßgebend ist unter Zugrundelegung des einjährigen Bezugswertes bei Rechten

- von **bestimmter Dauer** (§ 52 Abs. 2 GNotKG) — die Summe der einzelnen Jahreswerte, höchstens der auf die ersten 20 Jahre entfallende Wert, wenn außerdem auf Lebensdauer einer Person, dann s. u.;
- von **unbeschränkter Dauer** (§ 52 Abs. 3 GNotKG) — der auf die ersten 20 Jahre entfallende Wert;[1]
- von **unbestimmter Dauer**[2] (§ 52 Abs. 3 GNotKG) — der auf die ersten 10 Jahre entfallende Wert;[3]
- beschränkt auf die **Lebensdauer** einer Person, ist sein Wert

| bei einem Lebensalter von ... | der auf die ersten ... Jahre |
|---|---|
| bis zu 30 Jahren | 20 |
| über 30 Jahren bis zu 50 Jahren | 15 |
| über 50 Jahren bis zu 70 Jahren | 10 |
| über 70 Jahren | 5 |

entfallende Wert (§ 52 Abs. 4 GNotKG).

b) Hängt die Dauer des Rechts von der Lebensdauer mehrerer Personen ab, ist maßgebend,
- wenn das Recht mit dem Tod des zuletzt Sterbenden erlischt, das Lebensalter der jüngsten Person,
- wenn das Recht mit dem Tod des zuerst Sterbenden erlischt, das Lebensalter der ältesten Person.

c) Der Jahreswert wird mit 5 % des Werts des betroffenen Gegenstands oder Teils des betroffenen Gegenstands angenommen, sofern nicht ein anderer Wert festgestellt werden kann (§ 52 Abs. 5 GNotKG).

## 2. Miet- und Pachtverträge (§ 99 Abs. 1 GNotKG)

Geschäftswert bei Miet- oder Pachtverträgen

a) von **bestimmter Dauer** — alle Leistungen des Mieters oder Pächters während der gesamten Vertragszeit, höchstens der auf die ersten 20 Jahre entfallende Wert;

b) von **unbestimmter Dauer**[4] (auch Lebensdauer) — der auf die ersten 5 Jahre entfallende Wert der Leistungen, es sei denn, die Auflösung ist erst nach einem längeren Zeitraum zulässig.

## 3. Dienstverträge (§ 99 Abs. 2 GNotKG)

Wert der Bezüge während der ganzen Vertragsdauer, höchstens jedoch die auf die ersten 5 Jahre entfallenden Bezüge.

1 Wenn außerdem auf Lebensdauer beschränkt, dann Wert nicht höher als Absatz 4
2 Siehe näherhin unter Kostenstichworte *„Wiederkehrende Nutzungen und Leistungen"*
3 Wie Fn 1
4 Siehe näherhin unter Kostenstichworte *„Mietvertrag"*

## Gebäudebewertung nach Brandversicherungssummen

Die Baukostenrichtzahl bleibt dem Euro-Umrechnungskurs angepasst. Nicht auf Euro umgestellt wurden die Stammversicherungssummen 1914. Bei der Berechnung der Brandversicherungswerte ist daher die Versicherungssumme 1914 weiterhin in M mit der Baukostenrichtzahl zu vervielfältigen. Das Ergebnis ist bereits der Euro-Betrag, es hat keine Umrechnung auf Euro zu erfolgen (dies ist bereits durch die Umstellung der Richtzahl geschehen).

Nach wiederholter obergerichtlicher Rechtsprechung stellt insbesondere die Verwendung der Bodenrichtwerte nach § 196 BauGB (für Grund und Boden) und der Brandversicherungswerte (für das Gebäude) eine brauchbare und mit dem Gesetz zu vereinbarende Art der Wertermittlung bei bebauten Grundstücken dar.

Im Hinblick auf etwa vorzunehmende Abschläge im Einzelfall wird u.a. auf *Korintenberg/Tiedtke 21. Aufl. § 46 Rnrn. 59 ff. sowie Streifzug durch das GNotKG 12. Aufl. Rnrn. 2158 ff.* verwiesen. Auch wenn heute Brandversicherungen überwiegend durch Selbstveranlagung (nicht Schätzung durch den Versicherer) erfolgen, wird man im Regelfall von einer sachgerechten Wertermittlung ausgehen können.

Das Bayerische Staatsministerium der Justiz hat die Präsidenten der Oberlandesgerichte München, Nürnberg und Bamberg gebeten, die Kostenprüfungsbeamten und die Kostenbeamten zu unterrichten und zu veranlassen, dass auch bei den Gerichten nach dieser Tabelle verfahren wird. Es wurden mit Schreiben vom 24. 10. 2005 (Az. 5604 – VI – 4032/04) folgende Bewertungshinweise gegeben:

1. Der Brandversicherungswert (= Versicherungssumme 1914 x Richtzahl der Bayerischen Landesbrandversicherung AG) ist um die altersbedingte technische Wertminderung, die nach der linearen Abschreibung (Anlage 8 b zu den Wertermittlungsrichtlinien – WertR – 2002, nunmehr 2006) zu bestimmen ist, zu kürzen. Dabei ist zu berücksichtigen, dass die Versicherungssumme 1914 nicht in Euro umzurechnen ist, weil die Richtzahl entsprechend des Euro-Wertes umgestellt worden ist. Der danach verbleibende Gebäuderestwert soll regelmäßig 30 % des Brandversicherungswertes nicht unterschreiten (vgl. BayObLG JurBüro 1984, 904). Eine andere Behandlung ist dann geboten, wenn glaubhaft gemacht wird, dass eine Nutzung nicht mehr möglich ist oder bei einer Verwertung des Grundstücks für das Gebäude ein Erlös nicht mehr zu erzielen wäre.
2. Von dem Gebäuderestwert (Mindestrestwert) sind im Allgemeinen die vom BayObLG (BayObLGZ 1976, 89 = Rpfleger 1976, 375) festgelegten Sicherheitsabschläge in Höhe von insgesamt 20 vom Hundert vorzunehmen. Von einem solchen Abschlag sollte (auch in Gebieten mit starker Bautätigkeit) nur abgewichen werden, wenn hierfür konkrete Erkenntnisse vorliegen.
3. Weitere wertändernde Umstände (insbesondere Baumängel, Bauschäden, Umbau- und Modernisierungsmaßnahmen, wirtschaftliche Wertminderungen wie z. B. ungünstige zeitbedingte Raumgestaltung und Baugestaltung) sind im Einzelfall zu berücksichtigen, wenn sie bekannt sind oder glaubhaft dargelegt werden.

Sofern in den beim Kostenansatz zur Verfügung stehenden Unterlagen (Kopie der Brandversicherungsurkunde oder des Versicherungsscheines, Angaben der Beteiligten usw.) ein anderer Basiswert als die Versicherungssumme 1914 oder nur der Neuwert des versicherten Objektes ausgewiesen ist, ist die Versicherungssumme 1914 dadurch festzustellen, dass auf der Grundlage der zum jeweiligen Zeitpunkt maßgebenden Richtzahl der Bayerischen Landesbrandversicherung AG auf das Jahr 1914 zurückgerechnet wird. Auf das Berechnungsbeispiel der Prüfungsabteilung der Notarkasse in MittBayNot 1996, 457 wird hingewiesen.

Aus Gründen der Verwaltungsvereinfachung und zur Gewährleistung einer einheitlichen Sachbehandlung ist es nach Auffassung des Bayerischen Staatsministeriums der Justiz angezeigt, wie bisher eine einheitliche Tabelle zur Berechnung des Verkehrswertes von Gebäuden nach dem Brandversicherungswert zur Verfügung zu stellen, die nach den vorgenannten Grundsätzen zu erstellen ist; dabei berücksichtigen die Wertmultiplikatoren bereits die altersbedingte Wertminderung und den Abschlag.

**Beispiele zur Berechnung des Gebäudebrandversicherungswertes:**

Richtzahl (Teuerungszahl) – diese ergibt einen auf Euro umgestellten Wert: 19,9 (seit 1.10.2020).
Allgemeiner Abschlag (Sicherheitsabschlag): 20 % (bereits eingearbeitet).
Technische Wertminderung: Abschlag je nach Alter des Gebäudes.
Die Zuordnung der Gebäudearten stellt auf den Regelfall ab. Sofern im konkreten Einzelfall von einer anderen Lebensdauer auszugehen ist, ist die altersbedingte Wertminderung gem. Anlagen 4 und 8 b WertR 2006 festzulegen.

**1. Berechnungsbeispiel:**
Einfamilienhaus, Alter des Gebäudes 15 Jahre, Stammversicherungssumme 1914 = 19.000 M.
Grundstücksgröße: 1.000 qm, Vergleichswert des Gutachterausschusses 200 €/qm.

Berechnung:

| | |
|---|---|
| a) Gebäude:<br>19.000 M (Stammversicherungssumme 1914)<br>x 13,532 (Richtzahl bei Einfamilienhaus mit 15 Jahren,<br>ergibt Euro-Wert) = | 257.108 € |
| b) Grundstück:<br>1.000 qm x 200 € = | 200.000 € |
| Verkehrswert gem. § 46 Abs. 2, 3 GNotKG = | 457.108 € |

**2. Berechnungsbeispiel:**
Fertighaus, Alter 30 Jahre, Stammversicherungssumme 1914 = 12.000 M.
Grundstücksgröße: 750 qm, Vergleichswert des Gutachterausschusses 250 €/qm.

Berechnung:

| | |
|---|---|
| a) Gebäude:<br>12.000 M (Stammversicherungssumme 1914)<br>x 9,870 (Richtzahl bei Fertighaus mit 30 Jahren,<br>ergibt Euro-Wert) = | 118.440 € |
| b) Grundstück:<br>750 qm x 250 € = | 187.500 € |
| Verkehrswert gem. § 46 Abs. 2, 3 GNotKG = | 305.940 € |

**3. Berechnungsbeispiel:**
Landw. Wirtschaftsgebäude, Alter 25 Jahre, Stammversicherungssumme 1914 = 21.000 M.
Grundstücksgröße: 1.900 qm, Vergleichswert des Gutachterausschusses 40 €/qm.

Berechnung:

| | |
|---|---|
| a) Gebäude:<br>21.000 M (Stammversicherungssumme 1914)<br>x 4,776 (Richtzahl bei Stall älter als 21 Jahre,<br>ergibt Euro-Wert) = [1] | 100.296 € |
| b) Grundstück:<br>1.900 qm x 40 € = | 76.000 € |
| Verkehrswert gem. § 46 Abs. 2, 3 GNotKG = | 176.296 € |

1 Restwert 30 % wäre (21.000 x 15,442 = 324.282 €, davon 30 % =) 97.284,60 €. Wird hier nicht unterschritten

## Tabelle zur Berechnung des Verkehrswertes von Gebäuden nach dem Brandversicherungswert

**Materialien:**

- Beschluss des BayObLG vom 9. 4.1976 (BayObLGZ 1976, 89 = DNotZ 1977, 434)
- Wertermittlungsrichtlinien 2006 (WertR 2006)
- JMS vom 24. 10. 2005, Gz. 5604-VI-4032/04
- Richtzahl der Bayer. Landesbrandversicherung AG
  **ab 1.10.2020 für Gebäude 19,9**

**Anleitung:**

Der nach der Art des Gebäudes und dessen Alter (in vollen Jahren) gefundene Vervielfältiger ist auf die „Versicherungssumme 1914" anzuwenden. Im Vervielfältiger sind die technische (altersbedingte) Wertminderung der jeweiligen Gebäudeart (Anlage 8 a WertR 2006 – nur für Eigentumswohnungen – bzw. Anlage 8 b WertR 2006) und der vom BayObLG für erforderlich gehaltene generelle Abschlag von 20 % bereits eingearbeitet.

Das Ergebnis ist der Verkehrswert des jeweiligen Gebäudes nach dem Brandversicherungswert. Vgl. im Übrigen JMS vom 24. Oktober 2005, Gz. 5604-VI-4032/04.

Der Restwert von 30 % darf weder aus technischen noch aus wirtschaftlichen Wertminderungsgesichtspunkten unterschritten werden, wenn für das Gebäude noch eine Nutzung möglich ist.

| Gebäude-art | Einfamilien-häuser, Reihenhäuser | Eigentums-wohnungen | Gemischt genutzte Wohn- und Geschäftshäuser, Verwaltungs- und Bürogebäude, Mietwohngebäude ab 4 Wohnungen, Fertighäuser, Veranstaltungsgebäude, Schulen, Hotels | Industriegebäude, Werkstätten, Lagergebäude, Scheunen ohne Stallteil, Kauf- und Warenhäuser, Einkaufs-märkte, Garagen in Massivbauweise | Landwirtschaft-liche Wirtschaftsgebäude Reithallen, Ställe, Fertiggaragen |
|---|---|---|---|---|---|
| ***Lebens-dauer →*** | ***100 Jahre*** | ***100 Jahre*** | ***80 Jahre*** | ***50 Jahre*** | ***30 Jahre*** |
| Gebäudealter in Jahren ↓ | | | | | |
| 1 | 15,761 | 15,761 | 15,761 | 15,602 | 15,442 |
| 2 | 15,602 | 15,761 | 15,442 | 15,283 | 14,806 |
| 3 | 15,442 | 15,602 | 15,283 | 14,965 | 14,328 |
| 4 | 15,283 | 15,602 | 15,124 | 14,646 | 13,850 |
| 5 | 15,124 | 15,442 | 14,965 | 14,328 | 13,214 |
| 6 | 14,965 | 15,442 | 14,646 | 14,010 | 12,736 |
| 7 | 14,806 | 15,283 | 14,487 | 13,691 | 12,258 |
| 8 | 14,646 | 15,283 | 14,328 | 13,373 | 11,622 |
| 9 | 14,487 | 15,124 | 14,169 | 13,054 | 11,144 |
| 10 | 14,328 | 14,965 | 13,850 | 12,736 | 10,666 |
| 11 | 14,169 | 14,965 | 13,691 | 12,418 | 10,030 |
| 12 | 14,010 | 14,806 | 13,532 | 12,099 | 9,552 |
| 13 | 13,850 | 14,806 | 13,373 | 11,781 | 9,074 |
| 14 | 13,691 | 14,646 | 13,054 | 11,462 | 8,438 |
| 15 | 13,532 | 14,487 | 12,895 | 11,144 | 7,960 |
| 16 | 13,373 | 14,487 | 12,736 | 10,826 | 7,482 |
| 17 | 13,214 | 14,328 | 12,577 | 10,507 | 6,846 |
| 18 | 13,054 | 14,169 | 12,258 | 10,189 | 6,368 |
| 19 | 12,895 | 14,169 | 12,099 | 9,870 | 5,890 |
| 20 | 12,736 | 14,010 | 11,940 | 9,552 | 5,254 |
| 21 | 12,577 | 13,850 | 11,781 | 9,234 | 4,776 |
| 22 | 12,418 | 13,850 | 11,462 | 8,915 | und darüber (mind. Restwert von 30 %) |
| 23 | 12,258 | 13,691 | 11,303 | 8,597 | |
| 24 | 12,099 | 13,532 | 11,144 | 8,278 | |
| 25 | 11,940 | 13,373 | 10,985 | 7,960 | |

| | | | | |
|---|---|---|---|---|
| 26 | 11,781 | 13,373 | 10,666 | 7,642 |
| 27 | 11,622 | 13,214 | 10,507 | 7,323 |
| 28 | 11,462 | 13,054 | 10,348 | 7,005 |
| 29 | 11,303 | 12,895 | 10,189 | 6,686 |
| 30 | 11,144 | 12,736 | 9,870 | 6,368 |
| 31 | 10,985 | 12,736 | 9,711 | 6,050 |
| 32 | 10,826 | 12,577 | 9,552 | 5,731 |
| 33 | 10,666 | 12,418 | 9,393 | 5,413 |
| 34 | 10,507 | 12,258 | 9,074 | 5,094 |
| 35 | 10,348 | 12,099 | 8,915 | 4,776 |
| 36 | 10,189 | 12,099 | 8,756 | und darüber (mind. Restwert von 30 %) |
| 37 | 10,030 | 11,940 | 8,597 | |
| 38 | 9,870 | 11,781 | 8,278 | |
| 39 | 9,711 | 11,622 | 8,119 | |
| 40 | 9,552 | 11,462 | 7,960 | |
| 41 | 9,393 | 11,303 | 7,801 | |
| 42 | 9,234 | 11,144 | 7,482 | |
| 43 | 9,074 | 10,985 | 7,323 | |
| 44 | 8,915 | 10,826 | 7,164 | |
| 45 | 8,756 | 10,666 | 7,005 | |
| 46 | 8,597 | 10,507 | 6,686 | |
| 47 | 8,438 | 10,348 | 6,527 | |
| 48 | 8,278 | 10,189 | 6,368 | |
| 49 | 8,119 | 10,030 | 6,209 | |
| 50 | 7,960 | 9,870 | 5,890 | |
| 51 | 7,801 | 9,711 | 5,731 | |
| 52 | 7,642 | 9,552 | 5,572 | |
| 53 | 7,482 | 9,393 | 5,413 | |
| 54 | 7,323 | 9,234 | 5,094 | |
| 55 | 7,164 | 9,074 | 4,935 | |
| 56 | 7,005 | 8,915 | 4,776 | |
| 57 | 6,846 | 8,756 | und darüber (mind. Restwert von 30 %) | |
| 58 | 6,686 | 8,597 | | |
| 59 | 6,527 | 8,438 | | |
| 60 | 6,368 | 8,278 | | |
| 61 | 6,209 | 8,119 | | |
| 62 | 6,050 | 7,960 | | |
| 63 | 5,890 | 7,801 | | |
| 64 | 5,731 | 7,642 | | |
| 65 | 5,572 | 7,323 | | |
| 66 | 5,413 | 7,164 | | |
| 67 | 5,254 | 7,005 | | |
| 68 | 5,094 | 6,846 | | |
| 69 | 4,935 | 6,686 | | |
| 70 | 4,776 | 6,368 | | |
| 71 | und darüber (mind. Restwert von 30 %) | 6,209 | | |
| 72 | | 6,050 | | |
| 73 | | 5,890 | | |
| 74 | | 5,731 | | |
| 75 | | 5,413 | | |
| 76 | | 5,254 | | |
| 77 | | 5,094 | | |
| 78 | | 4,935 | | |
| 79 | | und darüber (mind. Restwert von 30 %) | | |
| 80 | | | | |
| | | | | |
| | | | | |

## Gebäudewertermittlung ohne Brandversicherung

Nicht aus allen Versicherungsscheinen lässt sich die Versicherungssumme 1914 entnehmen. Trotzdem ergeben sich aber oftmals Anhaltspunkte, die zur Berechnung der Versicherungssumme 1914 ausreichen (Gebäudetyp, Ausstattungsmerkmale, Wohnfläche, Sonderflächen). In diesem Fällen kann der Brandversicherungswert 1914 von Notar und Gericht selbst ermittelt werden. Ergeben sich diese Angaben nicht aus dem Versicherungsschein, können die maßgeblichen Angaben zum Gebäudetyp problemlos beim Kostenschuldner anhand eines Fragenkatalogs in Erfahrung gebracht werden. Die Berechnung des Brandversicherungswertes 1914 erfolgt durch Übertragung der Angaben in die aus dem Internet abrufbaren Berechnungstabellen, z.B. unter
www.versicherung-vergleiche.de/gebaeudeversicherung/gebaeude_vergleich.php
oder
www.vsc-online-service.de/wert1914-rechner.htm
oder
www.mr-money.de/vergleiche/wohngebaeude/wert1914/772.php

Werden keine zur Berechnung der Brandversicherungssumme 1914 erforderlichen Angaben gemacht, muss eine Geschäftswertfestsetzung nach freiem Ermessen erfolgen, wobei bei Kenntnis der Wohnfläche (diese Angaben sind regelmäßig bekannt oder leicht zu erfragen) die Brandversicherungssumme 1914 nach der Faustregel „Wohnfläche x 165“ (dieser Faktor zur Wertberechnung wird von der Allianz Versicherung verwendet) berechnet werden kann.

Im Falle der Allianz Versicherung kann überdies die in Euro ausgewiesene dynamische Neuwertsumme 2000 mithilfe des Faktors 10,313 in die Versicherungssumme 1914 umgerechnet werden (also dynamische Neuwertsumme 2000 geteilt durch 10,313 = Versicherungssumme 1914).

Versicherungen bei anderen Versicherungsgesellschaften dürften vergleichbar sein.

Diese Bewertungsmethode deckt sich mit der Auffassung der bayerischen Justiz (Ergebnis einer Arbeitsgruppe zur Überarbeitung der Richtlinien zur Grundbesitzberechnung in der Justiz Bayerns aus dem Jahre 2016).

## Wertberechnung nach Preisindizes für Wohngebäude

Die Bewertung von Wohngebäuden kann nach §§ 9 und 11 ImmoWertV[1], Ziff. 3.6.1.1.7 WertR 2006[2] an Hand von Vergleichswerten erfolgen, wobei mit Hilfe der Baupreisindizes auf den Wertermittlungsstichtag errechnete Werte ermittelt werden, die um die **Alterswertminderung** sowie einen **Sicherheitsabschlag** von 10 % [3] zu berichtigen sind.

Die Preisindizes wurden für verschiedene Basisjahre veröffentlicht, geben aber umgerechnet jeweils dieselben Veränderungen wieder.

Das Statistische Bundesamt hat mit der Fachserie 17 Reihe 4 folgende Preisindizes für Wohngebäude veröffentlicht (Mittelwerte, **Basisjahr 2015 = 100**):

| *Jahr* | *Index* | *Jahr* | *Index* | *Jahr* | *Index* |
|---|---|---|---|---|---|
| **1958 D** | 12,5 | **1959 D** | 13,1 | **1960 D** | 14,0 |
| **1961 D** | 15,2 | **1962 D** | 16,4 | **1963 D** | 17,2 |
| **1964 D** | 18,1 | **1965 D** | 18,9 | **1966 D** | 19,4 |
| **1967 D** | 19,0 | **1968 D** | 19,9 | **1969 D** | 21,0 |
| **1970 D** | 24,4 | **1971 D** | 27,0 | **1972 D** | 28,8 |
| **1973 D** | 30,9 | **1974 D** | 33,2 | **1975 D** | 34,0 |
| **1976 D** | 35,2 | **1977 D** | 36,8 | **1978 D** | 39,1 |
| **1979 D** | 42,5 | **1980 D** | 47,1 | **1981 D** | 49,8 |
| **1982 D** | 51,2 | **1983 D** | 52,3 | **1984 D** | 53,7 |
| **1985 D** | 53,9 | **1986 D** | 54,6 | **1987 D** | 55,6 |
| **1988 D** | 56,8 | **1989 D** | 58,9 | **1990 D** | 62,7 |
| **1991 D** | 67,0 | **1992 D** | 71,3 | **1993 D** | 74,9 |
| **1994 D** | 76,7 | **1995 D** | 78,4 | **1996 D** | 78,3 |
| **1997 D** | 77,7 | **1998 D** | 77,4 | **1999 D** | 77,2 |
| **2000 D** | 77,4 | **2001 D** | 77,4 | **2002 D** | 77,4 |
| **2003 D** | 77,4 | **2004 D** | 78,3 | **2005 D** | 79,1 |
| **2006 D** | 80,6 | **2007 D** | 85,9 | **2008 D** | 88,4 |
| **2009 D** | 89,2 | **2010 D** | 90,1 | **2011 D** | 92,5 |
| **2012 D** | 94,9 | **2013 D** | 96,8 | **2014 D** | 98,5 |
| **2015 D** | 100,0 | **2016 D** | 102,1 | **2017 D** | 105,3 |
| **2018 D** | 109,9 | **2019 D** | 114,6 | **2020 D** | 116,4 |

Der jeweils aktuelle Preisindex (wird für jedes Quartal veröffentlicht) kann im Internet unter dem in der Fußnote angegebenen Pfad abgerufen werden.[4]

Der sich nach der Indexreihe ergebende Wert muss dem Alter des Gebäudes entsprechend gemindert werden. Die Alterswertminderung wird im Vomhundertsatz des Gebäudewertes ausgedrückt und ergibt sich aus der Anlage 8 b der Wertermittlungsrichtlinien 2006 (siehe nachfolgende Tabelle bei Annahme einer linearen Wertminderung).

Dabei wird die für den jeweiligen Gebäudetyp übliche Gesamtnutzungsdauer der Restnutzungsdauer gegenübergestellt.

1 BGBl. I 2010, 639
2 BAnz Nr. 121 vom 1. 7. 2006, S. 4798
3 BayObLG DNotZ 1976, 89 = Rpfleger 1976, 375; PrüfAbt. MittBayNot 2006, 88/89
4 im Internet unter www.destatis.de → Themen : Wirtschaft : Preise → Bau- und Immobilienpreisindex → Publikationen : Preisindizes für die Bauwirtschaft : Preisindizes für die Bauwirtschaft - Fachserie 17 Reihe 4, dort Seiten 19 u. 20 (= Preisindizes für den Neubau von Wohngebäuden einschl. Umsatzsteuer, langfristige Übersicht)

| Restnutzungsdauer Jahre ↓ | Übliche Gesamtnutzungsdauer (GND) in Jahren | | | | | | | | | |
|---|---|---|---|---|---|---|---|---|---|---|
| | 10 | 20 | 30 | 40 | 50 | 60 | 70 | 80 | 90 | 100 |
| **1** | 90 | 95 | 97 | 98 | 98 | 98 | 99 | 99 | 99 | 99 |
| **2** | 80 | 90 | 93 | 95 | 96 | 97 | 97 | 98 | 98 | 98 |
| **3** | 70 | 85 | 90 | 93 | 94 | 95 | 96 | 96 | 97 | 97 |
| **4** | 60 | 80 | 87 | 90 | 92 | 93 | 94 | 95 | 96 | 96 |
| **5** | 50 | 75 | 83 | 88 | 90 | 92 | 93 | 94 | 94 | 95 |
| **6** | 40 | 70 | 80 | 95 | 88 | 90 | 91 | 93 | 93 | 94 |
| **7** | 30 | 65 | 77 | 83 | 86 | 88 | 90 | 91 | 92 | 93 |
| **8** | 20 | 60 | 73 | 80 | 84 | 87 | 89 | 90 | 91 | 92 |
| **9** | 10 | 55 | 70 | 78 | 82 | 85 | 87 | 89 | 90 | 91 |
| **10** | 0 | 50 | 67 | 75 | 80 | 83 | 86 | 88 | 89 | 90 |
| **11** | | 45 | 63 | 73 | 78 | 82 | 84 | 86 | 88 | 89 |
| **12** | | 40 | 60 | 70 | 76 | 80 | 83 | 85 | 87 | 88 |
| **13** | | 35 | 57 | 68 | 74 | 78 | 81 | 84 | 86 | 87 |
| **14** | | 30 | 53 | 65 | 72 | 77 | 80 | 83 | 84 | 86 |
| **15** | | 25 | 50 | 63 | 70 | 75 | 79 | 81 | 83 | 85 |
| **16** | | 20 | 47 | 60 | 68 | 73 | 77 | 80 | 82 | 84 |
| **17** | | 15 | 43 | 58 | 66 | 72 | 76 | 79 | 81 | 83 |
| **18** | | 10 | 40 | 55 | 64 | 70 | 74 | 78 | 80 | 82 |
| **19** | | 5 | 37 | 53 | 62 | 68 | 73 | 76 | 79 | 81 |
| **20** | | 0 | 33 | 50 | 60 | 67 | 71 | 75 | 78 | 80 |
| **21** | | | 30 | 48 | 58 | 65 | 70 | 74 | 77 | 79 |
| **22** | | | 27 | 45 | 56 | 63 | 69 | 73 | 76 | 78 |
| **23** | | | 23 | 43 | 54 | 62 | 67 | 71 | 74 | 77 |
| **24** | | | 20 | 40 | 52 | 60 | 66 | 70 | 73 | 76 |
| **25** | | | 17 | 38 | 50 | 58 | 64 | 69 | 72 | 75 |
| **26** | | | 13 | 35 | 48 | 57 | 63 | 68 | 71 | 74 |
| **27** | | | 10 | 33 | 46 | 55 | 61 | 66 | 70 | 73 |
| **28** | | | 7 | 30 | 44 | 53 | 60 | 65 | 69 | 72 |
| **29** | | | 3 | 28 | 42 | 52 | 59 | 64 | 68 | 71 |
| **30** | | | 0 | 25 | 40 | 50 | 57 | 63 | 67 | 70 |
| **31** | | | | 23 | 38 | 48 | 56 | 61 | 66 | 69 |
| **32** | | | | 20 | 36 | 47 | 54 | 60 | 64 | 68 |
| **33** | | | | 18 | 34 | 45 | 53 | 59 | 63 | 67 |
| **34** | | | | 15 | 32 | 53 | 51 | 58 | 62 | 66 |
| **35** | | | | 13 | 30 | 42 | 50 | 56 | 61 | 65 |
| **36** | | | | 10 | 28 | 40 | 49 | 55 | 60 | 64 |
| **37** | | | | 8 | 26 | 38 | 47 | 54 | 59 | 63 |
| **38** | | | | 5 | 24 | 37 | 46 | 53 | 58 | 62 |
| **39** | | | | 3 | 22 | 35 | 44 | 51 | 57 | 61 |
| **40** | | | | 0 | 20 | 33 | 43 | 50 | 56 | 60 |
| **41** | | | | | 18 | 32 | 41 | 49 | 54 | 59 |
| **42** | | | | | 16 | 30 | 40 | 48 | 53 | 58 |
| **43** | | | | | 14 | 28 | 39 | 46 | 52 | 57 |
| **44** | | | | | 12 | 27 | 37 | 45 | 51 | 56 |
| **45** | | | | | 10 | 25 | 36 | 44 | 50 | 55 |
| **46** | | | | | 8 | 23 | 34 | 43 | 49 | 54 |
| **47** | | | | | 6 | 22 | 33 | 41 | 48 | 53 |
| **48** | | | | | 4 | 20 | 31 | 40 | 47 | 52 |
| **49** | | | | | 2 | 18 | 30 | 39 | 46 | 51 |
| **50** | | | | | 0 | 17 | 29 | 38 | 44 | 50 |
| **51** | | | | | | 15 | 27 | 36 | 43 | 49 |
| **52** | | | | | | 13 | 26 | 35 | 42 | 48 |

| Restnutzungsdauer Jahre ↓ | Übliche Gesamtnutzungsdauer (GND) in Jahren | | | | | | | | | |
|---|---|---|---|---|---|---|---|---|---|---|
| | 10 | 20 | 30 | 40 | 50 | 60 | 70 | 80 | 90 | 100 |
| **53** | | | | | | 12 | 24 | 36 | 41 | 47 |
| **54** | | | | | | 10 | 23 | 33 | 40 | 46 |
| **55** | | | | | | 8 | 21 | 31 | 39 | 45 |
| **56** | | | | | | 7 | 20 | 30 | 38 | 44 |
| **57** | | | | | | 5 | 19 | 29 | 37 | 43 |
| **58** | | | | | | 3 | 17 | 28 | 36 | 42 |
| **59** | | | | | | 2 | 16 | 26 | 34 | 41 |
| **60** | | | | | | 0 | 14 | 25 | 33 | 40 |
| **61** | | | | | | | 13 | 24 | 32 | 39 |
| **62** | | | | | | | 11 | 23 | 31 | 38 |
| **63** | | | | | | | 10 | 21 | 30 | 37 |
| **64** | | | | | | | 9 | 20 | 29 | 36 |
| **65** | | | | | | | 7 | 19 | 28 | 35 |
| **66** | | | | | | | 6 | 18 | 27 | 34 |
| **67** | | | | | | | 4 | 16 | 26 | 33 |
| **68** | | | | | | | 3 | 15 | 24 | 32 |
| **69** | | | | | | | 1 | 14 | 23 | 31 |
| **70** | | | | | | | 0 | 13 | 22 | 30 |
| **71** | | | | | | | | 11 | 21 | 29 |
| **72** | | | | | | | | 10 | 20 | 28 |
| **73** | | | | | | | | 9 | 19 | 27 |
| **74** | | | | | | | | 8 | 18 | 26 |
| **75** | | | | | | | | 6 | 17 | 25 |
| **76** | | | | | | | | 5 | 16 | 24 |
| **77** | | | | | | | | 4 | 14 | 23 |
| **78** | | | | | | | | 3 | 13 | 22 |
| **79** | | | | | | | | 1 | 12 | 21 |
| **80** | | | | | | | | 0 | 11 | 20 |
| **81** | | | | | | | | | 10 | 19 |
| **82** | | | | | | | | | 9 | 18 |
| **83** | | | | | | | | | 8 | 17 |
| **84** | | | | | | | | | 7 | 16 |
| **85** | | | | | | | | | 6 | 15 |
| **86** | | | | | | | | | 4 | 14 |
| **87** | | | | | | | | | 3 | 13 |
| **88** | | | | | | | | | 2 | 12 |
| **89** | | | | | | | | | 1 | 11 |
| **90** | | | | | | | | | 0 | 10 |
| **91** | | | | | | | | | | 9 |
| **92** | | | | | | | | | | 8 |
| **93** | | | | | | | | | | 7 |
| **94** | | | | | | | | | | 6 |
| **95** | | | | | | | | | | 5 |
| **96** | | | | | | | | | | 4 |
| **97** | | | | | | | | | | 3 |
| **98** | | | | | | | | | | 2 |
| **99** | | | | | | | | | | 1 |
| **100** | | | | | | | | | | 0 |

*Anmerkung:*
Nach Auffassung der PrüfAbt. der Notarkasse gehören Ein- und Mehrfamilienhäuser sowie Eigentumswohnungen zur Gebäudeart, die mit einer Lebensdauer von 100 Jahren angenommen werden kann.

## 1. Berechnungsbeispiel

Eine Eigentumswohnung (Neubau) wurde im Jahre 1995 zum Kaufpreis von 400.000 DM gekauft.

*Geschäftswert zum Jahre 2020:*
Durchschnittsindexzahl 2020 = 116,4 (Basisjahr 2015)
Durchschnittsindexzahl 1995 (Erwerbsjahr) = 78,4 (Basisjahr 2015)
Neubauwert 1995 = 400.000 DM,

| | |
|---|---|
| entspricht in Euro | 204.516,75 € |
| dividiert durch 78,4 (Indexzahl 1995) | 2.608,63 € |
| multipliziert mit 116,4 (Indexzahl 2020) | 303.644,53 € |
| abzüglich 25 % Wertminderung wegen Alters bei linearer Abschreibung des Herstellungswertes des Gebäudes (25 % ist abzulesen in obiger Tabelle bei Zeile 75 [Restnutzungsdauer bei 25 Jahre alter ETW] und Spalte 100)[5] | 75.911,13 € |
| Zwischensumme | 227.733,40 € |
| abzüglich Sicherheitsabschlag 10 % | 22.773,34 € |
| Wert somit | **204.960,06 €** |

## 2. Berechnungsbeispiel:

Eine Eigentumswohnung (Neubau) wurde im Jahre 1975 zum Kaufpreis von 160.000 DM gekauft.

*Geschäftswert zum Jahre 2020:*
Durchschnittsindexzahl 2020 = 116,4 (Basisjahr 2015)
Durchschnittsindexzahl 1975 (Erwerbsjahr) = 34,0 (Basisjahr 2015)
Neubauwert 1975 = 160.000 DM,

| | |
|---|---|
| entspricht in Euro | 81.806,70 € |
| dividiert durch 34,0 (Indexzahl 1975) | 2.406,08 € |
| multipliziert mit 116,4 (Indexzahl 2020) | 280.067,71 € |
| abzüglich 45 % Wertminderung wegen Alters bei linearer Abschreibung des Herstellungswertes des Gebäudes (45 % ist abzulesen in obiger Tabelle bei Zeile 55 [Restnutzungsdauer bei 45 Jahre alter ETW] und Spalte 100) | 126.030,47 € |
| Zwischensumme | 154.037,24 € |
| abzüglich Sicherheitsabschlag 10 % | 15.403,72 € |
| Wert somit | **138.633,52 €** |

## 3. Berechnungsbeispiel:

Ein Fertighaus wurde im Jahre 2000 zum Preis von 370.000 DM gekauft.

Der Prozentsatz für die Wertminderung bestimmt sich wie folgt:
Ein Fertighaus hat eine Lebensdauer von 80 Jahren (s. Tabelle für Brandversicherungswerte, ebenfalls in diesem Buch abgedruckt). Es ist daher die Spalte 80 maßgebend.
Das Fertighaus in diesem Beispiel ist 20 Jahre alt, hat also eine Restnutzungsdauer von (80 – 20 =) 60 Jahren. Somit Zeile 60.
Die Zeile 60 zeigt bei der Spalte 80 den Faktor 25 = Prozentsatz der Wertminderung.

*Geschäftswert zum Jahre 2020:*
Durchschnittsindexzahl 2020 = 116,4 (Basisjahr 2015)
Durchschnittsindexzahl 2000 (Erwerbsjahr) = 77,4 (Basisjahr 2015)
Neubauwert 2000 = 370.000 DM,

| | |
|---|---|
| entspricht in Euro | 189.178,00 € |
| dividiert durch 77,4 (Indexzahl 2000) | 2.444,16 € |
| multipliziert mit 116,4 (Indexzahl 2020) | 284.500,22 € |
| abzüglich 25 % Wertminderung (s.o.) | 71.125,06 € |
| Zwischensumme | 213.375,16 € |
| abzüglich Sicherheitsabschlag 10 % | 21.337,52 € |
| Wert somit | **192.037,64 €** |

*Anmerkung:*
Wie schon bei der Wertermittlung auf Grund der Brandversicherung soll auch hier im Regelfall ein Gebäuderestwert von 30 % nicht unterschritten werden (BayObLG MittBayNot 1988, 92; s.a. Tabelle in MittBayNot 2021, 92).

---

5 MittBayNot 2006, 89 u. 90

## Werte nach der Sozialversicherungsentgeltverordnung – SvEV
zuletzt geändert durch Verordnung v. 15.12.2020 (BGBl. I S. 2933)

jeweils Monatswerte

### Verpflegung

| | |
|---|---|
| 1. für eine Person<br>Einzelwerte: Frühstück 55 €, Mittagessen 104 €, Abendessen 104 € = | 263,00 € |
| 2. zusätzlich für zweite Person, z.B. Ehegatten<br>(noch mal 100 % =) | + 263,00 € |
| 3. wenn zusätzlich z.B. für ein Kind | |
| a) welches das 18. Lebensjahr bereits vollendet hat 1 (100 % =) | + 263,00 € |
| b) welches das 14., aber noch nicht das 18. Lebensjahr vollendet hat (80 % =) | + 210,40 € |
| c) welches das 7., aber noch nicht das 14. Lebensjahr vollendet hat (40 % =) | + 105,20 € |
| d) welches das 7. Lebensjahr noch nicht vollendet hat (30 % =) | + 78,90 € |

### Unterkunft (nicht Wohnung, diese weiter unten)

| | |
|---|---|
| 1. nicht im gleichen Haushalt wie Anwesenseigentümer | |
| a) für eine Person | 237,00 €[2] |
| b) für zwei Personen (z.B. Ehegatten) zusammen | 284,40 € |
| 2. im gleichen Haushalt wie Anwesenseigentümer oder in Gemeinschaftsunterkunft | |
| a) für eine Person | 201,45 € |
| b) für zwei Personen (z.B. Ehegatten) zusammen | 213,30 € |

### Wohnung

| | |
|---|---|
| 1. ortsüblicher Mietpreis 3 | |
| 2. a) wenn im Einzelfall die Feststellung des ortüblichen Mietpreises mit außergewöhnlichen Schwierigkeiten verbunden ist, kann für die Wohnung angesetzt werden | 4,16 €/qm |
| b) bei einfacher Ausstattung (ohne Sammelheizung oder ohne Bad oder Dusche) | 3,40 €/qm |
| zusätzlich für Energie, Wasser und sonst. Nebenkosten der übliche Preis am Abgabeort. | |

Sachbezgsw.
Pflegeleistg.

1 Bei der Berechnung des Wertes ist das Lebensalter des Berechtigten im ersten Entgeltabrechnungszeitraum des Kalenderjahres maßgebend (§ 2 Abs. 2 SvEV)
2 Bei Unbilligkeit ortsüblicher Mietpreis (§ 2 Abs. 3 SvEV)
3 unter Berücksichtigung der sich aus der Lage der Wohnung zum Betrieb ergebenden Beeinträchtigungen (§ 2 Abs. 4 SvEV)

# Pflegeleistungen

| | | Pflegegrade | | | | |
|---|---|---|---|---|---|---|
| | | Geringe Beeinträchtigung der Selbständigkeit | Erhebliche Beeinträchtigung der Selbständigkeit | Schwere Beeinträchtigung der Selbständigkeit | Schwerste Beeinträchtigung der Selbständigkeit | Schwerste Beeinträchtigung der Selbständigkeit mit besonderen Anforderungen an die pflegerische Versorgung |
| | | **1** | **2** | **3** | **4** | **5** |
| | | maximale Leistungen in Euro pro Monat | | | | |
| Pflegegeld (ambulant) für häusliche Pflege durch Angehörige oder andere ehrenamtlich tätige Pflegepersonen[1]. | | | 316 | 545 | 728 | 901 |
| Pflegesachleistungen (ambulant) für häusliche Pflege durch Pflegedienste oder Einzelpflegekräfte, z.B. selbständige Altenpfleger. | | | 689 | 1.298 | 1.612 | 1.995 |
| Entlastungsbetrag (ambulant) zweckgebunden[2]. | | 125 | 125 | 125 | 125 | 125 |
| Teilstationäre Leistungen der Tages- / Nachtpflege (zeitweise Betreuung in einer Pflegeeinrichtung). | | | 689 | 1.298 | 1.612 | 1.995 |
| Leistungen bei vollstationärer Pflege (Heimplatz). | | | 770 | 1.262 | 1.775 | 2.005 |
| | | maximale Leistungen in Euro pro Jahr | | | | |
| Ersatzpflege als Urlaubs- oder Krankheitsvertretung bis zu sechs Wochen im Kalenderjahr. | durch nahe Angehörige[3] | | 474 | 817,50 | 1.092 | 1.351,50 |
| | durch Professionelle[4] | | 1.612 | 1.612 | 1.612 | 1.612 |



1 Das Pflegegeld kann mit ambulanten Pflegesachleistungen kombiniert werden. Das Pflegegeld vermindert sich in diesem Fall anteilig im Verhältnis zum Wert der in Anspruch genommenen Sachleistungen

2 Der Betrag ist zweckgebunden einzusetzen für qualitätsgesicherte Leistungen zur Entlastung pflegender Angehöriger oder vergleichbar Nahestehender sowie zur Förderung der Selbständigkeit und Selbstbestimmtheit d. Pflegebedürftigen Der Entlastungsbetrag wird nicht mit anderen Leistungen der häuslichen Pflege verrechnet, sondern zusätzlich gezahlt

3 Wenn in diesem Fall notwendige Aufwendungen der Pflegeperson (z.B. Fahrtkosten oder Verdienstausfall) nachgewiesen werden, kann die Leistung auf bis zu insgesamt 1.612 € aufgestockt werden. Der Höchstbetrag darf allerdings 1.612 € nicht überschreiten

4 Auch bei Ersatzpflege durch entferntere Verwandte, die nicht mit d. Pflegebedürftigen bis zum zweiten Grad verwandt oder verschwägert sind, oder durch Nachbarn

**A. Kindesunterhalt**

| Nettoeinkommen des Barunterhaltspflichtigen (Anm. 3, 4) | Altersstufen in Jahren (§ 1612a Abs. 1 BGB) | | | | Prozent-satz | Bedarfs-kontrollbetrag (Anm. 6) |
|---|---|---|---|---|---|---|
| | *0-5* | *6-11* | *12-17* | *ab 18* | | |
| alle Beträge in Euro | | | | | | |
| 1. bis 1.900 | 393 | 451 | 528 | 564 | 100 | 960/1.160 |
| 2. 1.901 - 2.300 | 413 | 474 | 555 | 593 | 105 | 1.400 |
| 3. 2.301 - 2.700 | 433 | 497 | 581 | 621 | 110 | 1.500 |
| 4. 2.701 - 3.100 | 452 | 519 | 608 | 649 | 115 | 1.600 |
| 5. 3.101 - 3.500 | 472 | 542 | 634 | 677 | 120 | 1.700 |
| 6. 3.501 - 3.900 | 504 | 578 | 676 | 722 | 128 | 1.800 |
| 7. 3.901 - 4.300 | 535 | 614 | 719 | 768 | 136 | 1.900 |
| 8. 4.301 - 4.700 | 566 | 650 | 761 | 813 | 144 | 2.000 |
| 9. 4.701 - 5.100 | 598 | 686 | 803 | 858 | 152 | 2.100 |
| 10. 5.101 - 5.500 | 629 | 722 | 845 | 903 | 160 | 2.200 |
| ab 5.501 | auf den Beschluss des Bundesgerichtshofs vom 16.09.2020 – XII ZB 499/19 – wird hingewiesen. | | | | | |

**Anmerkungen:**

1. Die Tabelle hat keine Gesetzeskraft, sondern stellt eine Richtlinie dar. Sie weist den monatlichen Unterhaltsbedarf aus, bezogen auf zwei Unterhaltsberechtigte, ohne Rücksicht auf den Rang. Der Bedarf ist nicht identisch mit dem Zahlbetrag; dieser ergibt sich unter Berücksichtigung der nachfolgenden Anmerkungen.
   Bei einer größeren / geringeren Anzahl Unterhaltsberechtigter können *Ab- oder Zuschläge* durch Einstufung in niedrigere / höhere Gruppen angemessen sein. Anmerkung 6 ist zu beachten. Zur Deckung des notwendigen Mindestbedarfs aller Beteiligten – einschließlich des Ehegatten – ist gegebenenfalls eine Herabstufung bis in die unterste Tabellengruppe vorzunehmen. Reicht das verfügbare Einkommen auch dann nicht aus, setzt sich der Vorrang der Kinder im Sinne von Anm. 5 Abs. 1 durch. Gegebenenfalls erfolgt zwischen den erstrangigen Unterhaltsberechtigten eine Mangelberechnung nach Abschnitt C.

2. Die Richtsätze der 1. Einkommensgruppe entsprechen dem Mindestbedarf gemäß der Dritten Verordnung zur Änderung der Mindestunterhaltsverordnung vom 03.11.2020 (BGBl. 2020 I, 2344). Der Prozentsatz drückt die Steigerung des Richtsatzes der jeweiligen Einkommensgruppe gegenüber dem Mindestbedarf (= 1. Einkommensgruppe) aus. Die durch Multiplikation des gerundeten Mindestbedarfs mit dem Prozentsatz errechneten Beträge sind entsprechend § 1612a Abs. 2 S. 2 BGB aufgerundet.
   Bei volljährigen Kindern, die noch im Haushalt der Eltern oder eines Elternteils wohnen, bemisst sich der Unterhalt nach der 4. Altersstufe der Tabelle.

3. *Berufsbedingte Aufwendungen*, die sich von den privaten Lebenshaltungskosten nach objektiven Merkmalen eindeutig abgrenzen lassen, sind vom Einkommen abzuziehen, wobei bei entsprechenden Anhaltspunkten eine Pauschale von 5 % des Nettoeinkommens – mindestens 50 €, bei geringfügiger Teilzeitarbeit auch weniger, und höchstens 150 € monatlich – geschätzt werden kann. Bei Geltendmachung die Pauschale übersteigender Aufwendungen sind diese insgesamt nachzuweisen.

4. Berücksichtigungsfähige *Schulden* sind in der Regel vom Einkommen abzuziehen.

5. Der *notwendige Eigenbedarf (Selbstbehalt)*
   - gegenüber minderjährigen unverheirateten Kindern,
   - gegenüber volljährigen unverheirateten Kindern bis zur Vollendung des 21. Lebensjahres, die im Haushalt der Eltern oder eines Elternteils leben und sich in der allgemeinen Schulausbildung befinden,

beträgt beim nicht erwerbstätigen Unterhaltspflichtigen monatlich 960 €, beim erwerbstätigen Unterhaltspflichtigen monatlich 1.160 €. Hierin sind bis 430 € für Unterkunft einschließlich umlagefähiger Nebenkosten und Heizung (Warmmiete) enthalten. Der Selbstbehalt soll erhöht werden, wenn die Wohnkosten (Warmmiete) den ausgewiesenen Betrag überschreiten und nicht unangemessen sind.

Der *angemessene Eigenbedarf*, insbesondere gegenüber anderen volljährigen Kindern, beträgt in der Regel mindestens monatlich 1.400 €. Darin ist eine Warmmiete bis 550 € enthalten.

6. Der *Bedarfskontrollbetrag* des Unterhaltspflichtigen ab Gruppe 2 ist nicht identisch mit dem Eigenbedarf. Er soll eine ausgewogene Verteilung des Einkommens zwischen dem Unterhaltspflichtigen und den unterhaltsberechtigten Kindern gewährleisten. Wird er unter Berücksichtigung anderer Unterhaltspflichten unterschritten, ist der Tabellenbetrag der nächst niedrigeren Gruppe, deren Bedarfskontrollbetrag nicht unterschritten wird, anzusetzen.

7. Der angemessene Gesamtunterhaltsbedarf eines *Studierenden*, der nicht bei seinen Eltern oder einem Elternteil wohnt, beträgt in der Regel monatlich 860 €. Hierin sind bis 375 € für Unterkunft einschließlich umlagefähiger Nebenkosten und Heizung (Warmmiete) enthalten. Dieser Bedarfssatz kann auch für ein Kind mit eigenem Haushalt angesetzt werden.

8. Die *Ausbildungsvergütung* eines in der Berufsausbildung stehenden Kindes, das im Haushalt der Eltern oder eines Elternteils wohnt, ist vor ihrer Anrechnung in der Regel um einen ausbildungsbedingten Mehrbedarf von monatlich 100 € zu kürzen.

9. In den Bedarfsbeträgen (Anmerkungen 1 und 7) sind keine *Beiträge zur Kranken- und Pflegeversicherung und keine Studiengebühren* enthalten.

10. Das auf das jeweilige Kind entfallende *Kindergeld* ist nach § 1612b BGB auf den Tabellenunterhalt (Bedarf) anzurechnen.

## B. Ehegattenunterhalt

I. Monatliche Unterhaltsrichtsätze des berechtigten Ehegatten ohne unterhaltsberechtigte Kinder (§§ 1361, 1569, 1578, 1581 BGB):

1. gegen einen *erwerbstätigen Unterhaltspflichtigen:*
   a) wenn der Berechtigte kein Einkommen hat:
   3/7 des anrechenbaren Erwerbseinkommens zuzüglich ½ der anrechenbaren sonstigen Einkünfte des Pflichtigen, nach oben begrenzt durch den vollen Unterhalt, gemessen an den zu berücksichtigenden ehelichen Verhältnissen;
   b) wenn der Berechtigte ebenfalls Einkommen hat:
   3/7 der Differenz zwischen den anrechenbaren Erwerbseinkommen der Ehegatten, insgesamt begrenzt durch den vollen ehelichen Bedarf; für sonstige anrechenbare Einkünfte gilt der Halbteilungsgrundsatz;
   c) wenn der Berechtigte erwerbstätig ist, obwohl ihn keine Erwerbsobliegenheit trifft:
   gemäß § 1577 Abs. 2 BGB;

2. gegen einen nicht erwerbstätigen Unterhaltspflichtigen (z.B. Rentner):
   wie zu 1 a, b oder c, jedoch 50 %.

*II. Fortgeltung früheren Rechts:*

1. Monatliche Unterhaltssätze des nach dem Ehegesetz berechtigten Ehegatten *ohne unterhaltsberechtigte Kinder:*
   a) §§ 58, 59 EheG: in der Regel wie I.,
   b) § 60 EheG: in der Regel ½ des Unterhalts zu I.,
   c) § 61 EheG: nach Billigkeit bis zu den Sätzen I.

2. Bei Ehegatten, die vor dem 3.10.1990 in der früheren DDR geschieden worden sind, ist das DDR-FGB in Verbindung mit dem Einigungsvertrag zu berücksichtigen (Art. 234 § 5 EGBGB).

III. *Monatliche Unterhaltsrichtsätze des berechtigten Ehegatten, wenn die ehelichen Lebensverhältnisse durch Unterhaltspflichten gegenüber Kindern geprägt werden:*
Wie zu I. bzw. II. 1., jedoch wird grundsätzlich der Kindesunterhalt (Zahlbetrag; vgl. Anm. C und Anhang) vorab vom Nettoeinkommen abgezogen.

IV. *Monatlicher Eigenbedarf (Selbstbehalt) gegenüber dem getrennt lebenden und dem geschiedenen Berechtigten:*
a) falls erwerbstätig 1.280 €,
b) falls nicht erwerbstätig 1.180 €.
Hierin sind bis 490 € für Unterkunft einschließlich umlagefähiger Nebenkosten und Heizung (Warmmiete) enthalten.

V. *Existenzminimum des unterhaltsberechtigten Ehegatten einschließlich des trennungsbedingten Mehrbedarfs in der Regel:*
a) falls erwerbstätig: 1.160 €
b) falls nicht erwerbstätig: 960 €

VI. 1. *Monatlicher notwendiger Eigenbedarf des von dem Unterhaltspflichtigen getrennt lebenden oder geschiedenen Ehegatten:*
a) gegenüber einem nachrangigen geschiedenen Ehegatten
aa) falls erwerbstätig 1.280 €
bb) falls nicht erwerbstätig 1.180 €
b) gegenüber nicht privilegierten volljährigen Kindern 1.400 €

2. Monatlicher notwendiger Eigenbedarf des Ehegatten, der in einem gemeinsamen Haushalt mit dem Unterhaltspflichtigen lebt:
a) gegenüber einem nachrangigen geschiedenen Ehegatten
aa) falls erwerbstätig 1.024 €
bb) falls nicht erwerbstätig 944 €
b) gegenüber nicht privilegierten volljährigen Kindern 1.120 €

**Anmerkung zu I-III:**
Hinsichtlich *berufsbedingter Aufwendungen* und *berücksichtigungsfähiger Schulden* gelten Anmerkungen A. 3 und 4 – auch für den erwerbstätigen Unterhaltsberechtigten – entsprechend. Diejenigen berufsbedingten Aufwendungen, die sich nicht nach objektiven Merkmalen eindeutig von den privaten Lebenshaltungskosten abgrenzen lassen, sind pauschal im Erwerbstätigenbonus von 1/7 enthalten.

## C. Mangelfälle

Reicht das Einkommen zur Deckung des Bedarfs des Unterhaltspflichtigen und der gleichrangigen Unterhaltsberechtigten nicht aus (sog. Mangelfälle), ist die nach Abzug des notwendigen Eigenbedarfs (Selbstbehalts) des Unterhaltspflichtigen verbleibende Verteilungsmasse auf die Unterhaltsberechtigten im Verhältnis ihrer jeweiligen Einsatzbeträge gleichmäßig zu verteilen.
Der Einsatzbetrag für den *Kindesunterhalt* entspricht dem Zahlbetrag des Unterhaltspflichtigen. Dies ist der nach Anrechnung des Kindergeldes oder von Einkünften auf den Unterhaltsbedarf verbleibende Restbedarf.

**Beispiel:** Bereinigtes Nettoeinkommen des Unterhaltspflichtigen (M): 1.350 € Unterhalt für drei unterhaltsberechtigte Kinder im Alter von 18 Jahren (K 1), 7 Jahren (K 2) und 5 Jahren (K 3), Schüler, die bei der nicht unterhaltsberechtigten, den Kindern nicht barunterhaltspflichtigen Ehefrau und Mutter (F) leben. F bezieht das Kindergeld.

Notwendiger Eigenbedarf des M: 1.160 €
Verteilungsmasse: 1.350 € - 1.160 € = 190 €

Summe der Einsatzbeträge der Unterhaltsberechtigten:
345 € (564 – 219) (K 1)
+ 341,50 € (451 – 109,50) (K 2)
+ 280,50 € (393 – 112,50) (K 3)
= 967 €

Unterhalt:
K 1: 345,00 x 190 : 967 = 67,79 €
K 2: 341,50 x 190 : 967 = 67,10 €
K 3: 280,50 x 190 : 967 = 55,11 €

## D. Verwandtenunterhalt und Unterhalt nach § 1615 l BGB

I. *Angemessener Selbstbehalt gegenüber den Eltern*:
Dem Unterhaltspflichtigen ist der angemessene Eigenbedarf zu belassen. Bei dessen Bemessung sind Zweck und Rechtsgedanken des Gesetzes zur Entlastung unterhaltspflichtiger Angehöriger in der Sozialhilfe und in der Eingliederungshilfe (Angehörigenentlastungsgesetz) vom 10. Dezember 2019 (BGBl I S. 2135) zu beachten.

II. *Bedarf der Mutter und des Vaters eines nichtehelichen Kindes* (§ 1615 l BGB): nach der Lebensstellung des betreuenden Elternteils, in der Regel mindestens 960 €.

*Angemessener Selbstbehalt gegenüber der Mutter und dem Vater eines nichtehelichen Kindes* (§§ 1615 l, 1603 Abs. 1 BGB):
a) falls erwerbstätig 1.280 €
b) falls nicht erwerbstätig 1.180 €.
Hierin sind bis 490 € für Unterkunft einschließlich umlagefähiger Nebenkosten und Heizung (Warmmiete) enthalten.

## E. Übergangsregelung

**Umrechnung dynamischer Titel über Kindesunterhalt nach § 36 Nr. 3 EGZPO:** Ist Kindesunterhalt als Prozentsatz des jeweiligen Regelbetrages zu leisten, bleibt der Titel bestehen. Eine Abänderung ist nicht erforderlich. An die Stelle des bisherigen Prozentsatzes vom Regelbetrag tritt ein neuer Prozentsatz vom Mindestunterhalt (Stand: 1.1.2008). Dieser ist für die jeweils maßgebliche Altersstufe gesondert zu bestimmen und auf eine Stelle nach dem Komma zu begrenzen (§ 36 Nr. 3 EGZPO). Der Prozentsatz wird auf der Grundlage der zum 01.01.2008 bestehenden Verhältnisse einmalig berechnet, und bleibt auch bei späterem Wechsel in eine andere Altersstufe unverändert (BGH Urteil vom 18.04.2012 – XII ZR 66/10 – FamRZ 2012, 1048). Der Bedarf ergibt sich aus der Multiplikation des neuen Prozentsatzes mit dem Mindestunterhalt der jeweiligen Altersstufe und ist auf volle Euro aufzurunden (§ 1612a Abs. 2 S. 2 BGB). Der Zahlbetrag ergibt sich aus dem um das jeweils anteilige Kindergeld verminderten bzw. erhöhten Bedarf.

Wegen der sich nach § 36 Nr. 3 EGZPO ergebenden vier Fallgestaltungen wird auf die Beispielsberechnungen der Düsseldorfer Tabelle Stand 01.01.2017 verwiesen (hier abgedruckt):

1. Der Titel sieht die Anrechnung des hälftigen Kindergeldes (für das 1. bis 3. Kind 77 €, ab dem 4. Kind 89,50 €) oder eine teilweise Anrechnung des Kindergeldes vor (§ 36 Nr. 3a EGZPO).

$$\frac{\text{(Bisheriger Zahlbetrag + ½ Kindergeld) x 100}}{\text{Mindestunterhalt der jeweiligen Altersstufe}} = \text{Prozentsatz neu}$$

**Beispiel für 1. Altersstufe**

$$\frac{(196\,€ + 77\,€) \times 100}{279\,€} = 97{,}8\,\%$$

279 € x 97,8 % = 272,86 €, aufgerundet 273 €
**Zahlbetrag: 273 € ./. 77 € = 196 €**

2. Der Titel sieht die Hinzurechnung des hälftigen Kindergeldes vor (§ 36 Nr. 3b EGZPO).

$$\frac{(\text{Bisheriger Zahlbetrag} - \tfrac{1}{2}\,\text{Kindergeld}) \times 100}{\text{Mindestunterhalt der jeweiligen Altersstufe}} = \text{Prozentsatz neu}$$

**Beispiel für 1. Altersstufe**

$$\frac{(273\,€ - 77\,€) \times 100}{279\,€} = 70{,}2\,\%$$

279 € x 70,2 % = 195,85 €, aufgerundet 196 €
**Zahlbetrag: 196 € + 77 € = 273 €**

3. Der Titel sieht die Anrechnung des vollen Kindergeldes vor (§ 36 Nr. 3c EGZPO).

$$\frac{(\text{Zahlbetrag} + \tfrac{1}{1}\,\text{Kindergeld}) \times 100}{\text{Mindestunterhalt der jeweiligen Altersstufe}} = \text{Prozentsatz neu}$$

**Beispiel für 2. Altersstufe**

$$\frac{(177\,€ + 154\,€) \times 100}{322\,€} = 102{,}7\,\%$$

322 € x 102,7 % = 330,69 €, aufgerundet 331 €
**Zahlbetrag: 331 € ./. 154 € = 177 €**

4. Der Titel sieht weder eine Anrechnung noch eine Hinzurechnung des Kindergeldes vor (§ 36 Nr. 3d EGZPO).

$$\frac{(\text{Zahlbetrag} + \tfrac{1}{2}\,\text{Kindergeld}) \times 100}{\text{Mindestunterhalt der jeweiligen Altersstufe}} = \text{Prozentsatz neu}$$

**Beispiel für 3. Altersstufe**

$$\frac{(329\,€ + 77\,€) \times 100}{365\,€} = 111{,}2\,\%$$

365 € x 111,2 % = 405,88 €, aufgerundet 406 €
**Zahlbetrag: 406 € ./. 77 € = 329 €**

**Anhang: Tabelle Zahlbeträge**

Die folgenden Tabellen enthalten die sich nach Abzug des jeweiligen Kindergeldanteils (hälftiges Kindergeld bei Minderjährigen, volles Kindergeld bei Volljährigen) ergebenden Zahlbeträge. Ab dem 1. Januar 2021 beträgt das Kindergeld für das erste und zweite Kind jeweils 219 €, für das dritte Kind 225 € und das vierte und jedes weitere Kind jeweils 250 €.

| | 1. und 2. Kind | *0-5* | *6-11* | *12-17* | *ab 18* | *%* |
|---|---|---|---|---|---|---|
| 1. | bis 1.900 | 283,50 | 341,50 | 418,50 | 345 | 100 |
| 2. | 1.901-2.300 | 303,50 | 364,50 | 445,50 | 374 | 105 |
| 3. | 2.301-2.700 | 323,50 | 387,50 | 471,50 | 402 | 110 |
| 4. | 2.701-3.100 | 342,50 | 409,50 | 498,50 | 430 | 115 |
| 5. | 3.101-3.500 | 362,50 | 432,50 | 524,50 | 458 | 120 |
| 6. | 3.501-3.900 | 394,50 | 468,50 | 566,50 | 503 | 128 |
| 7. | 3.901-4.300 | 425,50 | 504,50 | 609,50 | 549 | 136 |
| 8. | 4.301-4.700 | 456,50 | 540,50 | 651,50 | 594 | 144 |
| 9. | 4.701-5.100 | 488,50 | 576,50 | 693,50 | 639 | 152 |
| 10. | 5.101-5.500 | 519,50 | 612,50 | 735,50 | 684 | 160 |

| | 3. Kind | *0-5* | *6-11* | *12-17* | *ab 18* | *%* |
|---|---|---|---|---|---|---|
| 1. | bis 1.900 | 280,50 | 338,50 | 415,50 | 339 | 100 |
| 2. | 1.901-2.300 | 300,50 | 361,50 | 442,50 | 368 | 105 |
| 3. | 2.301-2.700 | 320,50 | 384,50 | 468,50 | 396 | 110 |
| 4. | 2.701-3.100 | 339,50 | 406,50 | 495,50 | 424 | 115 |
| 5. | 3.101-3.500 | 359,50 | 429,50 | 521,50 | 452 | 120 |
| 6. | 3.501-3.900 | 391,50 | 465,50 | 563,50 | 497 | 128 |
| 7. | 3.901-4.300 | 422,50 | 501,50 | 606,50 | 543 | 136 |
| 8. | 4.301-4.700 | 453,50 | 537,50 | 648,50 | 588 | 144 |
| 9. | 4.701-5.100 | 485,50 | 573,50 | 690,50 | 633 | 152 |
| 10. | 5.101-5.500 | 516,50 | 609,50 | 732,50 | 678 | 160 |

| | Ab 4. Kind | *0-5* | *6-11* | *12-17* | *ab 18* | *%* |
|---|---|---|---|---|---|---|
| 1. | bis 1.900 | 268 | 326 | 403 | 314 | 100 |
| 2. | 1.901-2.300 | 288 | 349 | 430 | 343 | 105 |
| 3. | 2.301-2.700 | 308 | 372 | 456 | 371 | 110 |
| 4. | 2.701-3.100 | 327 | 394 | 483 | 399 | 115 |
| 5. | 3.101-3.500 | 347 | 417 | 509 | 427 | 120 |
| 6. | 3.501-3.900 | 379 | 453 | 551 | 472 | 128 |
| 7. | 3.901-4.300 | 410 | 489 | 594 | 518 | 136 |
| 8. | 4.301-4.700 | 441 | 525 | 636 | 563 | 144 |
| 9. | 4.701-5.100 | 473 | 561 | 678 | 608 | 152 |
| 10. | 5.101-5.500 | 504 | 597 | 720 | 653 | 160 |

## Gebühren für Grundstücksvermessung und Gebäudeeinmessung
(verkürzte Übersicht aus Unterlagen der Bayer. Vermessungsverwaltung)

Die Gebühr für eine **Grenzvermessung** berechnet sich nach der Anzahl der in der Örtlichkeit festgestellten alten und festgelegten neuen Grenzpunkte::

| Anzahl der Grenzpunkte | Gebühr/ Grenzpunkt |
|---|---|
| 1. Grenzpunkt | 260,00 € |
| 2. bis 30. Grenzpunkt | je 85,00 € |
| 31. bis 100. Grenzpunkt | je 70,00 € |
| ab dem 101. Grenzpunkt | je 60,00 € |

Bei einer **Grundstücksteilung** fließt zusätzlich die Anzahl der neu gebildeten Flurstücke in die Gebührenberechnung mit ein.

| Anzahl der Flurstücke | Gebühr/ Flurstück |
|---|---|
| 1. Flurstück | 410,00 € |
| 2. bis 10. Flurstück | je 170,00 € |
| 11. bis 30. Flurstück | je 90,00 € |
| ab dem 31. Flurstück | je 55,00 € |

Die Summe aus den Punkt- und Flurstücksgebühren wird mit einem Wertfaktor multipliziert, der sich am Bodenwert des Grundstücks orientiert.

| Bodenwert je qm | | | | Wertfaktor |
|---|---|---|---|---|
| bis | 5 € | | | 0,8 |
| über | 5 € | bis | 25 € | 1,0 |
| über | 25 € | bis | 50 € | 1,3 |
| über | 50 € | bis | 200 € | 1,7 |
| über | 200 € | bis | 500 € | 2,0 |
| über | 500 € | bis | 2.500 € | 2,5 |
| über | 2.500 € | bis | 4.000 € | 3,5 |
| über | 4.000 € | | | 4,0 |

Bitte beachten Sie:
Auf die Gebührensumme wird **Umsatzsteuer** erhoben (derzeit 19 % aus der Bemessungsgrundlage von 80 % der Gebühr).
Werden Arbeiten auf besonderen Antrag **vordringlich** ausgeführt, erhöhen sich die Gebühren um **20 %**.
Hinzu kommen ggf. die Feldgeschworenengebühren und die Kosten für Abmarkungsmaterial. Bei **Grenzänderungen** fallen zusätzlich Gebühren für die notarielle Beurkundung und die Fortschreibung des Grundbuches an.

### Berechnungsbeispiele

*Grenzwiederherstellung*

Sie wollen eine Garage auf die Grenze bauen. Da zwei Grenzzeichen fehlen, beantragen Sie eine Grenzwiederherstellung.

Der Bodenwert beträgt 120 €/qm.

| | |
|---|---|
| erster Grenzpunkt | 260,00 € |
| ein weiterer Grenzpunkt | 85,00 € |
| Zwischensumme | 345,00 € |

| | |
|---|---|
| Wertfaktor 1,7 × 345,00 € | 586,50 € |
| 19 % USt. aus der Bemessungsgrundlage (80 % von 586,50 € = 469,20 €) | 89,15 € |
| Vermessungskosten insgesamt | **675,65 €** |

**Grundstücksteilung**

Aus Ihrem Flurstück sollen zwei Bauplätze abgetrennt werden.
Während der Teilungsvermessung werden ein fehlender Grenzpunkt wieder hergestellt und drei neue Grenzpunkte abgemarkt.

| | |
|---|---|
| Der Bodenwert beträgt 175 €/qm | |
| erster Grenzpunkt | 260,00 € |
| drei weitere Grenzpunkte | 255,00 € |
| erstes neu gebildetes Flurstück | 410,00 € |
| ein weiteres neu gebildetes Flurstück | 170,00 € |
| Zwischensumme | 1.095,00 € |
| Wertfaktor 1,7 × 1.095,00 € | 1.861,50 € |
| 19 % USt. aus der Bemessungsgrundlage (80 % von 1.861,50 € = 1.489,20 €) | 282,95 € |
| Vermessungskosten insgesamt | **2.144,45 €** |

Die Gebäudeeinmessung wird vom Amt für Digitalisierung, Breitband und Vermessung (ADBV) zeitnah ohne Antrag der Gebäudeeigentümer durchgeführt. Wird Ihre Baumaßnahme von einem Prüfsachverständigen für Vermessung im Bauwesen betreut, kann dieser die Gebäudeeinmessung unter bestimmten Voraussetzungen ebenfalls durchführen.
Die Kosten der Gebäudeeinmessung trägt, wer beim Abschluss der Bearbeitung am Amt für Digitalisierung, Breitband und Vermessung der Gebäudeeigentümer ist.
Für die Gebührenberechnung werden grundsätzlich die in einem Baugenehmigungsverfahren ermittelten Baukosten zugrunde gelegt. Wird kein Baugenehmigungsverfahren durchgeführt, können für die Ermittlung der Baukosten die Baubeschreibung gemäß Bauvorlagenverordnung oder hilfsweise die gewöhnlichen Herstellungskosten herangezogen werden. Einsparungen durch Eigenleistungen (Material und Arbeitsleistungen) können nicht berücksichtigt werden.

Die Gebühren richten sich nach folgenden Baukostenstufen:

| Baukosten | | | | Gebühr (zzgl. USt.)[1] | Kosten inkl. USt.[1] |
|---|---|---|---|---|---|
| bis | 25.000 € | | | 130 € | 149,76 € |
| über | 25.000 € | bis | 125.000 € | 330 € | 380,16 € |
| über | 125.000 € | bis | 300.000 € | 650 € | 748,80 € |
| über | 300.000 € | bis | 500.000 € | 990 € | 1.140,48 € |
| über | 500.000 € | bis | 1 Mio € | 1.450 € | 1.670,40 € |
| über | 1 Mio € | bis | 2,5 Mio € | 2.100 € | 2.419,20 € |
| über | 2,5 Mio € | bis | 5 Mio € | 2.850 € | 3.283,20 € |

Informationen über die Gebühren für Gebäude mit Baukosten über 5 Mio €
erteilt Ihnen Ihr Amt für Digitalisierung, Breitband und Vermessung.

**Beispiel**

Neubau eines Wohnhauses mit Garage
Baukosten insgesamt: 250.000 €

| | |
|---|---|
| Kostenberechnung: | |
| Gebühr nach Baukosten (über 125.000 € bis 300.000 €) | 650,00 € |
| 19 % USt. aus der Bemessungsgrundlage (80 % von 650,00 € = 520,00 €) | 98,80 € |
| zu zahlender Betrag | **748,80 €** |



1 Umsatzsteuer 19 % aus 80 % der Gebühr (= Bemessungsgrundlage)

## Tabelle zur Erbschaft- und Schenkungsteuer

Grobe tabellarische Übersicht

| Verwandtschaft | Allgemeiner Freibetrag | Versorgungsfreibetrag[1] | Freibetrag für Hausrat | Freibetrag für andere bewegliche Güter[2] |
|---|---|---|---|---|
| **alles in €** | | | | |
| ***Steuerklasse I*** | | | | |
| Ehegatten, eingetr. Lebenspartner | 500.000 | 256.000 | 41.000 | 12.000 |
| Kinder, Stiefkinder, Adoptivkinder, Kinder verstorbener Kinder | 400.000 | 10.300 - 52.000[3] | 41.000 | 12.000 |
| andere Enkel und Stiefenkel | 200.000 | 0 | 41.000 | 12.000 |
| Urenkel | 100.000 | 0 | 41.000 | 12.000 |
| Eltern und Voreltern bei Erwerben von Todes wegen | 100.000 | 0 | 41.000 | 12.000 |
| ***Steuerklasse II*** | | | | |
| Geschwister, Neffen und Nichten, Stiefeltern, Schwiegerkinder und -eltern, geschiedene Ehegatten, Lebenspartner einer aufgehobenen Lebenspartnerschaft, Eltern und Voreltern - soweit sie nicht zur Steuerklasse *I* gehören | 20.000 | 0 | 0 | 12.000[4] |
| ***Steuerklasse III*** | | | | |
| alle anderen, wie Onkel, Tanten, Freunde, Lebensgefährten u. a. und die Zweckzuwendungen | 20.000 | 0 | 0 | 12.000[5] |

Die Freibeträge (können sich addieren, schließen sich also gegenseitig nicht aus) können gegenüber demselben Schenker/Erblasser alle zehn Jahre wieder neu genutzt werden. Schenkungen und der Erbfall werden innerhalb von zehn Jahren zusammengerechnet.

| Wert des steuerpflichtigen Erwerbs (§ 10 ErbStG) bis einschließlich ... Euro (Vermögen nach Abzug der Freibeträge) | *Steuerklasse I* | *Steuerklasse II* | *Steuerklasse III* |
|---|---|---|---|
| 75.000 | 7 % | 15 % | 30 % |
| 300.000 | 11 % | 20 % | 30 % |
| 600.000 | 15 % | 25 % | 30 % |
| 6.000.000 | 19 % | 30 % | 30 % |
| 13.000.000 | 23 % | 35 % | 50 % |
| 26.000.000 | 27 % | 40 % | 50 % |
| über 26.000.000 | 30 % | 43 % | 50 % |

**Beispiel**
Jemand erbt von seinem Bruder einen Betrag von 105.000 €. Bei der Steuerklasse II wird zunächst der Freibetrag in Höhe von 20.000 € abgezogen. Da der Wert des steuerpflichtigen Erwerbs somit 85.000 € beträgt, wird die Erbschaftsteuer nach dem Steuersatz von 20 % erhoben; es ergibt sich eine Steuer in Höhe von 17.000 €. Gemäß § 19 Abs. 3 ErbStG wird ein Härtefallausgleich durchgeführt:
15 % von 75.000 € = 11.250 €, zzgl. 50 % von 10.000 € = 5.000 €.
Die festzusetzende Steuer beträgt somit 16.250 €.

1 Nur bei Erbschaft. Der Freibetrag wird gekürzt um den Kapitalwert einer ausgezahlten Hinterbliebenenrente.
2 Beispiele: Auto, Boot – nicht aber bei Schmuck, Münzen etc.
3 Kinder bis 5 Jahre: 52.000 €; bis 10 Jahre: 41.000 €; bis 15 Jahre: 30.700 €; bis 20 Jahre: 20.500 €; bis 27 Jahre: 10.300 €.
4 Zusammengefasster Freibetrag für Hausrat und sonstige bewegliche Güter
5 Wie FN 4

| Gegenstand | steuerlicher Wert |
|---|---|
| Grundbesitz | Grundsätzlich Verkehrswert (je nach Gebäudetyp findet Vergleichswertverfahren, Ertragswertverfahren oder Sachwertverfahren Anwendung). |
| Zu Wohnzwecken vermietete Immobilien | 90 % des gemeinen Wertes (s. § 13d Abs. 1, 3 ErbStG). |
| Familienheim an Ehepartner[6] zu Lebzeiten per Schenkung | Steuerfrei unabhängig von der Größe, vom Wert und ohne Behaltensfrist. Voraussetzung ist, dass das Haus oder die Wohnung den Mittelpunkt des familiären Lebens zu eigenen Wohnzwecken darstellt (nicht aber Ferien- und Wochenendhäuser). |
| Familienheim an Ehepartner[7] per Erwerb von Todes wegen | Steuerfrei unabhängig von der Größe und vom Wert. Voraussetzung ist, dass der verstorbene Ehegatte[8] darin bis zum Erbfall eine Wohnung zu eigenen Wohnzwecken genutzt hat[9] und dass der erwerbende Ehegatte[10] die Immobilie in den folgenden zehn Jahren zu eigenen Wohnzwecken nutzt[11]. |
| Familienheim an Kind(er)[12] per Erwerb von Todes wegen | Steuerfrei unabhängig vom Wert. Voraussetzung ist, dass der Erblasser darin bis zum Erbfall eine Wohnung mit einer Wohnfläche von bis zu 200 qm zu eigenen Wohnzwecken genutzt hat[13] und dass der Erwerber die Wohnung in den folgenden zehn Jahren zu eigenen Wohnzwecken nutzt[14]. Bei einer Wohnfläche von mehr als 200 qm wird nur der Teil der Wohnung steuerfrei gestellt, der auf 200 qm entfällt. |
| Betriebsvermögen für Betriebsnachfolger | Für Erwerber von Betriebsvermögen, Anteilen an Kapitalgesellschaften (sofern der Erblasser / Schenker zu mehr als 25 % unmittelbar beteiligt war) sowie land- und forstwirtschaftlichem Vermögen ist eine weit reichende Entlastung vorgesehen. Bestimmtes, als Verwaltungsvermögen bezeichnetes Vermögen ist nicht begünstigt und bleibt von den Entlastungen ausgenommen. |
| | Wenn der Wert des erworbenen begünstigten Vermögens den Betrag von **26 Mio. € nicht übersteigt**, kann der Erwerber zwischen folgenden Verschonungsmöglichkeiten wählen:<br>• Regelverschonung mit Verschonungsabschlag von 85 %. Dann muss der Erwerber das Unternehmen fünf Jahre lang – auch unter Einhaltung einer bestimmten Lohnsummenvorgabe – fortführen. Kleine und mittlere Unternehmen profitieren bei dieser Variante zusätzlich von einem gleitenden Abzugsbetrag in Höhe von 150.000 €.<br>• Optionsverschonung mit Verschonungsabschlag von 100 %. Dann muss der Erwerber das Unternehmen sieben Jahre lang fortführen und dabei eine höhere Lohnsummenvorgabe erfüllen. |
| | Wenn der Wert des erworbenen begünstigten Vermögens den Betrag von **26 Mio. € übersteigt** (sog. Großerwerb), kann der Erwerber zwischen folgenden Verschonungsmöglichkeiten wählen:<br>• Abschmelzmodell für den Verschonungsabschlag. Dabei verringert sich der Prozentsatz des Verschonungsabschlags mit steigendem Wert des erworbenen begünstigten Vermögens bis auf 0 %. Es gelten dieselben Fortführungs- und Lohnsummenvorgaben wie für die Regel- bzw. Optionsverschonung.<br>• Verschonungsbedarfsprüfung. Die auf das begünstigte Vermögen entfallende Steuer wird vollständig oder teilweise erlassen, soweit der Erwerber diese nicht aus seinem verfügbaren Vermögen begleichen kann. Dann muss er das Unternehmen sieben Jahre lang fortführen und dabei eine entsprechende Lohnsummenvorgabe erfüllen. |
| Aktien | Kurswert am Todes- bzw. Schenkungstag (niedrigster am Stichtag notierter Kurs), ggf. zuzüglich Kapitalerträge bis dahin. |

6 Auch eingetragene Lebenspartner
7 Auch eingetragene Lebenspartner
8 Auch eingetragene Lebenspartner
9 Oder aus zwingenden Gründen an einer Selbstnutzung zu eigenen Wohnzwecken gehindert war
10 Auch eingetragene Lebenspartner
11 Eine fehlende Selbstnutzung zu eigenen Wohnzwecken schadet nicht, wenn der Erwerber aus zwingenden Gründen daran gehindert ist.
12 Oder Kinder verstorbener Kinder im Sinne der Steuerklasse I Nr. 2
13 Wie bei Fn. 9
14 Wie bei Fn. 11

| Gegenstand | steuerlicher Wert |
|---|---|
| Fondsanteile | Rücknahmepreis am Todes- bzw. Schenkungstag, ggf. zuzüglich Kapitalerträge bis dahin. |
| Lebensversicherung | bei Erbschaft: ausgezahlte Versicherungssumme;<br>bei Schenkung: Rückkaufswert. |
| Bar- und Sparvermögen | Nominalwert am Todes- bzw. Schenkungstag, ggf. zuzüglich Zinsen bis dahin. |
| Edelmetall, z.B. Gold | Kurswert am Todes- bzw. Schenkungstag. |
| Hausrat, Bücher, Schmuck, Kunstgegenstände | Verkehrswert (Verkaufspreis) am Todes- bzw. Schenkungstag. |

Als steuerpflichtiger Erwerb gilt grundsätzlich die Bereicherung des Erwerbers, soweit sie nicht steuerfrei ist (§ 10 ErbStG).

**Steuerfrei** bleiben z.B.[15]

ErbStG § 13 Abs. 1 Nr.

1. a) Hausrat einschließlich Wäsche und Kleidungsstücke beim Erwerb durch Personen der Steuerklasse I, soweit der Wert insgesamt 41 000 Euro nicht übersteigt,
   b) andere bewegliche körperliche Gegenstände, die nicht nach Nummer 2 befreit sind, beim Erwerb durch Personen der Steuerklasse I, soweit der Wert insgesamt 12 000 Euro nicht übersteigt,
   c) Hausrat einschließlich Wäsche und Kleidungsstücke und andere bewegliche körperliche Gegenstände, die nicht nach Nummer 2 befreit sind, beim Erwerb durch Personen der Steuerklassen II und III, soweit der Wert insgesamt 12 000 Euro nicht übersteigt.

   Die Befreiung gilt nicht für Gegenstände, die zum land- und forstwirtschaftlichen Vermögen, zum Grundvermögen oder zum Betriebsvermögen gehören, für Zahlungsmittel, Wertpapiere, Münzen, Edelmetalle, Edelsteine und Perlen;
2. Grundbesitz oder Teile von Grundbesitz, Kunstgegenstände, Kunstsammlungen, wissenschaftliche Sammlungen, Bibliotheken und Archive
   a) mit 60 Prozent ihres Werts, jedoch Grundbesitz und Teile von Grundbesitz mit 85 Prozent ihres Werts, wenn die Erhaltung dieser Gegenstände wegen ihrer Bedeutung für Kunst, Geschichte oder Wissenschaft im öffentlichen Interesse liegt, die jährlichen Kosten in der Regel die erzielten Einnahmen übersteigen und die Gegenstände in einem den Verhältnissen entsprechenden Umfang den Zwecken der Forschung oder der Volksbildung nutzbar gemacht sind oder werden;
   b) in vollem Umfang, wenn die Voraussetzungen des Buchstabens a erfüllt sind und ferner
      aa) der Steuerpflichtige bereit ist, die Gegenstände den geltenden Bestimmungen der Denkmalspflege zu unterstellen,
      bb) die Gegenstände sich seit mindestens 20 Jahren im Besitz der Familie befinden oder in ein Verzeichnis national wertvollen Kulturgutes nach § 7 Absatz 1 des Kulturgutschutzgesetzes vom 31. Juli 2016 (BGBl. I S. 1914) in der jeweils geltenden Fassung eingetragen sind.

   Die Steuerbefreiung fällt mit Wirkung für die Vergangenheit weg, wenn die Gegenstände innerhalb von zehn Jahren nach dem Erwerb veräußert werden oder die Voraussetzungen für die Steuerbefreiung innerhalb dieses Zeitraums entfallen;
3. Grundbesitz oder Teile von Grundbesitz, der für Zwecke der Volkswohlfahrt der Allgemeinheit ohne gesetzliche Verpflichtung zur Benutzung zugänglich gemacht ist und dessen Erhaltung im öffentlichen Interesse liegt, wenn die jährlichen Kosten in der Regel die erzielten Einnahmen übersteigen. Die Steuerbefreiung fällt mit Wirkung für die Vergangenheit weg, wenn der Grundbesitz oder Teile des Grundbesitzes innerhalb von zehn Jahren nach dem Erwerb veräußert werden oder die Voraussetzungen für die Steuerbefreiung innerhalb dieses Zeitraums entfallen;
5. die Befreiung von einer Schuld gegenüber dem Erblasser, sofern die Schuld durch Gewährung von Mitteln zum Zweck des angemessenen Unterhalts oder zur Ausbildung des Bedachten begründet worden ist oder der Erblasser die Befreiung mit Rücksicht auf die Notlage des Schuldners angeordnet hat und diese auch durch die Zuwendung nicht beseitigt wird. Die Steuerbefreiung entfällt, soweit die Steuer aus der Hälfte einer neben der erlassenen Schuld dem Bedachten anfallenden Zuwendung gedeckt werden kann;
6. ein Erwerb, der Eltern, Adoptiveltern, Stiefeltern oder Großeltern des Erblassers anfällt, sofern der Erwerb zusammen mit dem übrigen Vermögen des Erwerbers 41 000 € nicht übersteigt und der Erwerber infolge körperlicher oder geistiger Gebrechen und unter Berücksichtigung seiner bisherigen

15 Die Auflistung ist nur auszugsweise, nicht vollständig. Siehe § 13 ErbStG

Lebensstellung als erwerbsunfähig anzusehen ist oder durch die Führung eines gemeinsamen Hausstands mit erwerbsunfähigen oder in der Ausbildung befindlichen Abkömmlingen an der Ausübung einer Erwerbstätigkeit gehindert ist. Übersteigt der Wert des Erwerbs zusammen mit dem übrigen Vermögen des Erwerbers den Betrag von 41 000 €, wird die Steuer nur insoweit erhoben, als sie aus der Hälfte des die Wertgrenze übersteigenden Betrags gedeckt werden kann;

9. ein steuerpflichtiger Erwerb bis zu 20.000 €, der Personen anfällt, die dem Erblasser unentgeltlich oder gegen unzureichendes Entgelt Pflege oder Unterhalt gewährt haben, soweit das Zugewendete als angemessenes Entgelt anzusehen ist;

9. a. Geldzuwendungen unter Lebenden, die eine Pflegeperson für Leistungen für körperbezogene Pflegemaßnahmen und pflegerische Betreuungsmaßnahmen sowie Hilfen bei der Haushaltsführung vom Pflegebedürftigen erhält, bis zur Höhe des nach § 37 des Elften Buches Sozialgesetzbuch gewährten Pflegegeldes oder eines entsprechenden Pflegegeldes aus privaten Versicherungsverträgen nach den Vorgaben des Elften Buches Sozialgesetzbuch (private Pflegepflichtversicherung) oder einer Pauschalbeihilfe nach den Beihilfevorschriften für häusliche Pflege;

10. Vermögensgegenstände, die Eltern oder Voreltern ihren Abkömmlingen durch Schenkung oder Übergabevertrag zugewandt hatten und die an diese Personen von Todes wegen zurückfallen;

11. der Verzicht auf die Geltendmachung des Pflichtteilsanspruchs oder des Erbersatzanspruchs;

12. Zuwendung unter Lebenden zum Zwecke des angemessenen Unterhalts oder zur Ausbildung des Bedachten;

14. die üblichen Gelegenheitsgeschenke;

15. Anfälle an den Bund, ein Land oder eine inländische Gemeinde (Gemeindeverband) sowie solche Anfälle, die ausschließlich Zwecken des Bundes, eines Landes oder einer inländischen Gemeinde (Gemeindeverband) dienen;

16. Zuwendungen
    a) an inländische Religionsgesellschaften des öffentlichen Rechts oder an inländische jüdische Kultusgemeinden;
    b) an inländische Körperschaften, Personenvereinigungen und Vermögensmassen, die nach der Satzung, dem Stiftungsgeschäft oder der sonstigen Verfassung und nach ihrer tatsächlichen Geschäftsführung ausschließlich und unmittelbar kirchlichen, gemeinnützigen oder mildtätigen Zwecken im Sinne der §§ 52 bis 54 der Abgabenordnung dienen ...(nur auszugsweise, wg. Rest siehe § 13 Abs. 1 Nr. 16 b ErbStG);

17. Zuwendungen, die ausschließlich kirchlichen, gemeinnützigen oder mildtätigen Zwecken gewidmet sind, sofern die Verwendung zu dem bestimmten Zweck gesichert ist.

Hinweis: Die Vorschrift des § 13 Abs. 1 ErbStG ist oben nur auszugsweise wiedergegeben.

Als **Nachlassverbindlichkeiten** sind abzugsfähig:

- die vom Erblasser herrührenden Schulden (s. § 10 Abs. 5 Nr. 1 ErbStG),
- Verbindlichkeiten aus Vermächtnissen, Auflagen und geltend gemachten Pflichtteilen und Erbersatzansprüchen (§ 10 Abs. 5 Nr. 2 ErbStG),
- Kosten der Bestattung, eines angemessenen Grabdenkmals, der üblichen Grabpflege mit ihrem Kapitalwert für eine unbestimmte Dauer sowie die Kosten, die dem Erwerber unmittelbar im Zusammenhang mit der Abwicklung, Regelung oder Verteilung des Nachlasses oder mit der Erlangung des Erwerbs entstehen. Für diese Kosten wird insgesamt ein **Betrag von 10.300 € ohne Nachweis** abgezogen (§ 10 Abs. 5 Nr. 3 ErbStG). Höhere Kosten sind abzugsfähig, wenn sie nachgewiesen werden.

Kosten für die Verwaltung des Nachlasses sind nicht abzugsfähig. Nicht abzugsfähig sind Schulden und Lasten, soweit sie in wirtschaftlichem Zusammenhang mit Vermögensgegenständen stehen, die nicht der Besteuerung nach diesem Gesetz unterliegen (s. § 10 Abs. 6 ErbStG). Nicht abzugsfähig ist die vom Erwerber zu entrichtende eigene Erbschaftsteuer (§ 10 Abs. 8 ErbStG).

# Kapitalwert

**einer lebenslänglichen Nutzung oder Leistung im Jahresbetrag von einem Euro (§ 14 Abs. 1 BewG)**
für Bewertungsstichtage ab 1. Januar 2021
Bezugnahme: Schreiben des BMF vom 28.10.2020, GZ: IV C 7 – S 3104/19/10001 :005

**Bitte beachten: Nachstehend handelt es sich um eine steuerliche Tabelle; sie ist nicht für die notarielle Gebührenbewertung maßgebend. Wiederkehrende Nutzungen oder Leistungen, die auf die Lebensdauer einer Person beschränkt sind, sind nach § 52 Abs. 4 GNotKG zu kapitalisieren.**

Der Kapitalwert ist nach der am 29. September 2020 veröffentlichten Allgemeinen Sterbetafel 2017 / 2019 des Statistischen Bundesamtes unter Berücksichtigung von Zwischenzinsen und Zinseszinsen mit 5,5 Prozent errechnet worden. Der Kapitalwert der Tabelle ist der Mittelwert zwischen dem Kapitalwert für jährlich vorschüssige und jährlich nachschüssige Zahlungsweise.

| Vollendetes Lebensalter | Männer | | Frauen | |
|---|---|---|---|---|
| | Durchschnittliche Lebenserwartung | Kapitalwert | Durchschnittliche Lebenserwartung | Kapitalwert |
| 0 | 78,63 | 18,404 | 83,36 | 18,466 |
| 1 | 77,90 | 18,393 | 82,60 | 18,458 |
| 2 | 76,92 | 18,378 | 81,62 | 18,445 |
| 3 | 75,93 | 18,361 | 80,63 | 18,433 |
| 4 | 74,94 | 18,344 | 79,64 | 18,419 |
| 5 | 73,95 | 18,325 | 78,65 | 18,405 |
| 6 | 72,96 | 18,306 | 77,65 | 18,389 |
| 7 | 71,96 | 18,285 | 76,66 | 18,374 |
| 8 | 70,97 | 18,264 | 75,67 | 18,357 |
| 9 | 69,97 | 18,241 | 74,67 | 18,339 |
| 10 | 68,98 | 18,217 | 73,67 | 18,320 |
| 11 | 67,99 | 18,191 | 72,68 | 18,300 |
| 12 | 66,99 | 18,165 | 71,68 | 18,279 |
| 13 | 66,00 | 18,136 | 70,69 | 18,257 |
| 14 | 65,00 | 18,106 | 69,70 | 18,234 |
| 15 | 64,01 | 18,075 | 68,70 | 18,210 |
| 16 | 63,02 | 18,042 | 67,71 | 18,184 |
| 17 | 62,03 | 18,007 | 66,72 | 18,157 |
| 18 | 61,05 | 17,971 | 65,73 | 18,128 |
| 19 | 60,07 | 17,933 | 64,74 | 18,098 |
| 20 | 59,10 | 17,893 | 63,75 | 18,067 |
| 21 | 58,12 | 17,850 | 62,76 | 18,033 |
| 22 | 57,15 | 17,806 | 61,77 | 17,998 |
| 23 | 56,17 | 17,759 | 60,78 | 17,960 |
| 24 | 55,19 | 17,709 | 59,79 | 17,921 |
| 25 | 54,22 | 17,657 | 58,80 | 17,880 |
| 26 | 53,24 | 17,602 | 57,82 | 17,837 |
| 27 | 52,26 | 17,544 | 56,83 | 17,791 |
| 28 | 51,29 | 17,483 | 55,84 | 17,742 |
| 29 | 50,31 | 17,418 | 54,85 | 17,691 |
| 30 | 49,34 | 17,351 | 53,86 | 17,637 |
| 31 | 48,36 | 17,279 | 52,88 | 17,581 |
| 32 | 47,39 | 17,204 | 51,90 | 17,521 |
| 33 | 46,42 | 17,126 | 50,91 | 17,458 |
| 34 | 45,46 | 17,044 | 49,93 | 17,392 |
| 35 | 44,49 | 16,956 | 48,95 | 17,323 |

| Vollendetes Lebensalter | Männer | | Frauen | |
|---|---|---|---|---|
| | Durchschnittliche Lebenserwartung | Kapitalwert | Durchschnittliche Lebenserwartung | Kapitalwert |
| 36 | 43,52 | 16,864 | 47,97 | 17,250 |
| 37 | 42,56 | 16,768 | 47,00 | 17,173 |
| 38 | 41,60 | 16,668 | 46,02 | 17,092 |
| 39 | 40,64 | 16,561 | 45,05 | 17,007 |
| 40 | 39,69 | 16,451 | 44,07 | 16,917 |
| 41 | 38,73 | 16,333 | 43,10 | 16,823 |
| 42 | 37,79 | 16,212 | 42,13 | 16,724 |
| 43 | 36,84 | 16,083 | 41,16 | 16,620 |
| 44 | 35,90 | 15,949 | 40,20 | 16,511 |
| 45 | 34,96 | 15,808 | 39,24 | 16,396 |
| 46 | 34,02 | 15,659 | 38,28 | 16,276 |
| 47 | 33,09 | 15,505 | 37,33 | 16,150 |
| 48 | 32,17 | 15,345 | 36,38 | 16,018 |
| 49 | 31,25 | 15,176 | 35,43 | 15,879 |
| 50 | 30,34 | 15,001 | 34,49 | 15,734 |
| 51 | 29,44 | 14,819 | 33,55 | 15,582 |
| 52 | 28,54 | 14,629 | 32,62 | 15,424 |
| 53 | 27,66 | 14,433 | 31,70 | 15,260 |
| 54 | 26,78 | 14,228 | 30,78 | 15,087 |
| 55 | 25,92 | 14,018 | 29,86 | 14,905 |
| 56 | 25,06 | 13,799 | 28,95 | 14,717 |
| 57 | 24,22 | 13,574 | 28,05 | 14,521 |
| 58 | 23,39 | 13,342 | 27,16 | 14,318 |
| 59 | 22,57 | 13,102 | 26,27 | 14,105 |
| 60 | 21,77 | 12,858 | 25,39 | 13,884 |
| 61 | 20,98 | 12,606 | 24,52 | 13,655 |
| 62 | 20,20 | 12,347 | 23,66 | 13,418 |
| 63 | 19,43 | 12,081 | 22,80 | 13,170 |
| 64 | 18,68 | 11,810 | 21,95 | 12,914 |
| 65 | 17,94 | 11,532 | 21,11 | 12,648 |
| 66 | 17,21 | 11,247 | 20,28 | 12,374 |
| 67 | 16,49 | 10,955 | 19,45 | 12,088 |
| 68 | 15,78 | 10,656 | 18,63 | 11,792 |
| 69 | 15,09 | 10,354 | 17,82 | 11,486 |
| 70 | 14,40 | 10,040 | 17,02 | 11,171 |
| 71 | 13,72 | 9,720 | 16,24 | 10,851 |
| 72 | 13,05 | 9,393 | 15,45 | 10,513 |
| 73 | 12,39 | 9,059 | 14,68 | 10,169 |
| 74 | 11,73 | 8,712 | 13,92 | 9,815 |
| 75 | 11,10 | 8,370 | 13,17 | 9,452 |
| 76 | 10,47 | 8,017 | 12,42 | 9,074 |
| 77 | 9,85 | 7,657 | 11,69 | 8,691 |
| 78 | 9,24 | 7,291 | 10,96 | 8,293 |
| 79 | 8,65 | 6,925 | 10,25 | 7,890 |
| 80 | 8,08 | 6,561 | 9,56 | 7,484 |
| 81 | 7,52 | 6,192 | 8,89 | 7,075 |
| 82 | 6,99 | 5,832 | 8,26 | 6,677 |
| 83 | 6,49 | 5,484 | 7,65 | 6,279 |

| Vollendetes Lebensalter | Männer | | Frauen | |
|---|---|---|---|---|
| | Durchschnittliche Lebenserwartung | Kapitalwert | Durchschnittliche Lebenserwartung | Kapitalwert |
| 84 | 6,00 | 5,133 | 7,07 | 5,887 |
| 85 | 5,55 | 4,803 | 6,52 | 5,505 |
| 86 | 5,13 | 4,487 | 6,01 | 5,140 |
| 87 | 4,73 | 4,180 | 5,53 | 4,788 |
| 88 | 4,36 | 3,889 | 5,08 | 4,449 |
| 89 | 4,03 | 3,626 | 4,67 | 4,133 |
| 90 | 3,72 | 3,374 | 4,28 | 3,826 |
| 91 | 3,44 | 3,143 | 3,93 | 3,545 |
| 92 | 3,17 | 2,916 | 3,62 | 3,292 |
| 93 | 2,93 | 2,712 | 3,34 | 3,059 |
| 94 | 2,72 | 2,532 | 3,09 | 2,849 |
| 95 | 2,52 | 2,358 | 2,86 | 2,652 |
| 96 | 2,34 | 2,200 | 2,66 | 2,480 |
| 97 | 2,19 | 2,067 | 2,49 | 2,332 |
| 98 | 2,07 | 1,960 | 2,33 | 2,191 |
| 99 | 1,94 | 1,843 | 2,18 | 2,058 |
| 100 | 1,83 | 1,744 | 2,04 | 1,933 |
| und darüber | | | | |

**Tabelle des § 14 Abs. 2 BewG**
über Berichtigungszeiten zur nachträglichen Ermittlung der Gegenleistung bei Nutzungsauflagen

**Bitte beachten: Auch im Folgenden handelt es sich um eine steuerliche Tabelle, die nicht für die notarielle Gebührenbewertung maßgebend ist. Wiederkehrende Nutzungen oder Leistungen, die auf die Lebensdauer einer Person beschränkt sind, sind vielmehr nach § 52 Abs. 4 GNotKG zu kapitalisieren.**

Die Vorschrift des § 14 Abs. 2 BewG lautet:
Hat eine nach § 14 Abs. 1 BewG bewertete Nutzung oder Leistung bei einem Alter

| Vollendetes Lebensalter des Nießbrauchsberechtigten | | Dauer der Frist | |
|---|---|---|---|
| bis zu 30 Jahren | | nicht mehr als | 10 Jahre |
| von mehr als 30 Jahren | bis zu 50 Jahren | nicht mehr als | 9 Jahre |
| von mehr als 50 Jahren | bis zu 60 Jahren | nicht mehr als | 8 Jahre |
| von mehr als 60 Jahren | bis zu 65 Jahren | nicht mehr als | 7 Jahre |
| von mehr als 65 Jahren | bis zu 70 Jahren | nicht mehr als | 6 Jahre |
| von mehr als 70 Jahren | bis zu 75 Jahren | nicht mehr als | 5 Jahre |
| von mehr als 75 Jahren | bis zu 80 Jahren | nicht mehr als | 4 Jahre |
| von mehr als 80 Jahren | bis zu 85 Jahren | nicht mehr als | 3 Jahre |
| von mehr als 85 Jahren | bis zu 90 Jahren | nicht mehr als | 2 Jahre |
| von mehr als 90 Jahren | | nicht mehr als | 1 Jahr |

bestanden und beruht der Wegfall auf dem Tod des Berechtigten oder Verpflichteten, so ist die Festsetzung der nicht laufend veranlagten Steuern auf Antrag nach der wirklichen Dauer der Nutzung oder Leistung zu berichtigen. § 5 Abs. 2 Satz 2 gilt entsprechend. Ist eine Last weggefallen, so bedarf die Berichtigung keines Antrags.

# Erb- und Pflichtteilsquoten

## zur Bewertung von Erb- und Pflichtteilsverzichtsverträgen

Der Geschäftswert eines Erb- oder Pflichtteilsverzichtes berechnet sich **nicht** nach der Höhe der Erb- oder Pflichtteilsforderung. Vorempfänge etc. haben also unbeachtlich zu bleiben. Der Wert bestimmt sich vielmehr gemäß § 102 Abs. 4 GNotKG nach der Erb- bzw. Pflichtteilsquote d. Verzichtenden aus dem modifizierten Reinvermögen (§ 102 Abs. 1 S. 1 u. 2 GNotKG) des Erblassers.
Es ist gemäß § 96, § 10 GNotKG abzustellen auf die Verhältnisse im Zeitpunkt der Beurkundung. Beinhaltet eine Urkunde die Vereinbarung von Gütertrennung sowie einen gegenseitigen Erb- oder Pflichtteilsverzicht der Ehegatten ist der Wert der Verzichtsvereinbarung nach der Erb- bzw. Pflichtteilsquote bei Gütertrennung zu berechnen.

| Güter- bzw. Familienstand des Erblassers | | Ehegatte[1] | | Abkömmling / [1a] Abkömmlinge zusammen | | §§ BGB |
|---|---|---|---|---|---|---|
| | | Erbquote | Pflichtteilsquote[2] | Erbquote | Pflichtteilsquote[3] | |
| Zugewinngemeinschaft (gesetzlicher Güterstand), § 1363 BGB | mit Abkömmling(en) | ¼ + ¼ = 1/2[4] | 1/4[5] | 1/2 | 1/4 | § 1924 Abs. 1, § 1931 Abs. 1 S. 1, § 1931 Abs. 3, § 1371 Abs. 1 |
| | keine Abkömmlinge[6] | ½ + ¼ = 3/4[7] | 3/8 | | | § 1925, § 1931 Abs. 1 S. 1, § 1931 Abs. 3, § 1371 Abs. 1 |
| Wahl-Zugewinngemeinschaft, § 1519 BGB | mit Abkömmling(en) | 1/4 | 1/8 | 3/4 | 3/8 | § 1924 Abs. 1, § 1931 Abs. 1 S. 1 |
| | keine Abkömmlinge[8] | 1/2 | 1/4 | | | § 1925, § 1931 Abs. 1 S. 1 |
| Gütergemeinschaft, § 1415 BGB | mit Abkömmling(en) | 1/4 | 1/8 | 3/4 | 3/8 | § 1924 Abs. 1, § 1931 Abs. 1 S. 1 |
| | keine Abkömmlinge[9] | 1/2 | 1/4 | | | § 1925, § 1931 Abs. 1 S. 1 |
| Gütertrennung, § 1414 BGB | mit 1 Kind[10] | 1/2 | 1/4 | 1/2 | 1/4 | § 1924 Abs. 1, Abs.4, § 1931 Abs. 1 S. 1, § 1931 Abs. 4 |
| | mit 2 Kindern[11] | 1/3 | 1/6 | 2/3 (je 1/3) | 1/3 (je 1/6) | § 1924 Abs. 1, § 1924 Abs. 4, § 1931 Abs. 1 S. 1, § 1931 Abs. 4 |
| | mit 3 oder mehr Kindern[12] | 1/4 | 1/8 | 3/4 | 3/8 | § 1924 Abs. 1, § 1931 Abs. 1 S. 1 |
| | keine Abkömmlinge[13] | 1/2 | 1/4 | | | § 1925, § 1931 Abs. 1 S. 1 |
| nicht verheiratet[14] | mit Abkömmling(en) | | | 1/1 | 1/2 | § 1924 Abs. 1, § 1930 |

1 Der eingetragene Lebenspartner ist dem Ehegatten im Erbrecht gleichgestellt (§ 10 LPartG)

1a Ein durch Vorversterben wegfallendes Kind wird durch dessen Abkömmlinge ersetzt (§ 1924 Abs. 3 BGB)

2 Gemäß § 2303 Abs. 1 S. 2 BGB besteht der Pflichtteil in der Hälfte des Wertes des gesetzlichen Erbteils.

3 Wie FN 2

4 Das ist ¼ gesetzlicher Erbteil und ¼ pauschaler gesetzlicher Zugewinnausgleich. Schlägt der überlebende Ehegatte die Erbschaft aus, so kann er neben dem Ausgleich des Zugewinns den „kleinen Pflichtteil" verlangen (dieser beträgt dann in diesem Fall 1/8), s. § 1371 Abs. 3 BGB.

5 Wenn im Zeitpunkt der Beurkundung des Pflichtteilsverzichtes der Erblasser bereits eine Verfügung von Todes wegen errichtet hat, wonach der verzichtende Ehegatte von der Erbfolge ausgeschlossen ist und ihm kein Vermächtnis zugewendet wird, beträgt die Pflichtteilsquote 1/8 entsprechend § 1371 Abs. 2, 2. HS BGB.

6 Es sind keine Verwandten der ersten Ordnung (s. § 1924 BGB: Kinder, Enkel usw.) vorhanden, aber Verwandte der zweiten Ordnung (s. § 1925 BGB: Eltern, Geschwister usw.) oder Großeltern. Gemäß § 2303 Abs. 2 S. 1 BGB können die Eltern pflichtteilsberechtigt sein. Sind weder Verwandte der ersten oder der zweiten Ordnung noch Großeltern vorhanden, so erhält der überlebende Ehegatte die ganze Erbschaft, § 1931 Abs. 2 BGB

7 FN 4 gilt entsprechend. Der „kleine Pflichtteil" beträgt in diesem Fall 1/4. Neben diesem kann dann der Ausgleich des Zugewinns verlangt werden

8 Wie FN 6

9 Wie FN 6

10 Im Falle des Vorversterbens des Kindes nehmen dessen Abkömmlinge die Stellung eines gesetzlichen Erben ein, s. § 1931 Abs. 4 Hs. 2 i.V.m. § 1924 Abs. 3 BGB

11 Wie FN 10

12 Wie FN 10

13 Wie FN 6

14 S. FN 1

# Vergütung der Schlichter

nach dem Bayerischen Schlichtungsgesetz (BaySchlG)

vom 25. April 2000 (GVBl. S. 268)
zuletzt geändert durch Gesetz v. 8.4.2013 (GVBl. S. 174)



### Art. 13 Vergütung

(1) Die Schlichter nach Art. 5 Abs. 1 und 2 erheben für ihre Tätigkeit eine Vergütung (Gebühren und Auslagen) nur nach diesem Gesetz. Sie erhalten Ersatz der auf die Vergütung entfallenden Umsatzsteuer, sofern diese nicht nach § 19 Abs. 1 des Umsatzsteuergesetzes unerhoben bleibt.

(2) Die Gebühr für das Schlichtungsverfahren beträgt
1. **50 Euro**, wenn das Verfahren ohne Schlichtungsgespräch endet,
2. **100 Euro**, wenn ein Schlichtungsgespräch durchgeführt wurde.

(3) Werden Schlichter im Rahmen des Vollzugs der Vereinbarung zur Konfliktbewältigung im Auftrag beider Parteien tätig, entsteht eine **weitere Gebühr in Höhe von 50 Euro**.

(4) Mit der Gebühr werden die allgemeinen Geschäftsunkosten der Schlichter abgegolten. Für Post- und Telekommunikationsdienstleistungen sowie Schreibauslagen können die Schlichter einen **Pauschsatz von 20 Euro** fordern.

### Art. 14 Vorschuss für die Vergütung

(1) Der Schlichter fordert vom Antragsteller vor Durchführung des Schlichtungsverfahrens einen Vorschuss in Höhe der Gebühr nach Art. 13 Abs. 2 Nr. 2 zuzüglich der Auslagen nach Art. 13 Abs. 4.

(2) Nach Abschluss des Schlichtungsverfahrens rechnet der Schlichter gegenüber dem Antragsteller über den Vorschuss ab.

## Vergütung der Testamentsvollstrecker

Der Vergütungsanspruch eines Testamentsvollstreckers bestimmt sich in erster Linie nach dem Willen des Erblassers. Wenn der Erblasser eine formgültige Bestimmung unterlassen hat, steht dem Testamentsvollstrecker gem. § 2221 BGB eine angemessene Vergütung zu. Welche Vergütung als angemessen anzusehen ist, kann nur in jedem Einzelfall ermittelt werden. Eine gesetzliche Vergütungsordnung gibt es nicht, auch keine verbindlichen Bemessungsrichtlinien. Die Praxis hat als Leitsätze verschiedene Tabellen entwickelt, wovon die bekanntesten nachstehend wiedergegeben werden.

| Nachlasswert[1] | Rheinische Tabelle 1925[2] | Fortentwicklung der Rheinischen Tabelle (2000)[3] | Eckelskemper[4] | Zimmermann[5] | Möhring[6] | Klingelhöffer[7] | Berliner Praxis[8] | Tschischgale[9] | |
|---|---|---|---|---|---|---|---|---|---|
| | | | | | | | | einfacher Fall | schwieriger Fall |
| **bis 2.500 €** | 4 % | 4 % | 4 % | 4 % | 7,5 % | 7,5 % | 10 % | 5 % | 6 % |
| **bis 10.000 €** | 4 % | 4 % | 4 % | 4 % | 7,5 % | 7,5 % | 6 % | 5 % | 6 % |
| **bis 12.500 €** | 3 % | 4 % | 4 % | 4 % | 5,4 % | 7,5 % | 4 % | 3,75 % | 4,5 % |
| **bis 25.000 €** | 3 % | 4 % | 4 % | 4 % | 5,4 % | 7 % | 4 % | 3,75 % | 4,5 % |
| **bis 50.000 €** | 3 % | 4 % | 4 % | 4 % | 5,4 % | 6 % | 3 % | 3,75 % | 4,5 % |
| **bis 100.000 €** | 2 % | 4 % | 3 % | 4 % | 3,6 % | 5 % | 2,4 % | 2,5 % | 3 % |
| **bis 200.000 €** | 2 % | 4 % | 3 % | 3 % | 3,6 % | 4,5 % | 2,4 % | 2,5 % | 3 % |
| **bis 250.000 €** | 2 % | 4 % | 3 % | 3 % | 3,6 % | 4 % | 2,4 % | 2,5 % | 3 % |
| **bis 500.000 €** | 2 % | 3 % | 2,5 % | 3 % | 3,6 % | 4 % | 2,4 % | 2,5 % | 3 % |
| **bis 1.000.000 €** | 1 % | 2,5 % | 2,5 % | 2 % | 1,8 % | 3 % | 1,2 % | 1,25 % | 1,5 % |
| **bis 1.250.000 €** | 1 % | 2,5 % | 2,5 % | 2 % | 1 % | 1 % | 1 % | 1,25 % | 1,5 % |
| **bis 2.500.000 €** | 1 % | 2,5 % | 2 % | 2 % | 1 % | 1 % | 1 % | 1,25 % | 1,5 % |
| **bis 5.000.000 €** | 1 % | 2 % | 1 % | 2 % | 1 % | 1 % | 1 % | 1,25 % | 1,5 % |
| **über 5.000.000 €** | 1 % | 1,5 % | 1 % | 1 % | 1 % | 1 % | 1 % | 1,25 % | 1,5 % |

Der Deutsche Notarverein e.V. empfiehlt die Verwendung der im Jahr 2000 fortentwickelten „Rheinischen Tabelle". Dort errechnet sich – im Unterschied zu den anderen Tabellen – der Gebührensatz aus der gesamten Bezugsgröße und nicht für jede Wertstufe gesondert (Reimann DNotZ 2001, 349; AnwK-BGB/Weidlich § 2221 Rn. 12). Es ist aber mindestens der höchste Betrag der Vorstufe anzusetzen (Empfehlung DNotV Ziff. I; Reimann a.a.O.).

Die Richtlinien gelten für normale Verhältnisse und glatte Abwicklung. Zuschläge sind z.B. vorgesehen bei aufwändiger Grundtätigkeit, Auslandsvermögen, komplexer Nachlassverwaltung, schwieriger Gestaltungsaufgaben, Beteiligung Minderjähriger, umfangreicher Vermittlungstätigkeiten etc. (der Deutsche Notarverein e.V. hält Zuschläge von je 20 - 100 % für angemessen). Dagegen dürfte z.B. bei einer Nacherbentestamentsvollstreckung oder lediglich einer beaufsichtigenden Funktion ein geringerer Grundbetrag angezeigt sein.

---

1 Wenn die Aufgabe in einer Vermächtniserfüllung besteht, dann Wert des Vermächtnisgegenstandes (Empfehlungen des DNotV Ziff. I; Reimann DNotZ 2001, 348)
2 www.dnoti.de; www.dnotv.de; DNotZ 1935, 623
3 www.dnotv.de; notar 2000, 2; ZEV 2000, 181; Reimann DNotZ 2001, 344; s. Meyer JurBüro 2008, 129
4 RNotZ 2010, 242; Bengel/Reimann, Handbuch der Testamentsvollstreckung, 6. Aufl. 2017, S. 679
5 Zimmermann, Die Testamentsvollstreckung, 4. Aufl. 2014, Rn. 701
6 Möhring/Beiswinger/Klingelhöffer, Vermögensverwaltung in Vormundschafts- und Nachlasssachen, 8. Aufl. 1999, S. 224; s. OLG Karlsruhe JurBüro 2001, 206 = ZEV 2001, 286; OLG Köln NJW-RR 1987, 1414
7 Klingelhöffer, Vermögensverwaltung, § 2221 Rn. 323; Bengel/Reimann, Handbuch der Testamentsvollstreckung, 6. Aufl. 2017, S. 678; Schneider/Volpert/Fölsch, Gesamtes Kostenrecht, 1. Aufl. 2014, S. 3160
8 Gerold/Madert, BRAGO, 14. Aufl. 1999, § 1 Rn. 25; Bengel/Reimann wie FN 7; Schneider wie FN 7
9 JurBüro 1965, 92; s. OLG Frankfurt MDR 2000, 788

# Handelsregistergebührenverordnung – HRegGebV –

vom 30.9.2004, BGBl. I S. 2562,
zuletzt geändert durch Art. 2 des Gesetzes vom 17.07.2017
(BGBl. I S. 2434/2437).

**§ 1 Gebührenverzeichnis**
Für Eintragungen in das Handels-, Partnerschafts- oder Genossenschaftsregister, die Entgegennahme, Prüfung und Aufbewahrung der zum Handels- oder Genossenschaftsregister einzureichenden Unterlagen sowie die Übertragung von Schriftstücken in ein elektronisches Dokument nach § 9 Abs. 2 des Handelsgesetzbuchs werden Gebühren nach dem Gebührenverzeichnis der Anlage zu dieser Verordnung erhoben. Satz 1 gilt nicht für die aus Anlass eines Insolvenzverfahrens von Amts wegen vorzunehmenden Eintragungen und für Löschungen nach § 395 des Gesetzes über das Verfahren in Familiensachen und in den Angelegenheiten der freiwilligen Gerichtsbarkeit.

**§ 2 Allgemeine Vorschriften**
(1) Neben der Gebühr für die Ersteintragung werden nur Gebühren für die gleichzeitig angemeldete Eintragung der Errichtung einer Zweigniederlassung und für die Eintragung einer Prokura gesondert erhoben.
(2) Betrifft dieselbe spätere Anmeldung mehrere Tatsachen, ist für jede Tatsache die Gebühr gesondert zu erheben. Das Eintreten oder das Ausscheiden einzutragender Personen ist hinsichtlich einer jeden Person eine besondere Tatsache.
(3) Als jeweils dieselbe Tatsache betreffend sind zu behandeln:
1. die Anmeldung einer zur Vertretung berechtigten Person und die gleichzeitige Anmeldung ihrer Vertretungsmacht oder deren Ausschlusses;
2. die Anmeldung der Verlegung
   a) der Hauptniederlassung,
   b) des Sitzes oder
   c) der Zweigniederlassung
   und die gleichzeitige Anmeldung der Änderung der inländischen Geschäftsanschrift;
3. mehrere Änderungen eines Gesellschaftsvertrags oder einer Satzung, die gleichzeitig angemeldet werden und nicht die Änderung eingetragener Angaben betreffen;
4. die Änderung eingetragener Angaben und die dem zugrunde liegende Änderung des Gesellschaftsvertrags oder der Satzung.

(4) Anmeldungen, die am selben Tag beim Registergericht eingegangen sind und dasselbe Unternehmen betreffen, werden als eine Anmeldung behandelt.

**§ 2a Recht der Europäischen Union**
Umwandlungen und Verschmelzungen nach dem Recht der Europäischen Union stehen hinsichtlich der Gebühren den Umwandlungen nach dem Umwandlungsgesetz gleich.

**§ 3 Zurücknahme**
(1) Wird eine Anmeldung zurückgenommen, bevor die Eintragung erfolgt oder die Anmeldung zurückgewiesen worden ist, sind 120 Prozent der für die Eintragung bestimmten Gebühren zu erheben. Bei der Zurücknahme einer angemeldeten Ersteintragung bleiben die Gebühren für die gleichzeitig angemeldete Eintragung der Errichtung einer Zweigniederlassung und für die Eintragung einer Prokura unberücksichtigt.
(2) Erfolgt die Zurücknahme spätestens am Tag bevor eine Entscheidung des Gerichts mit der Bestimmung einer angemessenen Frist zur Beseitigung eines Hindernisses (§ 382 Absatz 4 des Gesetzes über das Verfahren in Familiensachen und in den Angelegenheiten der freiwilligen Gerichtsbarkeit) unterzeichnet wird, beträgt die Gebühr 75 Prozent der für die Eintragung bestimmten Gebühr, höchstens jedoch 250 Euro. Der unterzeichneten Entscheidung steht ein gerichtliches elektronisches Dokument gleich (§ 14 Absatz 3 des Gesetzes über das Verfahren in Familiensachen und in den Angelegenheiten der freiwilligen Gerichtsbarkeit in Verbindung mit § 130b der Zivilprozessordnung). Betrifft eine Anmeldung mehrere Tatsachen, betragen in den Fällen der Sätze 1 und 2 die auf die zurückgenommenen Teile der Anmeldung entfallenden Gebühren insgesamt höchstens 250 Euro.

**§ 4 Zurückweisung**
Wird eine Anmeldung zurückgewiesen, sind 170 Prozent der für die Eintragung bestimmten Gebühren zu erheben. Bei der Zurückweisung einer angemeldeten Ersteintragung bleiben die Gebühren für die gleichzeitig angemeldete Eintragung der Errichtung einer Zweigniederlassung und für die Eintragung einer Prokura unberücksichtigt.

**§ 5 Zurücknahme oder Zurückweisung in besonderen Fällen**
Wird die Anmeldung einer sonstigen späteren Eintragung, die mehrere Tatsachen zum Gegenstand hat, teilweise zurückgenommen oder zurückgewiesen, ist für jeden zurückgenommenen oder zurückgewiesenen Teil von den Gebühren 1503, 2501 und 3501 des Gebührenverzeichnisses auszugehen. § 3 Absatz 2 bleibt unberührt.

**§ 5a Übergangsvorschrift**
Für Kosten, die vor dem Inkrafttreten einer Änderung der Rechtsverordnung fällig geworden sind, gilt das bisherige Recht.

**Anlage (zu § 1)**

## Gebührenverzeichnis

**Teil 1**

**Eintragungen in das Handelsregister Abteilung A und das Partnerschaftsregister**

| Nr. | Gebührentatbestand | Gebührenbetrag |
|---|---|---|
| *Vorbemerkung 1:*<br>(1) Für Eintragungen, die juristische Personen (§ 33 HGB) und Europäische wirtschaftliche Interessenvereinigungen betreffen, bestimmen sich die Gebühren nach den für Eintragungen bei Gesellschaften mit bis zu 3 eingetragenen Gesellschaftern geltenden Vorschriften. Hinsichtlich der Gebühren für Eintragungen, die Zweigniederlassungen eines Unternehmens mit Hauptniederlassung oder Sitz im Ausland betreffen, bleibt der Umstand, dass es sich um eine Zweigniederlassung handelt, unberücksichtigt; die allgemein für inländische Unternehmen geltenden Vorschriften sind anzuwenden.<br>(2) Wird die Hauptniederlassung oder der Sitz in den Bezirk eines anderen Gerichts verlegt, wird für die Eintragung im Register der bisherigen Hauptniederlassung oder des bisherigen Sitzes keine Gebühr erhoben.<br>(3) Für Eintragungen, die Prokuren betreffen, sind ausschließlich Gebühren nach Teil 4 zu erheben.<br>(4) Für die Eintragung des Erlöschens der Firma oder des Namens sowie des Schlusses der Abwicklung einer Europäischen wirtschaftlichen Interessenvereinigung werden keine Gebühren erhoben; die Gebühren in Abschnitt 4 bleiben unberührt. | | |
| **Abschnitt 1**<br>**Ersteintragung** | | |
| | Eintragung – außer aufgrund einer Umwandlung nach dem UmwG – | |
| 1100 | – eines Einzelkaufmanns | 70,00 € |
| 1101 | – einer Gesellschaft mit bis zu 3 einzutragenden Gesellschaftern oder einer Partnerschaft mit bis zu 3 einzutragenden Partnern | 100,00 € |
| 1102 | – einer Gesellschaft mit mehr als 3 einzutragenden Gesellschaftern oder einer Partnerschaft mit mehr als 3 einzutragenden Partnern<br>Die Gebühr 1101 erhöht sich für jeden weiteren einzutragenden Gesellschafter oder jeden weiteren einzutragenden Partner um | 40,00 € |
| | Eintragung aufgrund einer Umwandlung nach dem UmwG | |
| 1103 | – eines Einzelkaufmanns | 150,00 € |
| 1104 | – einer Gesellschaft mit bis zu 3 einzutragenden Gesellschaftern oder einer Partnerschaft mit bis zu 3 einzutragenden Partnern | 180,00 € |
| 1105 | – einer Gesellschaft mit mehr als 3 einzutragenden Gesellschaftern oder einer Partnerschaft mit mehr als 3 einzutragenden Partnern:<br>Die Gebühr 1104 erhöht sich für jeden weiteren einzutragenden Gesellschafter oder für jeden weiteren einzutragenden Partner um | 70,00 € |
| **Abschnitt 2**<br>**Errichtung einer Zweigniederlassung** | | |
| 1200 | Eintragung einer Zweigniederlassung | 40,00 € |

| Nr. | Gebührentatbestand | Gebühren-betrag |
|---|---|---|
| | **Abschnitt 3**<br>**Verlegung der Hauptniederlassung oder des Sitze** | |
| | *Vorbemerkung 1.3:*<br>Gebühren nach diesem Abschnitt sind nicht zu erheben, wenn das bisherige Gericht zuständig bleibt; Abschnitt 5 bleibt unberührt. | |
| | Eintragung bei dem Gericht, in dessen Bezirk die Hauptniederlassung oder der Sitz verlegt worden ist, bei | |
| 1300 | – einem Einzelkaufmann | 60,00 € |
| 1301 | – einer Gesellschaft mit bis zu 3 eingetragenen Gesellschaftern oder einer Partnerschaft mit bis zu 3 eingetragenen Partnern | 80,00 € |
| | – einer Gesellschaft mit mehr als 3 eingetragenen Gesellschaftern oder einer Partnerschaft mit mehr als 3 eingetragenen Partnern | |
| 1302 | – Die Gebühr 1301 erhöht sich für jeden weiteren eingetragenen Gesellschafter oder für jeden weiteren eingetragenen Partner bis einschließlich zur 100. eingetragenen Person um | 40,00 € |
| 1303 | – Die Gebühr 1301 erhöht sich für jeden weiteren eingetragenen Gesellschafter oder für jeden weiteren eingetragenen Partner ab der 101. eingetragenen Person um | 10,00 € |
| | **Abschnitt 4**<br>**Umwandlung nach dem Umwandlungsgesetz** | |
| | Eintragung einer Umwandlung nach dem UmwG | |
| 1400 | – in das Register des übertragenden oder formwechselnden Rechtsträgers | 180,00 € |
| 1401 | – in das Register des übernehmenden Rechtsträgers | 180,00 € |
| | Für Eintragungen über den Eintritt der Wirksamkeit werden keine besonderen Gebühren erhoben | |
| | **Abschnitt 5**<br>**Sonstige spätere Eintragung** | |
| | *Vorbemerkung 1.5:*<br>Gebühren nach diesem Abschnitt werden nur für Eintragungen erhoben, für die Gebühren nach den Abschnitten 1 bis 4 nicht zu erheben sind. | |
| | Eintragung einer Tatsache bei | |
| 1500 | – einem Einzelkaufmann | 40,00 € |
| 1501 | – einer Gesellschaft mit bis zu 50 eingetragenen Gesellschaftern oder einer Partnerschaft mit bis zu 50 eingetragenen Partnern | 60,00 € |
| 1502 | – einer Gesellschaft mit mehr als 50 eingetragenen Gesellschaftern oder einer Partnerschaft mit mehr als 50 eingetragenen Partnern | 70,00 € |
| 1503 | Eintragung der zweiten und jeder weiteren Tatsache aufgrund derselben Anmeldung:<br>Die Gebühren 1500 bis 1502 betragen jeweils | 30,00 € |
| | Tatsachen ohne wirtschaftliche Bedeutung sind nicht als erste Tatsache zu behandeln. | |
| 1504 | Die Eintragung betrifft eine Tatsache ohne wirtschaftliche Bedeutung:<br>Die Gebühren 1500 bis 1502 betragen | 30,00 € |

## Handelsregistergebührenverordnung – HRegGebV –

**Teil 2**

**Eintragungen in das Handelsregister Abteilung B**

| Nr. | Gebührentatbestand | Gebührenbetrag |
|---|---|---|
| *Vorbemerkung 2:*<br>(1) Hinsichtlich der Gebühren für Eintragungen, die Zweigniederlassungen eines Unternehmens mit Sitz im Ausland betreffen, bleibt der Umstand, dass es sich um eine Zweigniederlassung handelt, unberücksichtigt; die allgemein für inländische Unternehmen geltenden Vorschriften sind anzuwenden.<br>(2) Wird der Sitz in den Bezirk eines anderen Gerichts verlegt, wird für die Eintragung im Register des bisherigen Sitzes keine Gebühr erhoben.<br>(3) Für Eintragungen, die Prokuren betreffen, sind ausschließlich Gebühren nach Teil 4 zu erheben.<br>(4) Für die Eintragung der Löschung der Gesellschaft und des Schlusses der Abwicklung oder der Liquidation werden keine Gebühren erhoben; die Gebühren 2402 und 2403 bleiben unberührt. | | |
| | **Abschnitt 1**<br>**Ersteintragung** | |
| 2100 | Eintragung einer Gesellschaft mit beschränkter Haftung einschließlich einer Unternehmergesellschaft – außer aufgrund einer Umwandlung nach dem UmwG – | 150,00 € |
| 2101 | Es wird mindestens eine Sacheinlage geleistet:<br>Die Gebühr 2100 beträgt | 240,00 € |
| 2102 | Eintragung einer Aktiengesellschaft, einer Kommanditgesellschaft auf Aktien oder eines Versicherungsvereins auf Gegenseitigkeit – außer aufgrund einer Umwandlung nach dem UmwG – | 300,00 € |
| 2103 | Es wird mindestens eine Sacheinlage geleistet:<br>Die Gebühr 2102 beträgt | 360,00 € |
| | Eintragung aufgrund einer Umwandlung nach dem UmwG | |
| 2104 | – einer Gesellschaft mit beschränkter Haftung | 260,00 € |
| 2105 | – einer Aktiengesellschaft oder einer Kommanditgesellschaft auf Aktien | 660,00 € |
| 2106 | – eines Versicherungsvereins auf Gegenseitigkeit | 460,00 € |
| | **Abschnitt 2**<br>**Errichtung einer Zweigniederlassung** | |
| 2200 | Eintragung einer Zweigniederlassung | 120,00 € |
| | **Abschnitt 3**<br>**Verlegung des Sitzes** | |
| 2300 | Eintragung bei dem Gericht, in dessen Bezirk der Sitz verlegt worden ist<br>Die Gebühr wird nicht erhoben, wenn das bisherige Gericht zuständig bleibt; Abschnitt 5 bleibt unberührt. | 140,00 € |
| | **Abschnitt 4**<br>**Besondere spätere Eintragung** | |
| | Eintragung | |
| 2400 | – der Nachgründung einer Aktiengesellschaft oder des Beschlusses der Hauptversammlung einer Aktiengesellschaft oder einer Kommanditgesellschaft auf Aktien über Maßnahmen der Kapitalbeschaffung oder der Kapitalherabsetzung oder der Durchführung der Kapitalerhöhung | 270,00 € |
| 2401 | – der Erhöhung des Stammkapitals durch Sacheinlage oder der Erhöhung des Stammkapitals zum Zwecke der Umwandlung nach dem UmwG | 210,00 € |
| | Eintragung einer Umwandlung nach dem UmwG | |
| 2402 | – in das Register des übertragenden oder formwechselnden Rechtsträgers | 240,00 € |

| Nr. | Gebührentatbestand | Gebührenbetrag |
|---|---|---|
| 2403 | – in das Register des übernehmenden Rechtsträgers | 240,00 € |
| | Für Eintragungen über den Eintritt der Wirksamkeit werden keine besonderen Gebühren erhoben. | |
| 2404 | Eintragung der Eingliederung oder des Endes der Eingliederung einer Aktiengesellschaft | 210,00 € |
| 2405 | Eintragung des Übertragungsbeschlusses im Fall des Ausschlusses von Minderheitsaktionären (§ 327e AktG) | 210,00 € |
| | **Abschnitt 5<br>Sonstige spätere Eintragung** | |
| | *Vorbemerkung 2.5:*<br>Gebühren nach diesem Abschnitt werden nur für Eintragungen erhoben, für die Gebühren nach den Abschnitten 1 bis 4 nicht zu erheben sind. | |
| 2500 | Eintragung einer Tatsache | 70,00 € |
| 2501 | Eintragung der zweiten und jeder weiteren Tatsache aufgrund derselben Anmeldung:<br>Die Gebühr 2500 beträgt jeweils | 40,00 € |
| | Tatsachen ohne wirtschaftliche Bedeutung sind nicht als erste Tatsache zu behandeln. | |
| 2502 | Die Eintragung betrifft eine Tatsache ohne wirtschaftliche Bedeutung:<br>Die Gebühren 2500 und 2501 betragen | 30,00 € |

# Handelsregistergebührenverordnung – HRegGebV –

**Teil 3**

**Eintragungen in das Genossenschaftsregister**

| Nr. | Gebührentatbestand | Gebühren-betrag |
|---|---|---|
| *Vorbemerkung 3:*<br>(1) Hinsichtlich der Gebühren für Eintragungen, die Zweigniederlassungen einer Europäischen Genossenschaft mit Sitz im Ausland betreffen, bleibt der Umstand, dass es sich um eine Zweigniederlassung handelt, unberücksichtigt; die allgemein für inländische Genossenschaften geltenden Vorschriften sind anzuwenden.<br>(2) Wird der Sitz in den Bezirk eines anderen Gerichts verlegt, wird für die Eintragung im Register des bisherigen Sitzes keine Gebühr erhoben.<br>(3) Für Eintragungen, die Prokuren betreffen, sind ausschließlich Gebühren nach Teil 4 zu erheben.<br>(4) Für die Eintragung des Erlöschens der Genossenschaft werden keine Gebühren erhoben; die Gebühren in Abschnitt 4 bleiben unberührt. | | |
| | **Abschnitt 1**<br>**Ersteintragung** | |
| | Eintragung | |
| 3100 | – außer aufgrund einer Umwandlung nach dem UmwG | 210,00 € |
| 3101 | – aufgrund einer Umwandlung nach dem UmwG | 360,00 € |
| | **Abschnitt 2**<br>**Errichtung einer Zweigniederlassung** | |
| 3200 | Eintragung einer Zweigniederlassung | 60,00 € |
| | **Abschnitt 3**<br>**Verlegung des Sitzes** | |
| 3300 | Eintragung bei dem Gericht, in dessen Bezirk der Sitz verlegt worden ist<br>Die Gebühr wird nicht erhoben, wenn das bisherige Gericht zuständig bleibt; Abschnitt 5 bleibt unberührt. | 210,00 € |
| | **Abschnitt 4**<br>**Umwandlung nach dem Umwandlungsgesetz** | |
| | Eintragung einer Umwandlung nach dem UmwG | |
| 3400 | – in das Register des übertragenden oder formwechselnden Rechtsträgers | 300,00 € |
| 3401 | – in das Register des übernehmenden Rechtsträgers<br>Für Eintragungen über den Eintritt der Wirksamkeit werden keine besonderen Gebühren erhoben. | 300,00 € |
| | **Abschnitt 5**<br>**Sonstige spätere Eintragung** | |
| *Vorbemerkung 3.5:*<br>Gebühren nach diesem Abschnitt werden nur für Eintragungen erhoben, für die Gebühren nach den Abschnitten 1 bis 4 nicht zu erheben sind. | | |
| 3500 | Eintragung einer Tatsache | 110,00 € |
| 3501 | Eintragung der zweiten und jeder weiteren Tatsache aufgrund derselben Anmeldung:<br>Die Gebühr 3500 beträgt jeweils<br>Tatsachen ohne wirtschaftliche Bedeutung sind nicht als erste Tatsache zu behandeln. | 60,00 € |
| 3502 | Die Eintragung betrifft eine Tatsache ohne wirtschaftliche Bedeutung:<br>Die Gebühren 3500 und 3501 betragen | 30,00 € |

# Handelsregistergebührenverordnung – HRegGebV –

## Teil 4

### Prokuren

| Nr. | Gebührentatbestand | Gebührenbetrag |
|---|---|---|
| 4000 | Eintragung einer Prokura, Eintragung von Änderungen oder der Löschung einer Prokura | 40,00 € |
| 4001 | Die Eintragungen aufgrund derselben Anmeldung betreffen mehrere Prokuren: | |
| | Die Gebühr 4000 beträgt für die zweite und jede weitere Prokura jeweils | 30,00 € |
| | Eine Prokura, wegen der die Gebühr 4002 erhoben wird, ist nicht als erste Prokura zu behandeln. | |
| 4002 | Die Eintragung betrifft ausschließlich eine Tatsache ohne wirtschaftliche Bedeutung: | |
| | Die Gebühr 4000 beträgt | 30,00 € |

## Teil 5

### Weitere Geschäfte

| Nr. | Gebührentatbestand | Gebührenbetrag |
|---|---|---|
| *Vorbemerkung 5:* Mit den Gebühren 5001 bis 5006 wird auch der Aufwand für die Prüfung und Aufbewahrung der genannten Unterlagen abgegolten. | | |
| | Entgegennahme | |
| 5001 | – der Bekanntmachung der Eröffnungsbilanz durch die Liquidatoren (§ 89 Satz 3 GenG) | 30,00 € |
| 5002 | – der Liste der Gesellschafter (§ 40 GmbHG) | 30,00 € |
| 5003 | – der Liste der Mitglieder des Aufsichtsrats einschließlich der Bekanntmachung über die Einreichung (§ 52 Abs. 3 Satz 2 GmbHG, § 106 AktG) | 40,00 € |
| 5004 | – der Mitteilung über den alleinigen Aktionär (§ 42 AktG) | 40,00 € |
| 5005 | – des Protokolls der Hauptversammlung (§ 130 Abs. 5 AktG | 50,00 € |
| 5006 | – von Verträgen, eines Verschmelzungsplans oder von entsprechenden Entwürfen nach dem UmwG | 50,00 € |
| 5007 | Übertragung von Schriftstücken in ein elektronisches Dokument (§ 9 Abs. 2 HGB): | |
| | für jede angefangene Seite | 2,00 € – mindestens 25,00 € |
| | Die Gebühr wird für die Dokumente jedes Registerblatts gesondert erhoben. Mit der Gebühr wird auch die einmalige elektronische Übermittlung der Dokumente an den Antragsteller abgegolten. | |

# Gesetz über Gebühren für die Fortführung des Liegenschaftskatasters (Bayerisches Katasterfortführungs-Gebührengesetz – BayKatFortGebG)

Fundstelle: BayRS II S. 297 (2013-1-19-F)
letzte berücksichtigte Änderungen: Gesetz vom 15. Mai 2018 (GVBl. S. 260)

**Art. 1**
**Katasterfortführungsgebühr**
(1) [1]Für die Übernahme von Veränderungen in den Eigentumsverhältnissen in das Liegenschaftskataster wird eine Gebühr (Katasterfortführungsgebühr) erhoben. [2]Im übrigen ist die Fortführung des Liegenschaftskatasters kostenfrei. [3]Die Erhebung von Benutzungsgebühren für die Übernahme von Vermessungsergebnissen in das Liegenschaftskataster bleibt unberührt.
(2) Eine Katasterfortführungsgebühr wird nicht erhoben, wenn die Eintragung des der Fortführung des Liegenschaftskatasters zugrundeliegenden Vorgangs in das Grundbuch gebührenfrei erfolgt.
(3) [1]Die Katasterfortführungsgebühr beträgt 30 v. H. der Gebühr, die für die Eintragung des der Fortführung des Liegenschaftskatasters zugrunde liegenden Vorgangs in das Grundbuch geschuldet wird, jedoch mindestens fünf Euro. [2]Centbeträge sind nach Maßgabe der Vorschriften aufzurunden, die für die Gebühren nach dem Gerichts- und Notarkostengesetz (GNotKG) gelten.

**Art. 2**
**Schuldner**
Schuldner der Katasterfortführungsgebühr ist, wer die Kosten für die Eintragung in das Grundbuch schuldet.

**Art. 3**
**Fälligkeit**
[1]Die Katasterfortführungsgebühr wird mit der Gebühr für die Eintragung in das Grundbuch fällig. [2]Sie wird von den Amtsgerichten zusammen mit der Gebühr für die Eintragung in das Grundbuch erhoben; dies gilt auch, wenn diese Gebühr als Vorschuß erhoben wird.

**Art. 4**
**Ergänzende Vorschriften**
Im übrigen gelten die Vorschriften des GNotKG einschließlich derjenigen über Rechtsbehelfe auch für die Katasterfortführungsgebühr.

**Art. 5**
**Beitreibung**
Die Katasterfortführungsgebühren werden nach dem Justizbeitreibungsgesetz beigetrieben.

**Art. 6**
**Inkrafttreten**
Dieses Gesetz tritt am 1. Januar 1974 in Kraft.[1]



1 **Amtl. Anm.:]** Betrifft die ursprüngliche Fassung vom 12. Dezember 1973 (GVBl. S. 649)

# Satzung über die Gebühren in Angelegenheiten des Zentralen Vorsorgeregisters (Vorsorgeregister-Gebührensatzung – VRegGebS)

vom 2.2.2005 (DNotZ 2005, 81), geändert durch Satzung vom 2.12.2005 (DNotZ 2006, 2)

**§ 1 Gebührenverzeichnis**

Für Eintragungen in das Zentrale Vorsorgeregister sowie die Änderung, Ergänzung oder Löschung von Einträgen werden Gebühren nach dem Gebührenverzeichnis der Anlage zu dieser Satzung erhoben. Auslagen werden daneben nicht erhoben.

**§ 2 Gebührenschuldner**

(1) Zur Zahlung der Gebühren ist verpflichtet:
   1. der Antragsteller;
   2. derjenige, der für die Gebührenschuld eines anderen kraft Gesetzes haftet.

(2) Mehrere Gebührenschuldner haften als Gesamtschuldner.

**§ 3 Fälligkeit**

Die Gebühren werden mit der Beendigung der beantragten Amtshandlung fällig.

**§ 4 Registrierte Person oder Einrichtung**

(1) Wird der Antrag auf Eintragung oder auf Änderung, Ergänzung oder Löschung eines Eintrags von einer bei der Bundesnotarkammer registrierten Person oder Einrichtung für den Vollmachtgeber übermittelt oder im Namen des Vollmachtgebers gestellt, werden nach Maßgabe des Gebührenverzeichnisses (Anlage zu § 1 Satz 1) ermäßigte Gebühren erhoben.

(2) Registrieren lassen können sich Personen oder Einrichtungen, zu deren beruflicher, satzungsgemäßer oder gesetzlicher Tätigkeit es gehört, entsprechende Anträge für den Vollmachtgeber zu übermitteln oder im Namen des Vollmachtgebers zu stellen. Insbesondere können sich Notare, Rechtsanwälte, Betreuungsvereine und Betreuungsbehörden registrieren lassen.

(3) Die Registrierung erfolgt durch Anmeldung bei der Bundesnotarkammer. Bei der Anmeldung hat die Person oder Einrichtung hinreichend ihre Identität und die Erfüllung der Voraussetzungen des Absatzes 2 nachzuweisen. Darüber hinaus hat die Person oder Einrichtung zu erklären, dass sie die Abwicklung des Verfahrens für die Vollmachtgeber, für die sie Anträge übermittelt oder in deren Namen sie Anträge stellt, übernimmt, insbesondere dass sie die Gebührenzahlung auf deren Rechnung besorgt.

(4) Die Registrierung erlischt, wenn die Voraussetzungen des Absatzes 2 nicht mehr vorliegen. Sie erlischt auch, wenn die registrierte Person oder Einrichtung die Abwicklung des Verfahrens für die Vollmachtgeber nicht mehr übernimmt; dies gilt nicht, wenn lediglich die Gebührenzahlung für den Vollmachtgeber nicht besorgt wird.

(5) Die Bundesnotarkammer kann die Registrierung aufheben, wenn die registrierte Person oder Einrichtung länger als sechs Monate keinen Antrag für einen Vollmachtgeber übermittelt oder im Namen eines Vollmachtgebers gestellt hat.

**§ 5 Unrichtige Sachbehandlung**

Gebühren, die bei richtiger Behandlung nicht entstanden wären, werden nicht erhoben.

**§ 6 Ermäßigung, Absehen von Gebührenerhebung**

Die Bundesnotarkammer kann Gebühren ermäßigen oder von der Erhebung von Gebühren absehen, wenn dies durch die besonderen Umstände des Einzelfalls geboten erscheint, insbesondere wenn die volle Gebührenerhebung für den Gebührenschuldner eine unzumutbare Härte darstellen würde oder wenn der mit der Erhebung der Gebühr verbundene Verwaltungsaufwand außer Verhältnis zu der Höhe der zu erhebenden Gebühr stünde.

**§ 7 Übergangsregelung**

Für die Eintragung von Angaben zu notariell beglaubigten oder beurkundeten Vorsorgevollmachten sowie die Änderung, Ergänzung oder Löschung solcher Eintragungen wird keine Gebühr erhoben, wenn die Eintragung, Änderung, Ergänzung oder Löschung vor dem Inkrafttreten dieser Satzung beantragt wurde.

**§ 8 Inkrafttreten**

Diese Satzung tritt am 1. März 2005 in Kraft.

**Anlage (zu § 1 Satz 1)**
**Gebührenverzeichnis**

| Nr. | Gebührentatbestand | Gebührenbetrag |
|---|---|---|
| | *Vorbemerkung:*<br>(1) Die Erhöhungs- und Ermäßigungstatbestände sind nebeneinander anwendbar, soweit nicht ein anderes bestimmt ist<br>(2) Beantragt ein Bevollmächtigter innerhalb von einem Monat nach Erhalt der Benachrichtigung über eine Eintragung die Änderung oder Löschung des ihn betreffenden Eintrags, so werden für die Änderung oder Löschung des Eintrags von dem Bevollmächtigten keine Gebühren erhoben. | |
| | **1. Persönliche Übermittlung des Antrags** | |
| 10 | Eintragung einer Vorsorgevollmacht in das Zentrale Vorsorgeregister sowie Änderung, Ergänzung oder Löschung eines Eintrags | 18,50 EUR |
| 11 | Der Antrag wird elektronisch über eine der hierfür vorgehaltenen technischen Schnittstellen übertragen: Die Gebühr 10 ermäßigt sich um | 3,00 EUR |
| | **2. Übermittlung oder Stellung des Antrags durch eine registrierte Person oder Einrichtung (§ 4)** | |
| 20 | Eintragung einer Vorsorgevollmacht in das Zentrale Vorsorgeregister sowie Änderung, Ergänzung oder Löschung eines Eintrags | 16,00 EUR |
| | Erklärt die registrierte Person oder Einrichtung, die den Antrag auf Eintragung, Änderung, Ergänzung oder Löschung übermittelt oder stellt, dass die Gebühren unmittelbar bei dem Vollmachtgeber erhoben werden sollen, so fällt an Stelle der Gebühr 20 die Gebühr 10 an; der Gebührentatbestand der Nummer 21 einschließlich der Anmerkung zu Nummer 21 finden entsprechende Anwendung. | |
| 21 | Der Antrag wird elektronisch über eine der hierfür vorgehaltenen technischen Schnittstellen übertragen: Die Gebühr 20 ermäßigt sich um | 5,00 EUR |
| | Die Gebühr 20 entfällt, wenn der Antrag elektronisch über eine der hierfür vorgehaltenen technischen Schnittstellen übertragen wird und nur die Änderung oder Ergänzung eines bestehenden Eintrags einer Vorsorgevollmacht betrifft. | |
| | **3. Gemeinsame Erhöhungs- und Ermäßigungstatbestände** | |
| | Die Eintragung, Änderung, Ergänzung oder Löschung betrifft mehr als einen Bevollmächtigten oder vorgeschlagenen Betreuer: | |
| 31 | – Die Gebühr 10 und die Gebühr 20 erhöhen sich für jeden weiteren Bevollmächtigten oder vorgeschlagenen Betreuer um | 3,00 EUR |
| 32 | – Wird der Antrag elektronisch über eine der hierfür vorgehaltenen technischen Schnittstellen automatisiert übertragen, erhöhen sich die Gebühr 10 und die Gebühr 20 in Abweichung von Gebühr 31 für jeden weiteren Bevollmächtigten oder vorgeschlagenen Betreuer um | 2,50 EUR |
| 35 | Die Gebühr wird durch Lastschrifteinzug gezahlt:<br>Die Gebühr 10 und die Gebühr 20 ermäßigen sich um | 2,50 EUR |
| | **4. Zurückweisung des Antrags** | |
| 40 | Zurückweisung eines Antrags auf Eintragung oder auf Änderung, Ergänzung oder Löschung eines Eintrags | 18,50 EUR |

# Testamentsregister-Gebührensatzung (ZTR-GebS)
zuletzt geändert zum 14. November 2018 (DNotZ 2018, 801)

**(nähere Hinweise siehe Diehn DNotZ 2011, 676 ff., sowie Streifzug durch das GNotKG 12. Aufl. Rnrn. 3655 ff.)**

Auf der Grundlage von § 78e Absatz 4 Satz 1, Absatz 1 Satz 1 und 2 Nummer 2 und Nummer 3 BNotO hat die Vertreterversammlung der Bundesnotarkammer die Gebührensatzung für das Zentrale Testamentsregister wie folgt beschlossen:

## § 1 Gebühren

(1) Die Bundesnotarkammer erhebt als Registerbehörde Gebühren für die Aufnahme von Verwahrangaben in das Zentrale Testamentsregister nach § 34a Absatz 1 Satz 1 und Satz 2 BeurkG, § 347 Absatz 1 Satz 1 FamFG und § 78d Absatz 4 Satz 1 BNotO.

(2) Je Registrierung (§ 3 Absatz 1 Satz 3 ZTRV) beträgt die Gebühr 15 €. Wird die Gebühr unmittelbar durch die Registerbehörde vom Kostenschuldner erhoben, beträgt sie 18 € je Registrierung. Keine Gebühr wird erhoben, wenn ein Verwahrdatensatz innerhalb von sieben Tagen nach der Registrierung gemäß § 5 Satz 1 Nr. 1 ZTRV gelöscht wird.

(3) Zahlt der Kostenschuldner die Gebühr nach Absatz 2 Satz 2 nicht innerhalb von zwei Monaten nach der Registrierung, erhöht die Registerbehörde die Gebühr um 8 €, wenn sie trotz Androhung der Erhöhung nicht innerhalb von zehn Tagen vollständig bezahlt wird.

## § 2 Kostenschuldner, Fälligkeit und Vorschuss

(1) Kostenschuldner ist der jeweilige Erblasser (§ 78g Absatz 2 Satz 1 Nr. 1 BNotO). Der Melder übermittelt mit jeder Registrierung eine ladungsfähige Anschrift des Kostenschuldners an die Registerbehörde, soweit diese nicht darauf verzichtet.

(2) Die Gebühr ist mit der Registrierung der Verwahrangaben für den jeweiligen Erblasser nach § 3 Absatz 1 Satz 3 ZTRV sofort fällig.

(3) Wird die Gebühr durch den Melder entgegengenommen (§ 78g Absatz 2 Satz 3 BNotO), kann er vom Kostenschuldner die Zahlung eines die Eintragungsgebühr deckenden Vorschusses verlangen.

## § 3 Art der Gebührenerhebung durch Notare

(1) Gebühren für die Registrierung von Verwahrangaben, die durch notarielle Melder übermittelt werden, nimmt der jeweilige Notar für die Registerbehörde entgegen (§ 78g Absatz 2 Satz 3 BNotO). Die Registerbehörde zieht die nach Satz 1 entgegenzunehmenden Gebühren vom notariellen Melder auf der Grundlage einer Sammelabrechnung frühestens am zehnten Tag des Folgemonats ein. Der Notar erteilt der Registerbehörde eine entsprechende Einzugsermächtigung für ein inländisches Bankkonto. Die Registerbehörde kann einen Melder von dem Entgegennahme- und Abrechnungsverfahren nach diesem Absatz ganz oder teilweise freistellen und die Gebühren unmittelbar vom Kostenschuldner erheben.

(2) Kann der Notar eine von der Registerbehörde abgerechnete und eingezogene Gebühr nicht erlangen, obwohl er deren Zahlung vom Kostenschuldner verlangt und mindestens einmal angemahnt hat, wird ihm diese auf Antrag zurückerstattet. Die Gebühr wird sodann nach § 1 Absatz 2 Satz 2 neu festgesetzt und unmittelbar durch die Registerbehörde vom Kostenschuldner erhoben.

## § 4 Art der Gebührenerhebung bei Gerichten und Konsulaten

(1) Einzelheiten des Entgegennahme- und Abrechnungsverfahrens bei gerichtlichen und konsularischen Meldern werden in Verwaltungsvereinbarungen mit der Registerbehörde getroffen.

(2) Nimmt ein Konsulat oder ein Gericht für die Registerbehörde Gebühren entgegen, ohne dass eine entsprechende Vereinbarung nach Absatz 1 besteht, gilt § 3 entsprechend. Die Entgegennahme ist der Registerbehörde zuvor anzuzeigen.

## § 5 Unrichtige Sachbehandlung, Ermäßigung und Absehen von der Gebührenerhebung

(1) Eine Gebühr, die bei richtiger Behandlung der Sache nicht entstanden wäre, wird nicht erhoben.
(2 Die Registerbehörde kann Gebühren ermäßigen oder von der Erhebung von Gebühren absehen, wenn ihr dies durch besondere Umstände des Einzelfalls geboten erscheint, insbesondere wenn und soweit die Gebührenerhebung eine unzumutbare Härte für den Kostenschuldner darstellen würde oder wenn der mit der Erhebung der Gebühr verbundene Verwaltungsaufwand außer Verhältnis zur Höhe der zu erhebenden Gebühr stünde.

## § 6 Inkrafttreten

Diese Satzung tritt am 1.1.2012 in Kraft.

Die Satzung wurde durch das Bundesministerium der Justiz genehmigt.

## Abrufgebühren und Auslagen

| GNotKG Kostenverzeichnis Nr. 32011 | |
|---|---|
| Nach dem JVKostG für den Abruf von Dateien im automatisierten **Abrufverfahren** zu zahlende Beträge | in voller Höhe |
| *JVKostG Kostenverzeichnis Nr. 1140*: Abruf von Daten aus dem Register (**Handels-, Partnerschafts-, Genossenschafts- und Vereinsregisterangelegenheiten**): je Registerblatt | 4,50 € |
| *JVKostG Kostenverzeichnis Nr. 1141*: Abruf von Dokumenten, die zum Register eingereicht wurden: für jede abgerufene Datei | 1,50 € |
| *JVKostG Kostenverzeichnis Nr. 1151*: Abruf von Daten aus dem **Grundbuch** oder Register (Schiffsregister, Schiffsbauregister und Register für Pfandrechte an Luftfahrzeugen): für jeden Abruf aus einem Grundbuch- oder Registerblatt | 8,00 € |
| *JVKostG Kostenverzeichnis Nr. 1152*: Abruf von Dokumenten, die zu den Grund- oder Registerakten genommen wurden: für jedes abgerufene Dokument | 1,50 € |

| GNotKG Kostenverzeichnis Nr. 32004 | |
|---|---|
| **Entgelte für Post- und Telekommunikationsdienstleistungen →**<br>(1) Für die durch die Geltendmachung der Kosten entstehenden Entgelte kann kein Ersatz verlangt werden.<br>(2) Für Zustellungen mit Zustellungsurkunde und für Einschreiben gegen Rückschein ist der in Nummer 31002 bestimmte Betrag anzusetzen (Nr. 31002 = je Zustellung 3,50 €). | in voller Höhe |
| Nr. 32005 | |
| **Pauschale für Entgelte für Post- und Telekommunikationsdienstleistungen →**<br>Die Pauschale kann in jedem notariellen Verfahren und bei sonstigen notariellen Geschäften anstelle der tatsächlichen Auslagen nach Nummer 32004 gefordert werden. Ein notarielles Geschäft und der sich hieran anschließende Vollzug sowie sich hieran anschließende Betreuungstätigkeiten gelten insoweit zusammen als ein Geschäft. | 20 % der Gebühren – höchstens 20,00 € |
| Nr. 32015 | |
| **Sonstige Aufwendungen →**<br>Sonstige Aufwendungen sind solche, die der Notar aufgrund eines ausdrücklichen Auftrags und für Rechnung eines Beteiligten erbringt. Solche Aufwendungen sind insbesondere verauslagte Gerichtskosten und Gebühren in Angelegenheiten des **Zentralen Vorsorge- oder Testamentsregisters.** | in voller Höhe |

| Auslagen bei **Geschäftsreise:**[1] | |
|---|---|
| Nr. 32006 | |
| Fahrtkosten für eine **Geschäftsreise** bei Benutzung eines eigenen Kraftfahrzeugs für jeden gefahrenen Kilometer →<br>Mit den Fahrtkosten sind die Anschaffungs-, Unterhaltungs- und Betriebskosten sowie die Abnutzung des Kraftfahrzeugs abgegolten. | 0,42 € für jeden gefahrenen Kilometer |
| Nr. 32007 | |
| Fahrtkosten für eine **Geschäftsreise** bei Benutzung eines anderen Verkehrsmittels, soweit sie angemessen sind | in voller Höhe |
| Nr. 32008[2] | |
| Tage- und Abwesenheitsgeld bei einer **Geschäftsreise**<br>1. von nicht mehr als 4 Stunden →<br>2. von mehr als 4 bis 8 Stunden →<br>3. von mehr als 8 Stunden →<br>Das Tage- und Abwesenheitsgeld wird nicht neben der Gebühr 26002[3] oder 26003 erhoben (= Auswärtsgebühr). | 30,00 €<br>50,00 €<br>80,00 € |
| Nr. 32009 | |
| Sonstige Auslagen anlässlich einer **Geschäftsreise**, soweit sie angemessen sind | in voller Höhe |

1 Anm. 3.2 Abs. 2: Eine Geschäftsreise liegt vor, wenn das Reiseziel außerhalb der Gemeinde liegt, in der sich der Amtssitz oder die Wohnung des Notars befindet - wegen Auswärtsgebühr siehe unter Zusatzgebühren
2 Der Anwendungsbereich der Nummer 32008 ist auf die Fälle reduziert, die naturgemäß nicht in den Amtsräumen des Notars vorgenommen werden können (BT-Drucksache S. 237)
3 Siehe unter Zusatzgebühren

## Postdienstleistungen (Deutsche Post AG)

| | | Deutschland | International |
|---|---|---|---|
| **Postkarte** | min. 14 x 9 cm, max. 23,5 x 12,5 cm [4] | 0,60 € | 0,95 € |
| **Standardbrief**[5] | bis 20 g<br>(3 Blätter[6] mit Kuvert = 19 g)<br>min. 14 x 9 cm, max. 23,5 x 12,5 x 0,5 cm<br>*(**kleines Kuvert**, darf auch länglich sein, aber nicht DIN A 5)* | 0,80 € | 1,10 € |
| **Kompaktbrief**<br><br>Deutschland<br><br>International | bis 50 g<br>(9 Blätter mit Kuvert = 49 g)<br>min. 10 x 7 cm, max. 23,5 x 12,5 x 1 cm<br>*(**kleines Kuvert**, darf auch länglich sein, aber nicht DIN A 5)*<br>min. 14 x 9 cm, max. 23,5 x 12,5 x 1 cm | 0,95 € | 1,70 € |
| **Großbrief**<br>Deutschland<br><br>International | bis 500 g<br>min. 10 x 7 cm, max. 35,3 x 25 x 2 cm<br>*(**großes Kuvert**, sogar etwas größer als DIN A 4)*<br>min. 14 x 9 cm, max. L + B + H = 90 cm<br>keine Seite länger als 60 cm | 1,55 € | 3,70 € |
| **Maxibrief**<br><br>Deutschland<br>International | bis 1.000 g<br>bis 2.000 g<br>min. 10 x 7 cm, max. 35,3 x 25 x 5 cm<br>min. 14 x 9 cm, max. L + B + H = 90 cm<br>keine Seite länger als 60 cm | 2,70 €<br>4,90 €[7] | 7,00 €<br>17,00 € |

| **Bücher- & Warensendung** | **Deutschland** |
|---|---|
| min. 10 x 7 cm, max. 35,3 x 25 x 5 cm<br>Oberhalb der Anschrift ist der Vermerk „BÜWA“ anzubringen.<br>Bücher- und Warensendungen dürfen Bücher, Güter und Waren enthalten, nicht aber adressierte schriftliche Mitteilungen (Briefe). | bis 500 g = 1,90 €<br>bis 1.000 g = 2,20 € |
| **Zusatzleistung: PRIO** | **Deutschland** |
| Die Zusatzleistung PRIO bietet für den Versand von Briefen die prioritäre Behandlung der Sendung. Damit ist die Sendung mit einer höheren Wahrscheinlichkeit als eine Briefsendung ohne diese Zusatzleistung einen Werktag nach Einlieferung beim Empfänger. | 1,00 €<br>+ Beförderungsentgelt |
| **Zusatzleistung: Einschreiben** | **Deutschland** |
| **EINSCHREIBEN**<br>Der Absender erhält bei Abgabe in der Postfiliale von dieser einen Einlieferungsnachweis[8] mit Datum. Die Sendung wird gegen Unterschrift des Empfängers oder Empfangsberechtigten (z.B. in den Räumen des Empfängers anwesende Angehörige des Empfängers) ausgeliefert. | 2,50 €<br>+ Beförderungsentgelt |
| **EINSCHREIBEN EIGENHÄNDIG**<br>Die Zustellung erfolgt ausschließlich an den Empfänger oder eine schriftlich bevollmächtigte Person. | 4,70 €<br>+ Beförderungsentgelt |
| **EINSCHREIBEN RÜCKSCHEIN**<br>Der Absender erhält ein vorbereitetes Dokument (Rückschein) mit dem Zustelldatum und der Originalunterschrift des Empfängers oder Empfangsberechtigten (maximale Rechtssicherheit). | 4,70 €<br>+ Beförderungsentgelt |
| **EINSCHREIBEN EIGENHÄNDIG RÜCKSCHEIN**<br>Die beiden Leistungen sind kombiniert. | 6,90 €<br>+ Beförderungsentgelt |
| **EINSCHREIBEN EINWURF**<br>Die Zustellung der Sendung in den Briefkasten oder das Postfach des Empfängers wird durch die Deutsche Post dokumentiert. Eignet sich daher für die Fälle, in denen der Nachweis über den Zeitpunkt des Zugangs im Briefkasten oder Postfach des Empfängers ausreicht (nicht als Zustellung geeignet, BVerwG NJW 2001, 458). | 2,20 €<br>+ Beförderungsentgelt |

4 Für Postkarten muss das Flächengewicht zwischen 150 g/qm und 500 g/qm betragen
5 Um die Automationsfähigkeit zu gewährleisten, muss jede Sendung weiß oder in einfarbigen Pastelltönen gestaltet sein Briefe und Postkarten müssen grundsätzlich eine Rechteckform haben. Sie müssen so beschaffen sein, dass sie sich maschinell verarbeiten lassen, z.B. ausreichend biegsam sind
6 Je DIN A 4 Blätter á 80 g
7 Maxibrief bis 2.000 g Höchstmaß 60 x 30 x 15 cm bzw. wie Maxibrief International
8 Gilt nicht als beweistauglich

# Gesetz über Kosten der freiwilligen Gerichtsbarkeit für Gerichte und Notare (Gerichts- und Notarkostengesetz – GNotKG)

## Auszug mit den für Notariate eingeschlägigen Bestimmungen

Vom 23. Juli 2013 (BGBl. I S. 2586) (FNA 361-6)
zuletzt geändert durch Art. 9 G zur Einführung einer Rechtsbehelfsbelehrung im Zivilprozess und zur Änd. anderer Vorschriften vom 5. Dezember 2012
(BGBl. I S. 2418, geänd. durch Art. 41 G v. 23.7.2013, BGBl. I S. 2586)
zuletzt geändert durch Art. 8 Nr. 2 G zur Intensivierung des Einsatzes von Videokonferenztechnik in gerichtlichen und staatsanwaltschaftlichen Verfahren vom 25. April 2013
(BGBl. I S. 935, geänd. durch Art. 42 G v. 23.7.2013, BGBl. I S. 2586)
zuletzt geändert durch Art. 8 G zur Übertragung von Aufgaben im Bereich der freiwilligen Gerichtsbarkeit auf Notare vom 26. Juni 2013
(BGBl. I S. 1800, geänd. durch Art. 44 G v. 23.7.2013, BGBl. I S. 2586)
zuletzt geändert durch Art. 3 Abs. 1 G zur Änd. des HGB vom 4. Oktober 2013 (BGBl. I S. 3746)
zuletzt geändert durch Art. 22 G zur Förderung des elektronischen Rechtsverkehrs mit den Gerichten vom 10. Oktober 2013 (BGBl. I S. 3786)
zuletzt geändert durch Art. 9 G zur Durchführung der VO (EU) Nr. 1215/2012 sowie zur Änd. sonstiger Vorschriften vom 8. Juli 2014 (BGBl. I S. 890)
zuletzt geändert durch Art. 5 G zur Durchführung des Haager Übereinkommens v. 30.6.2005 über Gerichtsstandsvereinbarungen sowie zur Änd. des RPflG, GNotKG, AltersteilzeitG und SGB III vom 10. Dezember 2014 (BGBl. I S. 2082)
zuletzt geändert durch Art. 13 G zum Internationalen Erbrecht und zur Änd. von Vorschriften zum Erbschein sowie zur Änd. sonstiger Vorschriften vom 29. Juni 2015 (BGBl. I S. 1042)
zuletzt geändert durch Art. 174 Zehnte ZuständigkeitsanpassungsVO vom 31. August 2015 (BGBl. I S. 1474)
zuletzt geändert durch Art. 4 G zur Abwicklung der staatlichen Notariate in Baden-Württemberg vom 23. November 2015 (BGBl. I S. 2090)
zuletzt geändert durch Art. 123 Abs. 3 Zweites G über die weitere Bereinigung von Bundesrecht vom 8. Juli 2016 (BGBl. I S. 1594)
zuletzt geändert durch Art. 4 Abs. 46 G zur Aktualisierung der Strukturreform des Gebührenrechts des Bundes vom 18. Juli 2016 (BGBl. I S. 1666)
zuletzt geändert durch Art. 11 EU-KontenpfändungsVO-DurchführungsG vom 21. November 2016 (BGBl. I S. 2591)
zuletzt geändert durch Art. 6 Abs. 3 G zur Neuordnung der Aufbewahrung von Notariatsunterlagen und zur Einrichtung des Elektronischen Urkundenarchivs bei der Bundesnotarkammer sowie zur Änd. weiterer Gesetze vom 1. Juni 2017 (BGBl. I S. 1396)
zuletzt geändert durch Art. 26 G zur Einführung der elektronischen Akte in der Justiz und zur weiteren Förderung des elektronischen Rechtsverkehrs vom 5. Juli 2017 (BGBl. I S. 2208)
zuletzt geändert durch Art. 7 G vom 17. Dezember 2018 (BGBl. I S. 2573).
zuletzt geändert durch Art. 11 des Wohnungseigentumsmodernisierungsgesetzes vom 16. Oktober 2020 (BGBl. I S. 2187)
zuletzt geändert durch Art. 4 des Kostenrechtsänderungsgesetzes 2021 vom 21. Dezember 2020 (BGBl. I S. 3229)

## Kapitel 1 Vorschriften für Gerichte und Notare

### Abschnitt 1 Allgemeine Vorschriften



#### § 1 Geltungsbereich

(1) Soweit bundesrechtlich nichts anderes bestimmt ist, werden Kosten (Gebühren und Auslagen) durch die Gerichte in den Angelegenheiten der freiwilligen Gerichtsbarkeit und durch die Notare für ihre Amtstätigkeit nur nach diesem Gesetz erhoben.

(2) Angelegenheiten im Sinne des Absatzes 1 sind auch
1. Verfahren nach den §§ 98, 99, 132, 142, 145, 258, 260, 293c und 315 des Aktiengesetzes,
2. Verfahren nach § 51b des Gesetzes betreffend die Gesellschaften mit beschränkter Haftung,
3. Verfahren nach § 26 des SE-Ausführungsgesetzes,
4. Verfahren nach § 10 des Umwandlungsgesetzes,
5. Verfahren nach dem Spruchverfahrensgesetz,
6. Verfahren nach den §§ 39a und 39b des Wertpapiererwerbs- und Übernahmegesetzes über den Ausschluss von Aktionären,

7. Verfahren nach § 8 Absatz 3 Satz 4 des Gesetzes über die Mitbestimmung der Arbeitnehmer in den Aufsichtsräten und Vorständen der Unternehmen des Bergbaus und der Eisen und Stahl erzeugenden Industrie,
8. Angelegenheiten des Registers für Pfandrechte an Luftfahrzeugen,
9. Verfahren nach der Verfahrensordnung für Höfesachen,
10. Pachtkreditsachen nach dem Pachtkreditgesetz,
11. Verfahren nach dem Verschollenheitsgesetz,
12. Verfahren nach dem Transsexuellengesetz,
13. Verfahren nach § 84 Absatz 2 und § 189 des Versicherungsvertragsgesetzes,
14. Verfahren nach dem Personenstandsgesetz,
15. Verfahren nach § 7 Absatz 3 des Erbbaurechtsgesetzes,
16. Verteilungsverfahren, soweit sich die Kosten nicht nach dem Gerichtskostengesetz bestimmen,
17. Verfahren über die Bewilligung der öffentlichen Zustellung einer Willenserklärung und die Bewilligung der Kraftloserklärung von Vollmachten (§ 132 Absatz 2 und § 176 Absatz 2 des Bürgerlichen Gesetzbuchs),
18. Verfahren über Anordnungen über die Zulässigkeit der Verwendung von Verkehrsdaten,
19. Verfahren nach den §§ 23 bis 29 des Einführungsgesetzes zum Gerichtsverfassungsgesetz,
20. Verfahren nach § 138 Absatz 2 des Urheberrechtsgesetzes und
21. gerichtliche Verfahren nach § 335a des Handelsgesetzbuchs.

(3) [1]Dieses Gesetz gilt nicht in Verfahren, in denen Kosten nach dem Gesetz über Gerichtskosten in Familiensachen zu erheben sind. [2]In Verfahren nach der Verordnung (EU) Nr. 655/2014 des Europäischen Parlaments und des Rates vom 15. Mai 2014 zur Einführung eines Verfahrens für einen Europäischen Beschluss zur vorläufigen Kontenpfändung im Hinblick auf die Erleichterung der grenzüberschreitenden Eintreibung von Forderungen in Zivil- und Handelssachen werden Kosten nach dem Gerichtskostengesetz erhoben.

(4) Kosten nach diesem Gesetz werden auch erhoben für Verfahren über eine Beschwerde, die mit einem der in den Absätzen 1 und 2 genannten Verfahren im Zusammenhang steht.

(5) Soweit nichts anderes bestimmt ist, bleiben die landesrechtlichen Kostenvorschriften unberührt für
1. in Landesgesetzen geregelte Verfahren und Geschäfte der freiwilligen Gerichtsbarkeit sowie
2. solche Geschäfte der freiwilligen Gerichtsbarkeit, in denen nach Landesgesetz andere als gerichtliche Behörden oder Notare zuständig sind.

(6) Die Vorschriften dieses Gesetzes über die Erinnerung und die Beschwerde gehen den Regelungen der für das zugrunde liegende Verfahren geltenden Verfahrensvorschriften vor.

**§ 2 – für Notare nicht einschlägig**

**§ 3 Höhe der Kosten**

(1) Die Gebühren richten sich nach dem Wert, den der Gegenstand des Verfahrens oder des Geschäfts hat (Geschäftswert), soweit nichts anderes bestimmt ist.

(2) Kosten werden nach dem Kostenverzeichnis der Anlage 1 zu diesem Gesetz erhoben.

**§ 4 Auftrag an einen Notar**

Die Erteilung eines Auftrags an einen Notar steht der Stellung eines Antrags im Sinne dieses Kapitels gleich.

**§ 5 – für Notare nicht einschlägig**

**§ 6 Verjährung, Verzinsung**



(1) [1]Ansprüche auf Zahlung von Gerichtskosten verjähren in vier Jahren nach Ablauf des Kalenderjahres, in dem das Verfahren durch rechtskräftige Entscheidung über die Kosten, durch Vergleich oder in sonstiger Weise beendet ist. [2]Bei Betreuungen und Pflegschaften, die nicht auf einzelne Rechtshandlungen beschränkt sind (Dauerbetreuungen, Dauerpflegschaften), sowie bei Nachlasspflegschaften, Nachlass- oder Gesamtgutsverwaltungen beginnt die Verjährung hinsichtlich der Jahresgebühren am Tag vor deren Fälligkeit, hinsichtlich der Auslagen mit deren Fälligkeit. [3]Ansprüche auf Zahlung von Notarkosten verjähren in vier Jahren nach Ablauf des Kalenderjahres, in dem die Kosten fällig geworden sind.

(2) [1]Ansprüche auf Rückzahlung von Kosten verjähren in vier Jahren nach Ablauf des Kalenderjahres, in dem die Zahlung erfolgt ist. [2]Die Verjährung beginnt jedoch nicht vor dem jeweiligen in Absatz 1 bezeichneten Zeitpunkt. [3]Durch die Einlegung eines Rechtsbehelfs mit dem Ziel der Rückzahlung wird die Verjährung wie durch Klageerhebung gehemmt.

(3) [1]Auf die Verjährung sind die Vorschriften des Bürgerlichen Gesetzbuchs anzuwenden; die Verjährung wird nicht von Amts wegen berücksichtigt. [2]Die Verjährung der Ansprüche auf Zahlung von

Kosten beginnt auch durch die Aufforderung zur Zahlung oder durch eine dem Schuldner mitgeteilte Stundung erneut; ist der Aufenthalt des Kostenschuldners unbekannt, so genügt die Zustellung durch Aufgabe zur Post unter seiner letzten bekannten Anschrift. [3]Bei Kostenbeträgen unter 25 Euro beginnt die Verjährung weder erneut noch wird sie oder ihr Ablauf gehemmt.

(4) Ansprüche auf Zahlung und Rückzahlung von Gerichtskosten werden nicht verzinst.

**§ 7 Elektronische Akte, elektronisches Dokument**

In Verfahren nach diesem Gesetz sind die verfahrensrechtlichen Vorschriften über die elektronische Akte und über das elektronische Dokument anzuwenden, die für das dem kostenrechtlichen Verfahren zugrunde liegende Verfahren gelten.

**§ 7a Rechtsbehelfsbelehrung**

Jede Kostenrechnung, jede anfechtbare Entscheidung und jede Kostenberechnung eines Notars hat eine Belehrung über den statthaften Rechtsbehelf sowie über die Stelle, bei der dieser Rechtsbehelf einzulegen ist, über deren Sitz und über die einzuhaltende Form und Frist zu enthalten.

## Abschnitt 2 Fälligkeit

**§§ 8 und 9 – für Notare nicht einschlägig**

**§ 10 Fälligkeit der Notarkosten**

Notargebühren werden mit der Beendigung des Verfahrens oder des Geschäfts, Auslagen des Notars und die Gebühren 25300 und 25301 sofort nach ihrer Entstehung fällig.

## Abschnitt 3 Sicherstellung der Kosten

**§ 11 Zurückbehaltungsrecht**

[1]Urkunden, Ausfertigungen, Ausdrucke und Kopien sowie gerichtliche Unterlagen können nach billigem Ermessen zurückbehalten werden, bis die in der Angelegenheit entstandenen Kosten bezahlt sind. [2]Dies gilt nicht, soweit § 53 des Beurkundungsgesetzes der Zurückbehaltung entgegensteht.

**§§ 12 bis 14 – für Notare nicht einschlägig**

**§ 15 Abhängigmachung bei Notarkosten**

Die Tätigkeit des Notars kann von der Zahlung eines zur Deckung der Kosten ausreichenden Vorschusses abhängig gemacht werden.

**§ 16 Ausnahmen von der Abhängigmachung**

Die beantragte Handlung darf nicht von der Sicherstellung oder Zahlung der Kosten abhängig gemacht werden,

1. soweit dem Antragsteller Verfahrenskostenhilfe bewilligt ist oder im Fall des § 17 Absatz 2 der Bundesnotarordnung der Notar die Urkundstätigkeit vorläufig gebührenfrei oder gegen Zahlung der Gebühren in Monatsraten zu gewähren hat,
2. wenn dem Antragsteller Gebührenfreiheit zusteht,
3. wenn ein Notar erklärt hat, dass er für die Kostenschuld des Antragstellers die persönliche Haftung übernimmt,
4. wenn die Tätigkeit weder aussichtslos noch ihre Inanspruchnahme mutwillig erscheint und wenn glaubhaft gemacht wird, dass
   a) dem Antragsteller die alsbaldige Zahlung der Kosten mit Rücksicht auf seine Vermögenslage oder aus sonstigen Gründen Schwierigkeiten bereiten würde oder
   b) eine Verzögerung dem Antragsteller einen nicht oder nur schwer zu ersetzenden Schaden bringen würde; zur Glaubhaftmachung genügt in diesem Fall die Erklärung des zum Bevollmächtigten bestellten Rechtsanwalts,
5. wenn aus einem anderen Grund das Verlangen nach vorheriger Zahlung oder Sicherstellung der Kosten nicht angebracht erscheint, insbesondere wenn die Berichtigung des Grundbuchs oder die Eintragung eines Widerspruchs beantragt wird oder die Rechte anderer Beteiligter beeinträchtigt werden.

**§ 17 Fortdauer der Vorschusspflicht**

[1]Die Verpflichtung zur Zahlung eines Vorschusses auf die Gerichtskosten bleibt bestehen, auch wenn die Kosten des Verfahrens einem anderen auferlegt oder von einem anderen übernommen sind.[2] § 33 Absatz 1 gilt entsprechend.

## Abschnitt 4 **Kostenerhebung**

### § 18 – für Notare nicht einschlägig

### § 19 Einforderung der Notarkosten

(1) [1]Die Notarkosten dürfen nur aufgrund einer dem Kostenschuldner mitgeteilten, von dem Notar unterschriebenen Berechnung eingefordert werden. [2]Der Lauf der Verjährungsfrist ist nicht von der Mitteilung der Berechnung abhängig.

(2) Die Berechnung muss enthalten
1. eine Bezeichnung des Verfahrens oder Geschäfts,
2. die angewandten Nummern des Kostenverzeichnisses,
3. den Geschäftswert bei Gebühren, die nach dem Geschäftswert berechnet sind,
4. die Beträge der einzelnen Gebühren und Auslagen, wobei bei den jeweiligen Dokumentenpauschalen (Nummern 32000 bis 32003) und bei den Entgelten für Post- und Telekommunikationsdienstleistungen (Nummer 32004) die Angabe des Gesamtbetrags genügt, und
5. die gezahlten Vorschüsse.

(3) Die Berechnung soll enthalten
1. eine kurze Bezeichnung des jeweiligen Gebührentatbestands und der Auslagen,
2. die Wertvorschriften der §§ 36, 40 bis 54, 97 bis 108, 112 bis 124, aus denen sich der Geschäftswert für die jeweilige Gebühr ergibt, und
3. die Werte der einzelnen Gegenstände, wenn sich der Geschäftswert aus der Summe der Werte mehrerer Verfahrensgegenstände ergibt (§ 35 Absatz 1).

(4) Eine Berechnung ist nur unwirksam, wenn sie nicht den Vorschriften der Absätze 1 und 2 entspricht.

(5) Wird eine Berechnung durch gerichtliche Entscheidung aufgehoben, weil sie nicht den Vorschriften des Absatzes 3 entspricht, bleibt ein bereits eingetretener Neubeginn der Verjährung unberührt.

(6) Der Notar hat eine Kopie oder einen Ausdruck der Berechnung zu seinen Akten zu nehmen oder die Berechnung elektronisch aufzubewahren.

### § 20 – für Notare nicht einschlägig

### § 21 Nichterhebung von Kosten

(1) [1]Kosten, die bei richtiger Behandlung der Sache nicht entstanden wären, werden nicht erhoben. [2]Das Gleiche gilt für Auslagen, die durch eine von Amts wegen veranlasste Verlegung eines Termins oder Vertagung einer Verhandlung entstanden sind. [3]Für abweisende Entscheidungen sowie bei Zurücknahme eines Antrags kann von der Erhebung von Kosten abgesehen werden, wenn der Antrag auf unverschuldeter Unkenntnis der tatsächlichen oder rechtlichen Verhältnisse beruht.

(2) – für Notare nicht einschlägig.

## Abschnitt 5 **Kostenhaftung**

### Unterabschnitt 1 Gerichtskosten

### §§ 22 bis 28 – für Notare nicht einschlägig

### Unterabschnitt 2 Notarkosten

### § 29 Kostenschuldner im Allgemeinen

Die Notarkosten schuldet, wer
1. den Auftrag erteilt oder den Antrag gestellt hat,
2. die Kostenschuld gegenüber dem Notar übernommen hat oder
3. für die Kostenschuld eines anderen kraft Gesetzes haftet.

### § 30 Haftung der Urkundsbeteiligten

(1) Die Kosten des Beurkundungsverfahrens und die im Zusammenhang mit dem Beurkundungsverfahren anfallenden Kosten des Vollzugs und der Betreuungstätigkeiten schuldet ferner jeder, dessen Erklärung beurkundet worden ist.

(2) Werden im Beurkundungsverfahren die Erklärungen mehrerer Beteiligter beurkundet und betreffen die Erklärungen verschiedene Rechtsverhältnisse, beschränkt sich die Haftung des Einzelnen auf die Kosten, die entstanden wären, wenn die übrigen Erklärungen nicht beurkundet worden wären.

(3) Derjenige, der in einer notariellen Urkunde die Kosten dieses Beurkundungsverfahrens, die im Zusammenhang mit dem Beurkundungsverfahren anfallenden Kosten des Vollzugs und der Betreuungstätigkeiten oder sämtliche genannten Kosten übernommen hat, haftet insoweit auch gegenüber dem Notar.

**§ 31 Besonderer Kostenschuldner**

(1) Schuldner der Kosten, die für die Beurkundung des Zuschlags bei der freiwilligen Versteigerung eines Grundstücks oder grundstücksgleichen Rechts anfallen, ist vorbehaltlich des § 29 Nummer 3 nur der Ersteher.

(2) Für die Kosten, die durch die Errichtung eines Nachlassinventars und durch Tätigkeiten zur Nachlasssicherung entstehen, haften nur die Erben, und zwar nach den Vorschriften des Bürgerlichen Gesetzbuchs über Nachlassverbindlichkeiten.

(3) [1]Schuldner der Kosten der Auseinandersetzung eines Nachlasses oder des Gesamtguts nach Beendigung der ehelichen, lebenspartnerschaftlichen oder fortgesetzten Gütergemeinschaft sind die Anteilsberechtigten; dies gilt nicht, soweit der Antrag zurückgenommen oder zurückgewiesen wurde. [2]Ferner sind die für das Amtsgericht geltenden Vorschriften über die Kostenhaftung entsprechend anzuwenden.

**Unterabschnitt 3 Mehrere Kostenschuldner**

**§ 32 Mehrere Kostenschuldner**

(1) Mehrere Kostenschuldner haften als Gesamtschuldner.

(2) Sind durch besondere Anträge eines Beteiligten Mehrkosten entstanden, so fallen diese ihm allein zur Last.

**§ 33 – für Notare nicht einschlägig**

Abschnitt 6 **Gebührenvorschriften**

**§ 34 Wertgebühren**

(1) Wenn sich die Gebühren nach dem Geschäftswert richten, bestimmt sich die Höhe der Gebühr nach Tabelle A oder Tabelle B.

(2) [1]Die Gebühr beträgt bei einem Geschäftswert bis 500 Euro nach Tabelle A 35 Euro, nach Tabelle B 15 Euro. [2]Die Gebühr erhöht sich bei einem

| Geschäftswert bis ... Euro | für jeden angefangenen Betrag von weiteren ... Euro | in Tabelle A um ... Euro | in Tabelle B um ... Euro |
|---|---|---|---|
| 2 000 | 500 | 20 | 4 |
| 10 000 | 1 000 | 21 | 6 |
| 25 000 | 3 000 | 29 | 8 |
| 50 000 | 5 000 | 38 | 10 |
| 200 000 | 15 000 | 132 | 27 |
| 500 000 | 30 000 | 198 | 50 |
| über | | | |
| 500 000 | 50 000 | 198 | |
| 5 000 000 | 50 000 | | 80 |
| 10 000 000 | 200 000 | | 130 |
| 20 000 000 | 250 000 | | 150 |
| 30 000 000 | 500 000 | | 280 |
| über | | | |
| 30 000 000 | 1 000 000 | | 120 |

(3) Gebührentabellen für Geschäftswerte bis 3 Millionen Euro sind diesem Gesetz als Anlage 2 beigefügt.

(4) Gebühren werden auf den nächstliegenden Cent auf- oder abgerundet; 0,5 Cent werden aufgerundet.

(5) Der Mindestbetrag einer Gebühr ist 15 Euro.

## Abschnitt 7 Wertvorschriften

### Unterabschnitt 1 Allgemeine Wertvorschriften

#### § 35 Grundsatz

(1) In demselben Verfahren und in demselben Rechtszug werden die Werte mehrerer Verfahrensgegenstände zusammengerechnet, soweit nichts anderes bestimmt ist.

(2) Der Geschäftswert beträgt, wenn die Tabelle A anzuwenden ist, höchstens 30 Millionen Euro, wenn die Tabelle B anzuwenden ist, höchstens 60 Millionen Euro, wenn kein niedrigerer Höchstwert bestimmt ist.

#### § 36 Allgemeiner Geschäftswert

(1) Soweit sich in einer vermögensrechtlichen Angelegenheit der Geschäftswert aus den Vorschriften dieses Gesetzes nicht ergibt und er auch sonst nicht feststeht, ist er nach billigem Ermessen zu bestimmen.

(2) Soweit sich in einer nichtvermögensrechtlichen Angelegenheit der Geschäftswert aus den Vorschriften dieses Gesetzes nicht ergibt, ist er unter Berücksichtigung aller Umstände des Einzelfalls, insbesondere des Umfangs und der Bedeutung der Sache und der Vermögens- und Einkommensverhältnisse der Beteiligten, nach billigem Ermessen zu bestimmen, jedoch nicht über 1 Million Euro.

(3) Bestehen in den Fällen der Absätze 1 und 2 keine genügenden Anhaltspunkte für eine Bestimmung des Werts, ist von einem Geschäftswert von 5 000 Euro auszugehen.

(4) [1]Wenn sich die Gerichtsgebühren nach den für Notare geltenden Vorschriften bestimmen, sind die für Notare geltenden Wertvorschriften entsprechend anzuwenden. [2]Wenn sich die Notargebühren nach den für Gerichte geltenden Vorschriften bestimmen, sind die für Gerichte geltenden Wertvorschriften entsprechend anzuwenden.

#### § 37 Früchte, Nutzungen, Zinsen, Vertragsstrafen, sonstige Nebengegenstände und Kosten

(1) Sind außer dem Hauptgegenstand des Verfahrens auch Früchte, Nutzungen, Zinsen, Vertragsstrafen, sonstige Nebengegenstände oder Kosten betroffen, wird deren Wert nicht berücksichtigt.

(2) Soweit Früchte, Nutzungen, Zinsen, Vertragsstrafen, sonstige Nebengegenstände oder Kosten ohne den Hauptgegenstand betroffen sind, ist deren Wert maßgebend, soweit er den Wert des Hauptgegenstands nicht übersteigt.

(3) Sind die Kosten des Verfahrens ohne den Hauptgegenstand betroffen, ist der Betrag der Kosten maßgebend, soweit er den Wert des Hauptgegenstands nicht übersteigt.

#### § 38 Belastung mit Verbindlichkeiten

[1]Verbindlichkeiten, die auf einer Sache oder auf einem Recht lasten, werden bei Ermittlung des Geschäftswerts nicht abgezogen, sofern nichts anderes bestimmt ist. [2]Dies gilt auch für Verbindlichkeiten eines Nachlasses, einer sonstigen Vermögensmasse und im Fall einer Beteiligung an einer Personengesellschaft auch für deren Verbindlichkeiten.

#### § 39 Auskunftspflichten

(1) [1]Ein Notar, der einen Antrag bei Gericht einreicht, hat dem Gericht den von ihm zugrunde gelegten Geschäftswert hinsichtlich eines jeden Gegenstands mitzuteilen, soweit dieser für die vom Gericht zu erhebenden Gebühren von Bedeutung ist. [2]Auf Ersuchen des Gerichts hat der Notar, der Erklärungen beurkundet hat, die bei Gericht eingereicht worden sind, oder Unterschriften oder Handzeichen unter solchen Erklärungen beglaubigt hat, in entsprechendem Umfang Auskunft zu erteilen.

(2) [1]Legt das Gericht seinem Kostenansatz einen von Absatz 1 abweichenden Geschäftswert zugrunde, so ist dieser dem Notar mitzuteilen. [2]Auf Ersuchen des Notars, der Erklärungen beurkundet oder beglaubigt hat, die bei Gericht eingereicht werden, hat das Gericht über die für die Geschäftswertbestimmung maßgeblichen Umstände Auskunft zu erteilen.

### Unterabschnitt 2 Besondere Geschäftswertvorschriften

#### § 40 Erbschein, Europäisches Nachlasszeugnis, Zeugnis über die Fortsetzung der Gütergemeinschaft und Testamentsvollstreckerzeugnis

(1) [1]Der Geschäftswert für das Verfahren zur

1. Abnahme der eidesstattlichen Versicherung zur Erlangung eines Erbscheins oder eines Europäischen Nachlasszeugnisses,

2. Erteilung eines Erbscheins oder Ausstellung eines Europäischen Nachlasszeugnisses, soweit dieses die Rechtsstellung und die Rechte der Erben oder Vermächtnisnehmer mit unmittelbarer Berechtigung am Nachlass betrifft,
3. Einziehung oder Kraftloserklärung eines Erbscheins,
4. Änderung oder zum Widerruf eines Europäischen Nachlasszeugnisses, soweit die Rechtsstellung und Rechte der Erben oder Vermächtnisnehmer mit unmittelbarer Berechtigung am Nachlass betroffen sind,

ist der Wert des Nachlasses im Zeitpunkt des Erbfalls. [2]Vom Erblasser herrührende Verbindlichkeiten werden abgezogen. [3]Ist in dem Erbschein lediglich die Hoferbfolge zu bescheinigen, ist Geschäftswert der Wert des Hofs. [4]Abweichend von Satz 2 werden nur die auf dem Hof lastenden Verbindlichkeiten mit Ausnahme der Hypotheken, Grund- und Rentenschulden (§ 15 Absatz 2 der Höfeordnung) abgezogen.

(2) [1]Beziehen sich die in Absatz 1 genannten Verfahren nur auf das Erbrecht eines Miterben, bestimmt sich der Geschäftswert nach dem Anteil dieses Miterben. [2]Entsprechendes gilt, wenn ein weiterer Miterbe einer bereits beurkundeten eidesstattlichen Versicherung beitritt.

(3) [1]Erstrecken sich die Wirkungen eines Erbscheins nur auf einen Teil des Nachlasses, bleiben diejenigen Gegenstände, die von der Erbscheinswirkung nicht erfasst werden, bei der Berechnung des Geschäftswerts außer Betracht; Nachlassverbindlichkeiten werden nicht abgezogen. [2]Macht der Kostenschuldner glaubhaft, dass der Geschäftswert nach Absatz 1 niedriger ist, so ist dieser maßgebend. [3]Die Sätze 1 und 2 finden auf die Ausstellung, die Änderung und den Widerruf eines Europäischen Nachlasszeugnisses entsprechende Anwendung.

(4) Auf ein Verfahren, das ein Zeugnis über die Fortsetzung der Gütergemeinschaft betrifft, sind die Absätze 1 bis 3 entsprechend anzuwenden; an die Stelle des Nachlasses tritt der halbe Wert des Gesamtguts der fortgesetzten Gütergemeinschaft.

(5) [1]In einem Verfahren, das ein Zeugnis über die Ernennung eines Testamentsvollstreckers betrifft, beträgt der Geschäftswert 20 Prozent des Nachlasswerts im Zeitpunkt des Erbfalls, wobei Nachlassverbindlichkeiten nicht abgezogen werden; die Absätze 2 und 3 sind entsprechend anzuwenden. [2]Dies gilt entsprechend, soweit die Angabe der Befugnisse des Testamentsvollstreckers Gegenstand eines Verfahrens wegen eines Europäischen Nachlasszeugnisses ist.

(6) Bei der Ermittlung des Werts und der Zusammensetzung des Nachlasses steht § 30 der Abgabenordnung einer Auskunft des Finanzamts nicht entgegen.

### § 41 Zeugnisse zum Nachweis der Auseinandersetzung eines Nachlasses oder Gesamtguts

In einem Verfahren, das ein Zeugnis nach den §§ 36 und 37 der Grundbuchordnung oder nach § 42 der Schiffsregisterordnung, auch in Verbindung mit § 74 der Schiffsregisterordnung oder § 86 des Gesetzes über Rechte an Luftfahrzeugen, betrifft, ist Geschäftswert der Wert der Gegenstände, auf die sich der Nachweis der Rechtsnachfolge erstreckt.

### § 42 Wohnungs- und Teileigentum

(1) [1]Bei der Begründung von Wohnungs- oder Teileigentum und bei Geschäften, die die Aufhebung oder das Erlöschen von Sondereigentum betreffen, ist Geschäftswert der Wert des bebauten Grundstücks. [2]Ist das Grundstück noch nicht bebaut, ist dem Grundstückswert der Wert des zu errichtenden Bauwerks hinzuzurechnen.

(2) Bei Wohnungs- und Teilerbbaurechten gilt Absatz 1 entsprechend, wobei an die Stelle des Grundstückswerts der Wert des Erbbaurechts tritt.

### § 43 Erbbaurechtsbestellung

[1]Wird bei der Bestellung eines Erbbaurechts als Entgelt ein Erbbauzins vereinbart, ist Geschäftswert der nach § 52 errechnete Wert des Erbbauzinses. [2]Ist der nach § 49 Absatz 2 errechnete Wert des Erbbaurechts höher, so ist dieser maßgebend.



### § 44 Mithaft

(1) [1]Bei der Einbeziehung eines Grundstücks in die Mithaft wegen eines Grundpfandrechts und bei der Entlassung aus der Mithaft bestimmt sich der Geschäftswert nach dem Wert des einbezogenen oder entlassenen Grundstücks, wenn dieser geringer als der Wert nach § 53 Absatz 1 ist. [2]Die Löschung eines Grundpfandrechts, bei dem bereits zumindest ein Grundstück aus der Mithaft entlassen worden ist, steht hinsichtlich der Geschäftswertbestimmung der Entlassung aus der Mithaft gleich.

(2) Absatz 1 gilt entsprechend für grundstücksgleiche Rechte.

(3) Absatz 1 gilt ferner entsprechend

1. für Schiffshypotheken mit der Maßgabe, dass an die Stelle des Grundstücks das Schiff oder das Schiffsbauwerk tritt, und

2. für Registerpfandrechte an einem Luftfahrzeug mit der Maßgabe, dass an die Stelle des Grundstücks das Luftfahrzeug tritt.

**§ 45 Rangverhältnisse und Vormerkungen**

(1) Bei Einräumung des Vorrangs oder des gleichen Rangs ist Geschäftswert der Wert des vortretenden Rechts, höchstens jedoch der Wert des zurücktretenden Rechts.

(2) [1]Die Vormerkung gemäß § 1179 des Bürgerlichen Gesetzbuchs zugunsten eines nach- oder gleichstehenden Berechtigten steht der Vorrangseinräumung gleich. [2]Dasselbe gilt für den Fall, dass ein nachrangiges Recht gegenüber einer vorrangigen Vormerkung wirksam sein soll. [3]Der Ausschluss des Löschungsanspruchs nach § 1179a Absatz 5 des Bürgerlichen Gesetzbuchs, auch in Verbindung mit § 1179b Absatz 2 des Bürgerlichen Gesetzbuchs, ist wie ein Rangrücktritt des Rechts zu behandeln, als dessen Inhalt der Ausschluss vereinbart wird.

(3) Geschäftswert einer sonstigen Vormerkung ist der Wert des vorgemerkten Rechts; § 51 Absatz 1 Satz 2 ist entsprechend anzuwenden.

**Unterabschnitt 3 Bewertungsvorschriften**

**§ 46 Sache**

(1) Der Wert einer Sache wird durch den Preis bestimmt, der im gewöhnlichen Geschäftsverkehr nach der Beschaffenheit der Sache unter Berücksichtigung aller den Preis beeinflussenden Umstände bei einer Veräußerung zu erzielen wäre (Verkehrswert).

(2) Steht der Verkehrswert nicht fest, ist er zu bestimmen
   1. nach dem Inhalt des Geschäfts,
   2. nach den Angaben der Beteiligten,
   3. anhand von sonstigen amtlich bekannten Tatsachen oder Vergleichswerten aufgrund einer amtlichen Auskunft oder
   4. anhand offenkundiger Tatsachen.

(3) [1]Bei der Bestimmung des Verkehrswerts eines Grundstücks können auch herangezogen werden
   1. im Grundbuch eingetragene Belastungen,
   2. aus den Grundakten ersichtliche Tatsachen oder Vergleichswerte oder
   3. für Zwecke der Steuererhebung festgesetzte Werte.

   [2]Im Fall der Nummer 3 steht § 30 der Abgabenordnung einer Auskunft des Finanzamts nicht entgegen.

(4) Eine Beweisaufnahme zur Feststellung des Verkehrswerts findet nicht statt.

**§ 47 Sache bei Kauf**

[1]Im Zusammenhang mit dem Kauf wird der Wert der Sache durch den Kaufpreis bestimmt. [2]Der Wert der vorbehaltenen Nutzungen und der vom Käufer übernommenen oder ihm sonst infolge der Veräußerung obliegenden Leistungen wird hinzugerechnet. [3]Ist der nach den Sätzen 1 und 2 ermittelte Wert niedriger als der Verkehrswert, ist der Verkehrswert maßgebend.

**§ 48 Land- und forstwirtschaftliches Vermögen**

(1) [1]Im Zusammenhang mit der Übergabe oder Zuwendung eines land- oder forstwirtschaftlichen Betriebs mit Hofstelle an eine oder mehrere natürliche Personen einschließlich der Abfindung weichender Erben beträgt der Wert des land- und forstwirtschaftlichen Vermögens im Sinne des Bewertungsgesetzes höchstens das Vierfache des letzten Einheitswerts, der zur Zeit der Fälligkeit der Gebühr bereits festgestellt ist, wenn
   1. die unmittelbare Fortführung des Betriebs durch den Erwerber selbst beabsichtigt ist und
   2. der Betrieb unmittelbar nach Vollzug der Übergabe oder Zuwendung einen nicht nur unwesentlichen Teil der Existenzgrundlage des zukünftigen Inhabers bildet.

   [2]§ 46 Absatz 3 Satz 2 gilt entsprechend. [3]Ist der Einheitswert noch nicht festgestellt, so ist dieser vorläufig zu schätzen; die Schätzung ist nach der ersten Feststellung des Einheitswerts zu berichtigen; die Frist des § 20 Absatz 1 beginnt erst mit der Feststellung des Einheitswerts. [4]In dem in Artikel 3 des Einigungsvertrages genannten Gebiet gelten für die Bewertung des land- und forstwirtschaftlichen Vermögens die Vorschriften des Dritten Abschnitts im Zweiten Teil des Bewertungsgesetzes mit Ausnahme von § 125 Absatz 3; § 126 Absatz 2 des Bewertungsgesetzes ist sinngemäß anzuwenden.

(2) Weicht der Gegenstand des gebührenpflichtigen Geschäfts vom Gegenstand der Einheitsbewertung oder vom Gegenstand der Bildung des Ersatzwirtschaftswerts wesentlich ab oder hat sich der Wert infolge bestimmter Umstände, die nach dem Feststellungszeitpunkt des Einheitswerts oder des Ersatzwirtschaftswerts eingetreten sind, wesentlich verändert, so ist der nach den Grundsätzen der Einheitsbewertung oder der Bildung des Ersatzwirtschaftswerts geschätzte Wert maßgebend.

(3) Die Absätze 1 und 2 sind entsprechend anzuwenden für die Bewertung
1. eines Hofs im Sinne der Höfeordnung und
2. eines landwirtschaftlichen Betriebs in einem Verfahren aufgrund der Vorschriften über die gerichtliche Zuweisung eines Betriebs (§ 1 Nummer 2 des Gesetzes über das gerichtliche Verfahren in Landwirtschaftssachen), sofern das Verfahren mit der Zuweisung endet.

**§ 49 Grundstücksgleiche Rechte**

(1) Die für die Bewertung von Grundstücken geltenden Vorschriften sind auf Rechte entsprechend anzuwenden, die den für Grundstücke geltenden Vorschriften unterliegen, soweit sich aus Absatz 2 nichts anderes ergibt.

(2) Der Wert eines Erbbaurechts beträgt 80 Prozent der Summe aus den Werten des belasteten Grundstücks und darauf errichteter Bauwerke; sofern die Ausübung des Rechts auf eine Teilfläche beschränkt ist, sind 80 Prozent vom Wert dieser Teilfläche zugrunde zu legen.

**§ 50 Bestimmte schuldrechtliche Verpflichtungen**

Der Wert beträgt bei einer schuldrechtlichen Verpflichtung
1. über eine Sache oder ein Recht nicht oder nur eingeschränkt zu verfügen, 10 Prozent des Verkehrswerts der Sache oder des Werts des Rechts;
2. zur eingeschränkten Nutzung einer Sache 20 Prozent des Verkehrswerts der Sache;
3. zur Errichtung eines Bauwerks, wenn es sich um
   a) ein Wohngebäude handelt, 20 Prozent des Verkehrswerts des unbebauten Grundstücks,
   b) ein gewerblich genutztes Bauwerk handelt, 20 Prozent der voraussichtlichen Herstellungskosten;
4. zu Investitionen 20 Prozent der Investitionssumme.

**§ 51 Erwerbs- und Veräußerungsrechte, Verfügungsbeschränkungen**

(1) [1]Der Wert eines Ankaufsrechts oder eines sonstigen Erwerbs- oder Veräußerungsrechts ist der Wert des Gegenstands, auf den sich das Recht bezieht. [2]Der Wert eines Vorkaufs- oder Wiederkaufsrechts ist die Hälfte des Werts nach Satz 1.

(2) Der Wert einer Verfügungsbeschränkung, insbesondere nach den §§ 1365 und 1369 des Bürgerlichen Gesetzbuchs sowie einer Belastung gemäß § 1010 des Bürgerlichen Gesetzbuchs, beträgt 30 Prozent des von der Beschränkung betroffenen Gegenstands.

(3) Ist der nach den Absätzen 1 und 2 bestimmte Wert nach den besonderen Umständen des Einzelfalls unbillig, kann ein höherer oder ein niedrigerer Wert angenommen werden.

**§ 52 Nutzungs- und Leistungsrechte**

(1) Der Wert einer Dienstbarkeit, einer Reallast oder eines sonstigen Rechts oder Anspruchs auf wiederkehrende oder dauernde Nutzungen oder Leistungen einschließlich des Unterlassens oder Duldens bestimmt sich nach dem Wert, den das Recht für den Berechtigten oder für das herrschende Grundstück hat.

(2) [1]Ist das Recht auf eine bestimmte Zeit beschränkt, ist der auf die Dauer des Rechts entfallende Wert maßgebend. [2]Der Wert ist jedoch durch den auf die ersten 20 Jahre entfallenden Wert des Rechts beschränkt. [3]Ist die Dauer des Rechts außerdem auf die Lebensdauer einer Person beschränkt, darf der nach Absatz 4 bemessene Wert nicht überschritten werden.

(3) [1]Der Wert eines Rechts von unbeschränkter Dauer ist der auf die ersten 20 Jahre entfallende Wert. [2]Der Wert eines Rechts von unbestimmter Dauer ist der auf die ersten zehn Jahre entfallende Wert, soweit sich aus Absatz 4 nichts anderes ergibt.

(4) [1]Ist das Recht auf die Lebensdauer einer Person beschränkt, ist sein Wert

| bei einem Lebensalter von ... | der auf die ersten ... Jahre |
|---|---|
| bis zu 30 Jahren | 20 |
| über 30 Jahren bis zu 50 Jahren | 15 |
| über 50 Jahren bis zu 70 Jahren | 10 |
| über 70 Jahren | 5 |

entfallende Wert. [2]Hängt die Dauer des Rechts von der Lebensdauer mehrerer Personen ab, ist maßgebend,
1. wenn das Recht mit dem Tod des zuletzt Sterbenden erlischt, das Lebensalter der jüngsten Person,

2. wenn das Recht mit dem Tod des zuerst Sterbenden erlischt, das Lebensalter der ältesten Person.

(5) Der Jahreswert wird mit 5 Prozent des Werts des betroffenen Gegenstands oder Teils des betroffenen Gegenstands angenommen, sofern nicht ein anderer Wert festgestellt werden kann.

(6) [1]Für die Berechnung des Werts ist der Beginn des Rechts maßgebend. [2]Bildet das Recht später den Gegenstand eines gebührenpflichtigen Geschäfts, so ist der spätere Zeitpunkt maßgebend. [3]Ist der nach den vorstehenden Absätzen bestimmte Wert nach den besonderen Umständen des Einzelfalls unbillig, weil im Zeitpunkt des Geschäfts der Beginn des Rechts noch nicht feststeht oder das Recht in anderer Weise bedingt ist, ist ein niedrigerer Wert anzunehmen. [4]Der Wert eines durch Zeitablauf oder durch den Tod des Berechtigten erloschenen Rechts beträgt 0 Euro.

(7) Preisklauseln werden nicht berücksichtigt.

#### § 53 Grundpfandrechte und sonstige Sicherheiten

(1) [1]Der Wert einer Hypothek, Schiffshypothek, eines Registerpfandrechts an einem Luftfahrzeug oder einer Grundschuld ist der Nennbetrag der Schuld. [2]Der Wert einer Rentenschuld ist der Nennbetrag der Ablösungssumme.

(2) Der Wert eines sonstigen Pfandrechts oder der sonstigen Sicherstellung einer Forderung durch Bürgschaft, Sicherungsübereignung oder dergleichen bestimmt sich nach dem Betrag der Forderung und, wenn der als Pfand oder zur Sicherung dienende Gegenstand einen geringeren Wert hat, nach diesem.

#### § 54 Bestimmte Gesellschaftsanteile

[1]Wenn keine genügenden Anhaltspunkte für einen höheren Wert von Anteilen an Kapitalgesellschaften und von Kommanditbeteiligungen bestehen, bestimmt sich der Wert nach dem Eigenkapital im Sinne von § 266 Absatz 3 des Handelsgesetzbuchs, das auf den jeweiligen Anteil oder die Beteiligung entfällt. [2]Grundstücke, Gebäude, grundstücksgleiche Rechte, Schiffe oder Schiffsbauwerke sind dabei nach den Bewertungsvorschriften dieses Unterabschnitts zu berücksichtigen. [3]Sofern die betreffenden Gesellschaften überwiegend vermögensverwaltend tätig sind, insbesondere als Immobilienverwaltungs-, Objekt-, Holding-, Besitz- oder sonstige Beteiligungsgesellschaft, ist der auf den jeweiligen Anteil oder die Beteiligung entfallende Wert des Vermögens der Gesellschaft maßgeblich; die Sätze 1 und 2 sind nicht anzuwenden.

## Kapitel 2 Gerichtskosten

### Abschnitt 1 Gebührenvorschriften

#### §§ 55 bis 84 – für Notare nicht einschlägig

## Kapitel 3 Notarkosten

### Abschnitt 1 Allgemeine Vorschriften

#### § 85 Notarielle Verfahren

(1) Notarielle Verfahren im Sinne dieses Gesetzes sind das Beurkundungsverfahren (Teil 2 Hauptabschnitt 1 des Kostenverzeichnisses) und die sonstigen notariellen Verfahren (Teil 2 Hauptabschnitt 3 des Kostenverzeichnisses).

(2) Das Beurkundungsverfahren im Sinne dieses Gesetzes ist auf die Errichtung einer Niederschrift (§§ 8 und 36 des Beurkundungsgesetzes) gerichtet.

#### § 86 Beurkundungsgegenstand

(1) Beurkundungsgegenstand ist das Rechtsverhältnis, auf das sich die Erklärungen beziehen, bei Tatsachenbeurkundungen die beurkundete Tatsache oder der beurkundete Vorgang.

(2) Mehrere Rechtsverhältnisse, Tatsachen oder Vorgänge sind verschiedene Beurkundungsgegenstände, soweit in § 109 nichts anderes bestimmt ist.

#### § 87 Sprechtage außerhalb der Geschäftsstelle

Hält ein Notar außerhalb seiner Geschäftsstelle regelmäßige Sprechtage ab, so gilt dieser Ort als Amtssitz im Sinne dieses Gesetzes.

## Abschnitt 2 Kostenerhebung

### § 88 Verzinsung des Kostenanspruchs

[1]Der Kostenschuldner hat die Kostenforderung zu verzinsen, wenn ihm eine vollstreckbare Ausfertigung der Kostenberechnung (§ 19) zugestellt wird, die Angaben über die Höhe der zu verzinsenden Forderung, den Verzinsungsbeginn und den Zinssatz enthält. [2]Die Verzinsung beginnt einen Monat nach der Zustellung. [3]Der jährliche Zinssatz beträgt fünf Prozentpunkte über dem Basiszinssatz nach § 247 des Bürgerlichen Gesetzbuchs.

### § 89 Beitreibung der Kosten und Zinsen

[1]Die Kosten und die auf diese entfallenden Zinsen werden aufgrund einer mit der Vollstreckungsklausel des Notars versehenen Ausfertigung der Kostenberechnung (§ 19) nach den Vorschriften der Zivilprozessordnung beigetrieben; § 798 der Zivilprozessordnung gilt entsprechend. [2]In der Vollstreckungsklausel, die zum Zweck der Zwangsvollstreckung gegen einen zur Duldung der Zwangsvollstreckung Verpflichteten erteilt wird, ist die Duldungspflicht auszusprechen.

### § 90 Zurückzahlung, Schadensersatz

(1) [1]Wird die Kostenberechnung abgeändert oder ist der endgültige Kostenbetrag geringer als der erhobene Vorschuss, so hat der Notar die zu viel empfangenen Beträge zu erstatten. [2]Hatte der Kostenschuldner einen Antrag auf Entscheidung des Landgerichts nach § 127 Absatz 1 innerhalb eines Monats nach der Zustellung der vollstreckbaren Ausfertigung gestellt, so hat der Notar darüber hinaus den Schaden zu ersetzen, der dem Kostenschuldner durch die Vollstreckung oder durch eine zur Abwendung der Vollstreckung erbrachte Leistung entstanden ist. [3]Im Fall des Satzes 2 hat der Notar den zu viel empfangenen Betrag vom Tag des Antragseingangs bei dem Landgericht an mit jährlich fünf Prozentpunkten über dem Basiszinssatz nach § 247 des Bürgerlichen Gesetzbuchs zu verzinsen; die Geltendmachung eines weitergehenden Schadens ist nicht ausgeschlossen. [4]Im Übrigen kann der Kostenschuldner eine Verzinsung des zu viel gezahlten Betrags nicht fordern.

(2) [1]Über die Verpflichtungen gemäß Absatz 1 wird auf Antrag des Kostenschuldners in dem Verfahren nach § 127 entschieden. [2]Die Entscheidung ist nach den Vorschriften der Zivilprozessordnung vollstreckbar.

## Abschnitt 3 Gebührenvorschriften

### § 91 Gebührenermäßigung

(1) [1]Erhebt ein Notar die in Teil 2 Hauptabschnitt 1 oder 4 oder in den Nummern 23803 und 25202 des Kostenverzeichnisses bestimmten Gebühren von
1. dem Bund, einem Land sowie einer nach dem Haushaltsplan des Bundes oder eines Landes für Rechnung des Bundes oder eines Landes verwalteten öffentlichen Körperschaft oder Anstalt,
2. einer Gemeinde, einem Gemeindeverband, einer sonstigen Gebietskörperschaft oder einem Zusammenschluss von Gebietskörperschaften, einem Regionalverband, einem Zweckverband,
3. einer Kirche oder einer sonstigen Religions- oder Weltanschauungsgemeinschaft, jeweils soweit sie die Rechtsstellung einer juristischen Person des öffentlichen Rechts hat,

und betrifft die Angelegenheit nicht deren wirtschaftliche Unternehmen, so ermäßigen sich die Gebühren bei einem Geschäftswert von mehr als 25 000 Euro bis zu einem

| Geschäftswert | |
|---|---|
| von ... Euro | um ... Prozent |
| 110 000 | 30 |
| 260 000 | 40 |
| 1 000 000 | 50 |
| über 1 000 000 | 60 |

[2]Eine ermäßigte Gebühr darf jedoch die Gebühr nicht unterschreiten, die bei einem niedrigeren Geschäftswert nach Satz 1 zu erheben ist. [3]Wenn das Geschäft mit dem Erwerb eines Grundstücks oder grundstücksgleichen Rechts zusammenhängt, ermäßigen sich die Gebühren nur, wenn dargelegt wird, dass eine auch nur teilweise Weiterveräußerung an einen nichtbegünstigten Dritten nicht beabsichtigt ist. [4]Ändert sich diese Absicht innerhalb von drei Jahren nach Beurkundung der

Auflassung, entfällt eine bereits gewährte Ermäßigung. [5]Der Begünstigte ist verpflichtet, den Notar zu unterrichten.

(2) Die Gebührenermäßigung ist auch einer Körperschaft, Vereinigung oder Stiftung zu gewähren, wenn
1. diese ausschließlich und unmittelbar mildtätige oder kirchliche Zwecke im Sinne der Abgabenordnung verfolgt,
2. die Voraussetzung nach Nummer 1 durch einen Freistellungs- oder Körperschaftsteuerbescheid oder durch eine vorläufige Bescheinigung des Finanzamts nachgewiesen wird und
3. dargelegt wird, dass die Angelegenheit nicht einen steuerpflichtigen wirtschaftlichen Geschäftsbetrieb betrifft.

(3) Die Ermäßigung erstreckt sich auf andere Beteiligte, die mit dem Begünstigten als Gesamtschuldner haften, nur insoweit, als sie von dem Begünstigten aufgrund gesetzlicher Vorschrift Erstattung verlangen können.

(4) Soweit die Haftung auf der Vorschrift des § 29 Nummer 3 (Haftung nach bürgerlichem Recht) beruht, kann sich der Begünstigte gegenüber dem Notar nicht auf die Gebührenermäßigung berufen.

**§ 92 Rahmengebühren**

(1) Bei Rahmengebühren bestimmt der Notar die Gebühr im Einzelfall unter Berücksichtigung des Umfangs der erbrachten Leistung nach billigem Ermessen.

(2) Bei den Gebühren für das Beurkundungsverfahren im Fall der vorzeitigen Beendigung und bei den Gebühren für die Fertigung eines Entwurfs ist für die vollständige Erstellung des Entwurfs die Höchstgebühr zu erheben.

(3) Ist eine Gebühr für eine vorausgegangene Tätigkeit auf eine Rahmengebühr anzurechnen, so ist bei der Bemessung der Gebühr auch die vorausgegangene Tätigkeit zu berücksichtigen.

**§ 93 Einmalige Erhebung der Gebühren**

(1) [1]Die Gebühr für ein Verfahren sowie die Vollzugs- und die Betreuungsgebühr werden in demselben notariellen Verfahren jeweils nur einmal erhoben. [2]Die Vollzugs- und die Betreuungsgebühr werden bei der Fertigung eines Entwurfs jeweils nur einmal erhoben.

(2) [1]Werden in einem Beurkundungsverfahren ohne sachlichen Grund mehrere Beurkundungsgegenstände zusammengefasst, gilt das Beurkundungsverfahren hinsichtlich jedes dieser Beurkundungsgegenstände als besonderes Verfahren. [2]Ein sachlicher Grund ist insbesondere anzunehmen, wenn hinsichtlich jedes Beurkundungsgegenstands die gleichen Personen an dem Verfahren beteiligt sind oder der rechtliche Verknüpfungswille in der Urkunde zum Ausdruck kommt.

**§ 94 Verschiedene Gebührensätze**

(1) Sind für die einzelnen Beurkundungsgegenstände oder für Teile davon verschiedene Gebührensätze anzuwenden, entstehen insoweit gesondert berechnete Gebühren, jedoch nicht mehr als die nach dem höchsten Gebührensatz berechnete Gebühr aus dem Gesamtbetrag der Werte.

(2) [1]Soweit mehrere Beurkundungsgegenstände als ein Gegenstand zu behandeln sind (§ 109), wird die Gebühr nach dem höchsten in Betracht kommenden Gebührensatz berechnet. [2]Sie beträgt jedoch nicht mehr als die Summe der Gebühren, die bei getrennter Beurkundung entstanden wären.

## Abschnitt 4 **Wertvorschriften**

### Unterabschnitt 1 Allgemeine Wertvorschriften

**§ 95 Mitwirkung der Beteiligten**

[1]Die Beteiligten sind verpflichtet, bei der Wertermittlung mitzuwirken. [2]Sie haben ihre Erklärungen über tatsächliche Umstände vollständig und wahrheitsgemäß abzugeben. [3]Kommen die Beteiligten ihrer Mitwirkungspflicht nicht nach, ist der Wert nach billigem Ermessen zu bestimmen.

**§ 96 Zeitpunkt der Wertberechnung**

Für die Wertberechnung ist der Zeitpunkt der Fälligkeit der Gebühr maßgebend.

### Unterabschnitt 2 Beurkundung

**§ 97 Verträge und Erklärungen**

(1) Der Geschäftswert bei der Beurkundung von Verträgen und Erklärungen bestimmt sich nach dem Wert des Rechtsverhältnisses, das Beurkundungsgegenstand ist.

(2) Handelt es sich um Veränderungen eines Rechtsverhältnisses, so darf der Wert des von der Veränderung betroffenen Rechtsverhältnisses nicht überschritten werden, und zwar auch dann nicht, wenn es sich um mehrere Veränderungen desselben Rechtsverhältnisses handelt.
(3) Bei Verträgen, die den Austausch von Leistungen zum Gegenstand haben, ist nur der Wert der Leistungen des einen Teils maßgebend; wenn der Wert der Leistungen verschieden ist, ist der höhere maßgebend.

**§ 98 Vollmachten und Zustimmungen**
(1) Bei der Beurkundung einer Vollmacht zum Abschluss eines bestimmten Rechtsgeschäfts oder bei der Beurkundung einer Zustimmungserklärung ist Geschäftswert die Hälfte des Geschäftswerts für die Beurkundung des Geschäfts, auf das sich die Vollmacht oder die Zustimmungserklärung bezieht.
(2) [1]Bei Vollmachten und Zustimmungserklärungen aufgrund einer gegenwärtigen oder künftigen Mitberechtigung ermäßigt sich der nach Absatz 1 bestimmte Geschäftswert auf den Bruchteil, der dem Anteil der Mitberechtigung entspricht. [2]Entsprechendes gilt für Zustimmungserklärungen nach dem Umwandlungsgesetz durch die in § 2 des Umwandlungsgesetzes bezeichneten Anteilsinhaber. [3]Bei Gesamthandsverhältnissen ist der Anteil entsprechend der Beteiligung an dem Gesamthandsvermögen zu bemessen.
(3) [1]Der Geschäftswert bei der Beurkundung einer allgemeinen Vollmacht ist nach billigem Ermessen zu bestimmen; dabei sind der Umfang der erteilten Vollmacht und das Vermögen des Vollmachtgebers angemessen zu berücksichtigen. [2]Der zu bestimmende Geschäftswert darf die Hälfte des Vermögens des Auftraggebers nicht übersteigen. [3]Bestehen keine genügenden Anhaltspunkte für eine Bestimmung des Werts, ist von einem Geschäftswert von 5 000 Euro auszugehen.
(4) In allen Fällen beträgt der anzunehmende Geschäftswert höchstens 1 Million Euro.
(5) Für den Widerruf einer Vollmacht gelten die vorstehenden Vorschriften entsprechend.

**§ 99 Miet-, Pacht- und Dienstverträge**
(1) [1]Der Geschäftswert bei der Beurkundung eines Miet- oder Pachtvertrags ist der Wert aller Leistungen des Mieters oder Pächters während der gesamten Vertragszeit. [2]Bei Miet- oder Pachtverträgen von unbestimmter Vertragsdauer ist der auf die ersten fünf Jahre entfallende Wert der Leistungen maßgebend; ist jedoch die Auflösung des Vertrags erst zu einem späteren Zeitpunkt zulässig, ist dieser maßgebend. [3]In keinem Fall darf der Geschäftswert den auf die ersten 20 Jahre entfallenden Wert übersteigen.
(2) Der Geschäftswert bei der Beurkundung eines Dienstvertrags, eines Geschäftsbesorgungsvertrags oder eines ähnlichen Vertrags ist der Wert aller Bezüge des zur Dienstleistung oder Geschäftsbesorgung Verpflichteten während der gesamten Vertragszeit, höchstens jedoch der Wert der auf die ersten fünf Jahre entfallenden Bezüge.

**§ 100 Güterrechtliche Angelegenheiten**
(1) [1]Der Geschäftswert
1. bei der Beurkundung von Eheverträgen im Sinne des § 1408 des Bürgerlichen Gesetzbuchs, die sich nicht auf Vereinbarungen über den Versorgungsausgleich beschränken, und
2. bei der Beurkundung von Anmeldungen aufgrund solcher Verträge

ist die Summe der Werte der gegenwärtigen Vermögen beider Ehegatten. [2]Betrifft der Ehevertrag nur das Vermögen eines Ehegatten, ist nur dessen Vermögen maßgebend. [3]Bei Ermittlung des Vermögens werden Verbindlichkeiten bis zur Hälfte des nach Satz 1 oder 2 maßgeblichen Werts abgezogen. [4]Verbindlichkeiten eines Ehegatten werden nur von seinem Vermögen abgezogen.
(2) Betrifft der Ehevertrag nur bestimmte Vermögenswerte, auch wenn sie dem Anfangsvermögen hinzuzurechnen wären, oder bestimmte güterrechtliche Ansprüche, so ist deren Wert, höchstens jedoch der Wert nach Absatz 1 maßgebend.
(3) Betrifft der Ehevertrag Vermögenswerte, die noch nicht zum Vermögen des Ehegatten gehören, werden sie mit 30 Prozent ihres Werts berücksichtigt, wenn sie im Ehevertrag konkret bezeichnet sind.
(4) Die Absätze 1 bis 3 gelten entsprechend bei Lebenspartnerschaftsverträgen.

**§ 101 Annahme als Kind**
In Angelegenheiten, die die Annahme eines Minderjährigen betreffen, beträgt der Geschäftswert 5 000 Euro.

**§ 102 Erbrechtliche Angelegenheiten**
(1) [1]Geschäftswert bei der Beurkundung einer Verfügung von Todes wegen ist, wenn über den ganzen Nachlass oder einen Bruchteil verfügt wird, der Wert des Vermögens oder der Wert des entspre-

chenden Bruchteils des Vermögens. [2]Verbindlichkeiten des Erblassers werden abgezogen, jedoch nur bis zur Hälfte des Werts des Vermögens. [3]Vermächtnisse und Auflagen werden nur bei Verfügung über einen Bruchteil und nur mit dem Anteil ihres Werts hinzugerechnet, der dem Bruchteil entspricht, über den nicht verfügt wird.

(2) [1]Verfügt der Erblasser außer über die Gesamtrechtsnachfolge daneben über Vermögenswerte, die noch nicht zu seinem Vermögen gehören, jedoch in der Verfügung von Todes wegen konkret bezeichnet sind, wird deren Wert hinzugerechnet. [2]Von dem Begünstigten zu übernehmende Verbindlichkeiten werden abgezogen, jedoch nur bis zur Hälfte des Vermögenswerts. [3]Die Sätze 1 und 2 gelten bei gemeinschaftlichen Testamenten und gegenseitigen Erbverträgen nicht für Vermögenswerte, die bereits nach Absatz 1 berücksichtigt sind.

(3) Betrifft die Verfügung von Todes wegen nur bestimmte Vermögenswerte, ist deren Wert maßgebend; Absatz 2 Satz 2 gilt entsprechend.

(4) [1]Bei der Beurkundung eines Erbverzichts-, Zuwendungsverzichts- oder Pflichtteilsverzichtsvertrags gilt Absatz 1 Satz 1 und 2 entsprechend; soweit der Zuwendungsverzicht ein Vermächtnis betrifft, gilt Absatz 3 entsprechend. [2]Das Pflichtteilsrecht ist wie ein entsprechender Bruchteil des Nachlasses zu behandeln.

(5) [1]Die Absätze 1 bis 3 gelten entsprechend für die Beurkundung der Anfechtung oder des Widerrufs einer Verfügung von Todes wegen sowie für den Rücktritt von einem Erbvertrag. [2]Hat eine Erklärung des einen Teils nach Satz 1 im Fall eines gemeinschaftlichen Testaments oder eines Erbvertrags die Unwirksamkeit von Verfügungen des anderen Teils zur Folge, ist der Wert der Verfügungen des anderen Teils dem Wert nach Satz 1 hinzuzurechnen.

### § 103 Erklärungen gegenüber dem Nachlassgericht, Anträge an das Nachlassgericht

(1) Werden in einer vermögensrechtlichen Angelegenheit Erklärungen, die gegenüber dem Nachlassgericht abzugeben sind, oder Anträge an das Nachlassgericht beurkundet, ist Geschäftswert der Wert des betroffenen Vermögens oder des betroffenen Bruchteils nach Abzug der Verbindlichkeiten zum Zeitpunkt der Beurkundung.

(2) Bei der Beurkundung von Erklärungen über die Ausschlagung des Anfalls eines Hofes (§ 11 der Höfeordnung) gilt Absatz 1 entsprechend.

### § 104 Rechtswahl

(1) Bei der Beurkundung einer Rechtswahl, die die allgemeinen oder güterrechtlichen Wirkungen der Ehe betrifft, beträgt der Geschäftswert 30 Prozent des Werts, der sich in entsprechender Anwendung des § 100 ergibt.

(2) Bei der Beurkundung einer Rechtswahl, die eine Rechtsnachfolge von Todes wegen betrifft, beträgt der Geschäftswert 30 Prozent des Werts, der sich in entsprechender Anwendung des § 102 ergibt.

(3) Bei der Beurkundung einer Rechtswahl in sonstigen Fällen beträgt der Geschäftswert 30 Prozent des Geschäftswerts für die Beurkundung des Rechtsgeschäfts, für das die Rechtswahl bestimmt ist.

### § 105 Anmeldung zu bestimmten Registern

(1) [1]Bei den folgenden Anmeldungen zum Handelsregister ist Geschäftswert der in das Handelsregister einzutragende Geldbetrag, bei Änderung bereits eingetragener Geldbeträge der Unterschiedsbetrag:

1. erste Anmeldung einer Kapitalgesellschaft; ein in der Satzung bestimmtes genehmigtes Kapital ist dem Grund- oder Stammkapital hinzuzurechnen;
2. erste Anmeldung eines Versicherungsvereins auf Gegenseitigkeit;
3. Erhöhung oder Herabsetzung des Stammkapitals einer Gesellschaft mit beschränkter Haftung;
4. Beschluss der Hauptversammlung einer Aktiengesellschaft oder einer Kommanditgesellschaft auf Aktien über
   a) Maßnahmen der Kapitalbeschaffung (§§ 182 bis 221 des Aktiengesetzes); dem Beschluss über die genehmigte Kapitalerhöhung steht der Beschluss über die Verlängerung der Frist gleich, innerhalb derer der Vorstand das Kapital erhöhen kann;
   b) Maßnahmen der Kapitalherabsetzung (§§ 222 bis 240 des Aktiengesetzes);
5. erste Anmeldung einer Kommanditgesellschaft; maßgebend ist die Summe der Kommanditeinlagen; hinzuzurechnen sind 30 000 Euro für den ersten und 15 000 Euro für jeden weiteren persönlich haftenden Gesellschafter;
6. Eintritt eines Kommanditisten in eine bestehende Personenhandelsgesellschaft oder Ausscheiden eines Kommanditisten; ist ein Kommanditist als Nachfolger eines anderen Kommanditisten oder ein bisher persönlich haftender Gesellschafter als Kommanditist oder ein bisheriger Kommanditist als persönlich haftender Gesellschafter einzutragen, ist die einfache Kommanditeinlage maßgebend;

7. Erhöhung oder Herabsetzung einer Kommanditeinlage.
Der Geschäftswert beträgt mindestens 30 000 Euro.

(2) Bei sonstigen Anmeldungen zum Handelsregister sowie bei Anmeldungen zum Partnerschafts- und Genossenschaftsregister bestimmt sich der Geschäftswert nach den Absätzen 3 bis 5.

(3) Der Geschäftswert beträgt bei der ersten Anmeldung
1. eines Einzelkaufmanns 30 000 Euro;
2. einer offenen Handelsgesellschaft oder einer Partnerschaftsgesellschaft mit zwei Gesellschaftern 45 000 Euro; hat die offene Handelsgesellschaft oder die Partnerschaftsgesellschaft mehr als zwei Gesellschafter, erhöht sich der Wert für den dritten und jeden weiteren Gesellschafter um jeweils 15 000 Euro;
3. einer Genossenschaft oder einer juristischen Person (§ 33 des Handelsgesetzbuchs) 60 000 Euro.

(4) Bei einer späteren Anmeldung beträgt der Geschäftswert, wenn diese
1. eine Kapitalgesellschaft betrifft, 1 Prozent des eingetragenen Grund- oder Stammkapitals, mindestens 30 000 Euro;
2. einen Versicherungsverein auf Gegenseitigkeit betrifft, 60 000 Euro;
3. eine Personenhandels- oder Partnerschaftsgesellschaft betrifft, 30 000 Euro; bei Eintritt oder Ausscheiden von mehr als zwei persönlich haftenden Gesellschaftern oder Partnern sind als Geschäftswert 15 000 Euro für jeden eintretenden oder ausscheidenden Gesellschafter oder Partner anzunehmen;
4. einen Einzelkaufmann, eine Genossenschaft oder eine juristische Person (§ 33 des Handelsgesetzbuchs) betrifft, 30 000 Euro.

(5) Ist eine Anmeldung nur deshalb erforderlich, weil sich eine Anschrift geändert hat, oder handelt es sich um eine ähnliche Anmeldung, die für das Unternehmen keine wirtschaftliche Bedeutung hat, so beträgt der Geschäftswert 5 000 Euro.

(6) [1]Der in Absatz 1 Satz 2 und in Absatz 4 Nummer 1 bestimmte Mindestwert gilt nicht
1. für die Gründung einer Gesellschaft gemäß § 2 Absatz 1a des Gesetzes betreffend die Gesellschaften mit beschränkter Haftung und
2. für Änderungen des Gesellschaftsvertrags einer gemäß § 2 Absatz 1a des Gesetzes betreffend die Gesellschaften mit beschränkter Haftung gegründeten Gesellschaft, wenn die Gesellschaft auch mit dem geänderten Gesellschaftsvertrag hätte gemäß § 2 Absatz 1a des Gesetzes betreffend die Gesellschaften mit beschränkter Haftung gegründet werden können.

[2]Reine sprachliche Abweichungen vom Musterprotokoll oder die spätere Streichung der auf die Gründung verweisenden Formulierungen stehen der Anwendung des Satzes 1 nicht entgegen.

### § 106 Höchstwert für Anmeldungen zu bestimmten Registern

[1]Bei der Beurkundung von Anmeldungen zu einem in § 105 genannten Register und zum Vereinsregister beträgt der Geschäftswert höchstens 1 Million Euro. [2]Dies gilt auch dann, wenn mehrere Anmeldungen in einem Beurkundungsverfahren zusammengefasst werden.

### § 107 Gesellschaftsrechtliche Verträge, Satzungen und Pläne

(1) [1]Bei der Beurkundung von Gesellschaftsverträgen und Satzungen sowie von Plänen und Verträgen nach dem Umwandlungsgesetz beträgt der Geschäftswert mindestens 30 000 Euro und höchstens 10 Millionen Euro. [2]Der in Satz 1 bestimmte Mindestwert gilt nicht bei der Beurkundung von Gesellschaftsverträgen und Satzungen in den Fällen des § 105 Absatz 6.

(2) [1]Bei der Beurkundung von Verträgen zwischen verbundenen Unternehmen (§ 15 des Aktiengesetzes) über die Veräußerung oder über die Verpflichtung zur Veräußerung von Gesellschaftsanteilen und -beteiligungen beträgt der Geschäftswert höchstens 10 Millionen Euro. [2]Satz 1 gilt nicht, sofern die betroffene Gesellschaft überwiegend vermögensverwaltend tätig ist, insbesondere als Immobilienverwaltungs-, Objekt-, Holding-, Besitz- oder sonstige Beteiligungsgesellschaft.



### § 108 Beschlüsse von Organen

(1) [1]Für den Geschäftswert bei der Beurkundung von Beschlüssen von Organen von Kapital-, Personenhandels- und Partnerschaftsgesellschaften sowie von Versicherungsvereinen auf Gegenseitigkeit, juristischen Personen (§ 33 des Handelsgesetzbuchs) oder Genossenschaften, deren Gegenstand keinen bestimmten Geldwert hat, gilt § 105 Absatz 4 und 6 entsprechend. [2]Bei Beschlüssen, deren Gegenstand einen bestimmten Geldwert hat, beträgt der Wert nicht weniger als der sich nach § 105 Absatz 1 ergebende Wert.

(2) Bei der Beurkundung von Beschlüssen im Sinne des Absatzes 1, welche die Zustimmung zu einem bestimmten Rechtsgeschäft enthalten, ist der Geschäftswert wie bei der Beurkundung des Geschäfts zu bestimmen, auf das sich der Zustimmungsbeschluss bezieht.

(3) [1]Der Geschäftswert bei der Beurkundung von Beschlüssen nach dem Umwandlungsgesetz ist der Wert des Vermögens des übertragenden oder formwechselnden Rechtsträgers. [2]Bei Abspaltungen oder Ausgliederungen ist der Wert des übergehenden Vermögens maßgebend.

(4) Der Geschäftswert bei der Beurkundung von Beschlüssen von Organen einer Gesellschaft bürgerlichen Rechts, deren Gegenstand keinen bestimmten Geldwert hat, beträgt 30 000 Euro.

(5) Der Geschäftswert von Beschlüssen von Gesellschafts-, Stiftungs- und Vereinsorganen sowie von ähnlichen Organen beträgt höchstens 5 Millionen Euro, auch wenn mehrere Beschlüsse mit verschiedenem Gegenstand in einem Beurkundungsverfahren zusammengefasst werden.

**§ 109 Derselbe Beurkundungsgegenstand**

(1) [1]Derselbe Beurkundungsgegenstand liegt vor, wenn Rechtsverhältnisse zueinander in einem Abhängigkeitsverhältnis stehen und das eine Rechtsverhältnis unmittelbar dem Zweck des anderen Rechtsverhältnisses dient. [2]Ein solches Abhängigkeitsverhältnis liegt nur vor, wenn das andere Rechtsverhältnis der Erfüllung, Sicherung oder sonstigen Durchführung des einen Rechtsverhältnisses dient. [3]Dies gilt auch bei der Beurkundung von Erklärungen Dritter und von Erklärungen der Beteiligten zugunsten Dritter. [4]Ein Abhängigkeitsverhältnis liegt insbesondere vor zwischen

1. dem Kaufvertrag und
   a) der Übernahme einer durch ein Grundpfandrecht am Kaufgrundstück gesicherten Darlehensschuld,
   b) der zur Löschung von Grundpfandrechten am Kaufgegenstand erforderlichen Erklärungen sowie
   c) jeder zur Belastung des Kaufgegenstands dem Käufer erteilten Vollmacht; die Beurkundung des Zuschlags in der freiwilligen Versteigerung steht dem Kaufvertrag gleich;
2. dem Gesellschaftsvertrag und der Auflassung bezüglich eines einzubringenden Grundstücks;
3. der Bestellung eines dinglichen Rechts und der zur Verschaffung des beabsichtigten Rangs erforderlichen Rangänderungserklärungen; § 45 Absatz 2 gilt entsprechend;
4. der Begründung eines Anspruchs und den Erklärungen zur Schaffung eines Titels gemäß § 794 Absatz 1 Nummer 5 der Zivilprozessordnung.

[5]In diesen Fällen bestimmt sich der Geschäftswert nur nach dem Wert des Rechtsverhältnisses, zu dessen Erfüllung, Sicherung oder sonstiger Durchführung die anderen Rechtsverhältnisse dienen.

(2) [1]Derselbe Beurkundungsgegenstand sind auch

1. der Vorschlag zur Person eines möglichen Betreuers und eine Patientenverfügung;
2. der Widerruf einer Verfügung von Todes wegen, die Aufhebung oder Anfechtung eines Erbvertrags oder der Rücktritt von einem Erbvertrag jeweils mit der Errichtung einer neuen Verfügung von Todes wegen;
3. die zur Bestellung eines Grundpfandrechts erforderlichen Erklärungen und die Schulderklärung bis zur Höhe des Nennbetrags des Grundpfandrechts;
4. bei Beschlüssen von Organen einer Vereinigung oder Stiftung
   a) jeder Beschluss und eine damit im Zusammenhang stehende Änderung des Gesellschaftsvertrags oder der Satzung,
   b) der Beschluss über eine Kapitalerhöhung oder -herabsetzung und die weiteren damit im Zusammenhang stehenden Beschlüsse,
   c) mehrere Änderungen des Gesellschaftsvertrags oder der Satzung, deren Gegenstand keinen bestimmten Geldwert hat,
   d) mehrere Wahlen, sofern nicht Einzelwahlen stattfinden,
   e) mehrere Beschlüsse über die Entlastung von Verwaltungsträgern, sofern nicht Einzelbeschlüsse gefasst werden,
   f) Wahlen und Beschlüsse über die Entlastung der Verwaltungsträger, sofern nicht einzeln abgestimmt wird,
   g) Beschlüsse von Organen verschiedener Vereinigungen bei Umwandlungsvorgängen, sofern die Beschlüsse denselben Beschlussgegenstand haben.

[2]In diesen Fällen bestimmt sich der Geschäftswert nach dem höchsten in Betracht kommenden Wert.



**§ 110 Verschiedene Beurkundungsgegenstände**

Abweichend von § 109 Absatz 1 sind verschiedene Beurkundungsgegenstände

1. Beschlüsse von Organen einer Vereinigung oder Stiftung und Erklärungen,
2. ein Veräußerungsvertrag und
   a) Erklärungen zur Finanzierung der Gegenleistung gegenüber Dritten,
   b) Erklärungen zur Bestellung von subjektiv-dinglichen Rechten sowie
   c) ein Verzicht auf Steuerbefreiungen gemäß § 9 Absatz 1 des Umsatzsteuergesetzes sowie
3. Erklärungen gemäß § 109 Absatz 2 Satz 1 Nummer 1 und Vollmachten.

**§ 111 Besondere Beurkundungsgegenstände**
Als besonderer Beurkundungsgegenstand gelten stets
1. vorbehaltlich der Regelung in § 109 Absatz 2 Nummer 2 eine Verfügung von Todes wegen,
2. ein Ehevertrag im Sinne von § 1408 Absatz 1 des Bürgerlichen Gesetzbuchs,
3. eine Anmeldung zu einem Register und
4. eine Rechtswahl nach dem internationalen Privatrecht.

**Unterabschnitt 3 Vollzugs- und Betreuungstätigkeiten**

**§ 112 Vollzug des Geschäfts**
[1]Der Geschäftswert für den Vollzug ist der Geschäftswert des zugrunde liegenden Beurkundungsverfahrens. [2]Liegt der zu vollziehenden Urkunde kein Beurkundungsverfahren zugrunde, ist der Geschäftswert derjenige Wert, der maßgeblich wäre, wenn diese Urkunde Gegenstand eines Beurkundungsverfahrens wäre.

**§ 113 Betreuungstätigkeiten**
(1) Der Geschäftswert für die Betreuungsgebühr ist wie bei der Beurkundung zu bestimmen.
(2) Der Geschäftswert für die Treuhandgebühr ist der Wert des Sicherungsinteresses.

**Unterabschnitt 4 Sonstige notarielle Geschäfte**

**§ 114 Rückgabe eines Erbvertrags aus der notariellen Verwahrung**
Der Geschäftswert für die Rückgabe eines Erbvertrags aus der notariellen Verwahrung bestimmt sich nach § 102 Absatz 1 bis 3.

**§ 115 Vermögensverzeichnis, Siegelung**
[1]Der Geschäftswert für die Aufnahme von Vermögensverzeichnissen sowie für Siegelungen und Entsiegelungen ist der Wert der verzeichneten oder versiegelten Gegenstände. [2]Dies gilt auch für die Mitwirkung als Urkundsperson bei der Aufnahme von Vermögensverzeichnissen.

**§ 116 Freiwillige Versteigerung von Grundstücken**
(1) Bei der freiwilligen Versteigerung von Grundstücken oder grundstücksgleichen Rechten ist der Geschäftswert nach dem Wert der zu versteigernden Grundstücke oder grundstücksgleichen Rechte zu bemessen für
1. die Verfahrensgebühr,
2. die Gebühr für die Aufnahme einer Schätzung und
3. die Gebühr für die Abhaltung eines Versteigerungstermins.
(2) Bei der Versteigerung mehrerer Grundstücke wird die Gebühr für die Beurkundung des Zuschlags für jeden Ersteher nach der Summe seiner Gebote erhoben; ist der zusammengerechnete Wert der ihm zugeschlagenen Grundstücke oder grundstücksgleichen Rechte höher, so ist dieser maßgebend.

**§ 117 Versteigerung von beweglichen Sachen und von Rechten**
Bei der Versteigerung von beweglichen Sachen und von Rechten bemisst sich der Geschäftswert nach der Summe der Werte der betroffenen Sachen und Rechte.

**§ 118 Vorbereitung der Zwangsvollstreckung**
Im Verfahren über die Vollstreckbarerklärung eines Schiedsspruchs mit vereinbartem Wortlaut oder über die Erteilung einer vollstreckbaren Ausfertigung bemisst sich der Geschäftswert nach den Ansprüchen, die Gegenstand der Vollstreckbarerklärung oder der vollstreckbaren Ausfertigung sein sollen.

**§ 118a Teilungssachen**
[1]Geschäftswert in Teilungssachen nach § 342 Absatz 2 Nummer 1 des Gesetzes über das Verfahren in Familiensachen und in den Angelegenheiten der freiwilligen Gerichtsbarkeit ist der Wert des den Gegenstand der Auseinandersetzung bildenden Nachlasses oder Gesamtguts oder des von der Auseinandersetzung betroffenen Teils davon. [2]Die Werte mehrerer selbständiger Vermögensmassen, die in demselben Verfahren auseinandergesetzt werden, werden zusammengerechnet. [3]Trifft die Auseinandersetzung des Gesamtguts einer Gütergemeinschaft mit der Auseinandersetzung des Nachlasses eines Ehegatten oder Lebenspartners zusammen, wird der Wert des Gesamtguts und des übrigen Nachlasses zusammengerechnet.

### § 119 Entwurf

(1) Bei der Fertigung eines Entwurfs bestimmt sich der Geschäftswert nach den für die Beurkundung geltenden Vorschriften.
(2) Der Geschäftswert für die Fertigung eines Serienentwurfs ist die Hälfte des Werts aller zum Zeitpunkt der Entwurfsfertigung beabsichtigten Einzelgeschäfte.

### § 120 Beratung bei einer Haupt- oder Gesellschafterversammlung

[1]Der Geschäftswert für die Beratung bei der Vorbereitung oder Durchführung einer Hauptversammlung oder einer Gesellschafterversammlung bemisst sich nach der Summe der Geschäftswerte für die Beurkundung der in der Versammlung zu fassenden Beschlüsse. [2]Der Geschäftswert beträgt höchstens 5 Millionen Euro.

### § 121 Beglaubigung von Unterschriften oder Handzeichen

Der Geschäftswert für die Beglaubigung von Unterschriften oder Handzeichen bestimmt sich nach den für die Beurkundung der Erklärung geltenden Vorschriften.

### § 122 Rangbescheinigung

Geschäftswert einer Mitteilung über die dem Grundbuchamt bei Einreichung eines Antrags vorliegenden weiteren Anträge einschließlich des sich daraus ergebenden Rangs für das beantragte Recht (Rangbescheinigung) ist der Wert des beantragten Rechts.

### § 123 Gründungsprüfung

[1]Geschäftswert einer Gründungsprüfung gemäß § 33 Absatz 3 des Aktiengesetzes ist die Summe aller Einlagen. [2]Der Geschäftswert beträgt höchstens 10 Millionen Euro.

### § 124 Verwahrung

[1]Der Geschäftswert bei der Verwahrung von Geldbeträgen bestimmt sich nach der Höhe des jeweils ausgezahlten Betrags. [2]Bei der Entgegennahme von Wertpapieren und Kostbarkeiten zur Verwahrung ist Geschäftswert der Wert der Wertpapiere oder Kostbarkeiten.

## Abschnitt 5 **Gebührenvereinbarung**

### § 125 Verbot der Gebührenvereinbarung

Vereinbarungen über die Höhe der Kosten sind unwirksam, soweit sich aus der folgenden Vorschrift nichts anderes ergibt.

### § 126 Öffentlich-rechtlicher Vertrag

(1) [1]Für die Tätigkeit des Notars als Mediator oder Schlichter ist durch öffentlich-rechtlichen Vertrag eine Gegenleistung in Geld zu vereinbaren. [2]Dasselbe gilt für notarielle Amtstätigkeiten, für die in diesem Gesetz keine Gebühr bestimmt ist und die nicht mit anderen gebührenpflichtigen Tätigkeiten zusammenhängen. [3]Die Gegenleistung muss unter Berücksichtigung aller Umstände des Geschäfts, insbesondere des Umfangs und der Schwierigkeit, angemessen sein. [4]Sofern nichts anderes vereinbart ist, werden die Auslagen nach den gesetzlichen Bestimmungen erhoben.
(2) Der Vertrag bedarf der Schriftform.
(3) [1]Die §§ 19, 88 bis 90 gelten entsprechend. [2]Der vollstreckbaren Ausfertigung der Kostenberechnung ist eine beglaubigte Kopie oder ein beglaubigter Ausdruck des öffentlich-rechtlichen Vertrags beizufügen.



## Abschnitt 6 **Gerichtliches Verfahren in Notarkostensachen**

### § 127 Antrag auf gerichtliche Entscheidung

(1) [1]Gegen die Kostenberechnung (§ 19), einschließlich der Verzinsungspflicht (§ 88), gegen die Zahlungspflicht, die Ausübung des Zurückbehaltungsrechts (§ 11) und die Erteilung der Vollstreckungsklausel kann die Entscheidung des Landgerichts, in dessen Bezirk der Notar den Amtssitz hat, beantragt werden. [2]Antragsberechtigt ist der Kostenschuldner und, wenn der Kostenschuldner dem Notar gegenüber die Kostenberechnung beanstandet, auch der Notar.
(2) [1]Nach Ablauf des Kalenderjahres, das auf das Jahr folgt, in dem die vollstreckbare Ausfertigung der Kostenberechnung zugestellt ist, können neue Anträge nach Absatz 1 nicht mehr gestellt werden. [2]Soweit die Einwendungen gegen den Kostenanspruch auf Gründen beruhen, die nach der Zustellung der vollstreckbaren Ausfertigung entstanden sind, können sie auch nach Ablauf dieser Frist geltend gemacht werden.

## § 128 Verfahren

(1) [1]Das Gericht soll vor der Entscheidung die Beteiligten, die vorgesetzte Dienstbehörde des Notars und, wenn eine Kasse gemäß § 113 der Bundesnotarordnung errichtet ist, auch diese hören. [2]Betrifft der Antrag die Bestimmung der Gebühr durch den Notar nach § 92 Absatz 1 oder die Kostenberechnung aufgrund eines öffentlich-rechtlichen Vertrags, soll das Gericht ein Gutachten des Vorstands der Notarkammer einholen. [3]Ist eine Kasse nach § 113 der Bundesnotarordnung errichtet, tritt diese an die Stelle der Notarkammer. [4]Das Gutachten ist kostenlos zu erstatten.

(2) [1]Entspricht bei einer Rahmengebühr die vom Notar bestimmte Gebühr nicht der Vorschrift des § 92 Absatz 1, setzt das Gericht die Gebühr fest. [2]Liegt ein zulässiger öffentlich-rechtlicher Vertrag vor und entspricht die vereinbarte Gegenleistung nicht der Vorschrift des § 126 Absatz 1 Satz 3, setzt das Gericht die angemessene Gegenleistung fest.

(3) Das Gericht kann die Entscheidung über den Antrag durch Beschluss einem seiner Mitglieder zur Entscheidung als Einzelrichter übertragen, wenn die Sache keine besonderen Schwierigkeiten tatsächlicher oder rechtlicher Art aufweist und keine grundsätzliche Bedeutung hat.

## § 129 Beschwerde und Rechtsbeschwerde

(1) Gegen die Entscheidung des Landgerichts findet ohne Rücksicht auf den Wert des Beschwerdegegenstands die Beschwerde statt.

(2) Gegen die Entscheidung des Oberlandesgerichts findet die Rechtsbeschwerde statt.

## § 130 Gemeinsame Vorschriften

(1) [1]Der Antrag auf Entscheidung des Landgerichts, die Beschwerde und die Rechtsbeschwerde haben keine aufschiebende Wirkung. [2]Das Gericht oder das Beschwerdegericht kann auf Antrag oder von Amts wegen die aufschiebende Wirkung ganz oder teilweise anordnen; ist nicht der Einzelrichter zur Entscheidung berufen, entscheidet der Vorsitzende des Gerichts.

(2) [1]Die dem Notar vorgesetzte Dienstbehörde kann diesen in jedem Fall anweisen, die Entscheidung des Landgerichts herbeizuführen, Beschwerde oder Rechtsbeschwerde zu erheben. [2]Die hierauf ergehenden gerichtlichen Entscheidungen können auch auf eine Erhöhung der Kostenberechnung lauten. [3]Gerichtskosten hat der Notar in diesen Verfahren nicht zu tragen. [4]Außergerichtliche Kosten anderer Beteiligter, die der Notar in diesen Verfahren zu tragen hätte, sind der Landeskasse aufzuerlegen.

(3) [1]Auf die Verfahren sind im Übrigen die Vorschriften des Gesetzes über das Verfahren in Familiensachen und in den Angelegenheiten der freiwilligen Gerichtsbarkeit anzuwenden. [2]§ 10 Absatz 4 des Gesetzes über das Verfahren in Familiensachen und in den Angelegenheiten der freiwilligen Gerichtsbarkeit ist auf den Notar nicht anzuwenden.

## § 131 Abhilfe bei Verletzung des Anspruchs auf rechtliches Gehör

[1]Die Vorschriften des Gesetzes über das Verfahren in Familiensachen und in den Angelegenheiten der freiwilligen Gerichtsbarkeit über die Abhilfe bei Verletzung des Anspruchs auf rechtliches Gehör sind anzuwenden. [2]§ 10 Absatz 4 des Gesetzes über das Verfahren in Familiensachen und in den Angelegenheiten der freiwilligen Gerichtsbarkeit ist auf den Notar nicht anzuwenden.

# Kapitel 4 Schluss- und Übergangsvorschriften

## § 132 Verhältnis zu anderen Gesetzen

Artikel 1 Absatz 2 und Artikel 2 des Einführungsgesetzes zum Bürgerlichen Gesetzbuche sind entsprechend anzuwenden.

## § 133 Bekanntmachung von Neufassungen

[1]Das Bundesministerium der Justiz und für Verbraucherschutz kann nach Änderungen den Wortlaut des Gesetzes feststellen und als Neufassung im Bundesgesetzblatt bekannt machen. [2]Die Bekanntmachung muss auf diese Vorschrift Bezug nehmen und angeben

1. den Stichtag, zu dem der Wortlaut festgestellt wird,
2. die Änderungen seit der letzten Veröffentlichung des vollständigen Wortlauts im Bundesgesetzblatt sowie
3. das Inkrafttreten der Änderungen.

## § 134 Übergangsvorschrift

(1) [1]In gerichtlichen Verfahren, die vor dem Inkrafttreten einer Gesetzesänderung anhängig geworden oder eingeleitet worden sind, werden die Kosten nach bisherigem Recht erhoben. [2]Dies gilt nicht im Verfahren über ein Rechtsmittel, das nach dem Inkrafttreten einer Gesetzesänderung eingelegt worden ist. [3]Die Sätze 1 und 2 gelten auch, wenn Vorschriften geändert werden, auf die

dieses Gesetz verweist. [4]In Verfahren, in denen Jahresgebühren erhoben werden, und in Fällen, in denen die Sätze 1 und 2 keine Anwendung finden, gilt für Kosten, die vor dem Inkrafttreten einer Gesetzesänderung fällig geworden sind, das bisherige Recht.

(2) Für notarielle Verfahren oder Geschäfte, für die ein Auftrag vor dem Inkrafttreten einer Gesetzesänderung erteilt worden ist, werden die Kosten nach bisherigem Recht erhoben.

**§ 135 Sonderregelung für Baden-Württemberg**

(1) Solange und soweit im Land Baden-Württemberg die Gebühren für die Tätigkeit des Notars der Staatskasse zufließen, ist § 2 anstelle von § 91 anzuwenden.

(2) [1]Solange im Land Baden-Württemberg anderen als gerichtlichen Behörden die Aufgaben des Grundbuchamts, des Betreuungs- oder des Nachlassgerichts übertragen sind, sind die Kosten gleichwohl nach diesem Gesetz zu erheben. [2]Der Geschäftswert ist nur auf Antrag festzusetzen. [3]Über die Festsetzung des Geschäftswerts und über die Erinnerung gegen den Kostenansatz entscheidet das Amtsgericht, in dessen Bezirk die Behörde ihren Sitz hat.

(3) Ein Notariatsabwickler steht einem Notariatsverwalter gleich.

**§ 136 Übergangsvorschrift zum 2. Kostenrechtsmodernisierungsgesetz**

(1) Die Kostenordnung in der im Bundesgesetzblatt Teil III, Gliederungsnummer 361-1, veröffentlichten bereinigten Fassung, die zuletzt durch Artikel 8 des Gesetzes vom 26. Juni 2013 (BGBl. I S. 1800) geändert worden ist, und Verweisungen hierauf sind weiter anzuwenden
1. in gerichtlichen Verfahren, die vor dem Inkrafttreten des 2. Kostenrechtsmodernisierungsgesetzes vom 23. Juli 2013 (BGBl. I S. 2586) anhängig geworden oder eingeleitet worden sind; die Jahresgebühr 12311 wird in diesen Verfahren nicht erhoben;
2. in gerichtlichen Verfahren über ein Rechtsmittel, das vor dem Inkrafttreten des 2. Kostenrechtsmodernisierungsgesetzes vom 23. Juli 2013 (BGBl. I S. 2586) eingelegt worden ist;
3. hinsichtlich der Jahresgebühren in Verfahren vor dem Betreuungsgericht, die vor dem Inkrafttreten des 2. Kostenrechtsmodernisierungsgesetzes vom 23. Juli 2013 (BGBl. I S. 2586) fällig geworden sind;
4. in notariellen Verfahren oder bei notariellen Geschäften, für die ein Auftrag vor dem Inkrafttreten des 2. Kostenrechtsmodernisierungsgesetzes vom 23. Juli 2013 (BGBl. I S. 2586) erteilt worden ist;
5. in allen übrigen Fällen, wenn die Kosten vor dem Tag vor dem Inkrafttreten des 2. Kostenrechtsmodernisierungsgesetzes vom 23. Juli 2013 (BGBl. I S. 2586) fällig geworden sind.

(2) Soweit Gebühren nach diesem Gesetz anzurechnen sind, sind auch nach der Kostenordnung für entsprechende Tätigkeiten entstandene Gebühren anzurechnen.

(3) Soweit für ein notarielles Hauptgeschäft die Kostenordnung nach Absatz 1 weiter anzuwenden ist, gilt dies auch für die damit zusammenhängenden Vollzugs- und Betreuungstätigkeiten sowie für zu Vollzugszwecken gefertigte Entwürfe.

(4) Bis zum Erlass landesrechtlicher Vorschriften über die Höhe des Haftkostenbeitrags, der von einem Gefangenen zu erheben ist, ist anstelle der Nummern 31010 und 31011 des Kostenverzeichnisses § 137 Absatz 1 Nummer 12 der Kostenordnung in der bis zum 27. Dezember 2010 geltenden Fassung anzuwenden.

(5) [1]Absatz 1 ist auf die folgenden Vorschriften in ihrer bis zum Tag vor dem Inkrafttreten des 2. Kostenrechtsmodernisierungsgesetzes vom 23. Juli 2013 (BGBl. I S. 2586) geltenden Fassung entsprechend anzuwenden:
1. § 30 des Einführungsgesetzes zum Gerichtsverfassungsgesetz,
2. § 15 des Spruchverfahrensgesetzes,
3. § 12 Absatz 3, die §§ 33 bis 43, 44 Absatz 2 sowie die §§ 45 und 47 des Gesetzes über das gerichtliche Verfahren in Landwirtschaftssachen,
4. § 102 des Gesetzes über Rechte an Luftfahrzeugen,
5. § 100 Absatz 1 und 3 des Sachenrechtsbereinigungsgesetzes,
6. § 39b Absatz 1 und 6 des Wertpapiererwerbs- und Übernahmegesetzes,
7. § 99 Absatz 6, § 132 Absatz 5 und § 260 Absatz 4 des Aktiengesetzes,
8. § 51b des Gesetzes betreffend die Gesellschaften mit beschränkter Haftung,
9. § 62 Absatz 5 und 6 des Bereinigungsgesetzes für deutsche Auslandsbonds,
10. § 138 Absatz 2 des Urheberrechtsgesetzes,
11. die §§ 18 bis 24 der Verfahrensordnung für Höfesachen,
12. § 18 des Gesetzes zur Ergänzung des Gesetzes über die Mitbestimmung der Arbeitnehmer in den Aufsichtsräten und Vorständen der Unternehmen des Bergbaus und der Eisen und Stahl erzeugenden Industrie und
13. § 65 Absatz 3 des Landwirtschaftsanpassungsgesetzes.

[2]An die Stelle der Kostenordnung treten dabei die in Satz 1 genannten Vorschriften.

## Anlage 1
(zu § 3 Absatz 2)

**Kostenverzeichnis**

### Teil 1 Gerichtsgebühren

| Nr. | Gebührentatbestand | Gebühr oder Satz der Gebühr nach § 34 GNotKG – Tabelle A |
|---|---|---|
| | **Teil 1 – für Notare nicht einschlägig** | |

### Teil 2 Notargebühren

<table>
<tr><th>Nr.</th><th>Gebührentatbestand</th><th>Gebühr oder Satz der Gebühr nach § 34 GNotKG – Tabelle B</th></tr>
<tr><td colspan="3">Vorbemerkung 2:<br>(1) In den Fällen, in denen es für die Gebührenberechnung maßgeblich ist, dass ein bestimmter Notar eine Tätigkeit vorgenommen hat, steht diesem Notar der Aktenverwahrer gemäß § 51 BNotO, der Notariatsverwalter gemäß § 56 BNotO oder ein anderer Notar, mit dem der Notar am Ort seines Amtssitzes zur gemeinsamen Berufsausübung verbunden ist oder mit dem er dort gemeinsame Geschäftsräume unterhält, gleich.<br>(2) Bundes- oder landesrechtliche Vorschriften, die Gebühren- oder Auslagenbefreiung gewähren, sind nicht auf den Notar anzuwenden. Außer in den Fällen der Kostenerstattung zwischen den Trägern der Sozialhilfe gilt die in § 64 Abs. 2 Satz 3 Nr. 2 SGB X bestimmte Gebührenfreiheit auch für den Notar.<br>(3) Beurkundungen nach § 67 Abs. 1 des Beurkundungsgesetzes und die Bezifferung dynamisierter Unterhaltstitel zur Zwangsvollstreckung im Ausland sind gebührenfrei.</td></tr>
<tr><td colspan="3">Hauptabschnitt 1. Beurkundungsverfahren</td></tr>
<tr><td colspan="3">Vorbemerkung 2.1:<br>(1) Die Gebühr für das Beurkundungsverfahren entsteht für die Vorbereitung und Durchführung der Beurkundung in Form einer Niederschrift (§§ 8 und 36 des Beurkundungsgesetzes) einschließlich der Beschaffung der Information.<br>(2) Durch die Gebühren dieses Hauptabschnitts werden auch abgegolten<br>1. die Übermittlung von Anträgen und Erklärungen an ein Gericht oder eine Behörde,<br>2. die Stellung von Anträgen im Namen der Beteiligten bei einem Gericht oder einer Behörde,<br>3. die Erledigung von Beanstandungen einschließlich des Beschwerdeverfahrens und<br>4. bei Änderung eines Gesellschaftsvertrags oder einer Satzung die Erteilung einer für die Anmeldung zum Handelsregister erforderlichen Bescheinigung des neuen vollständigen Wortlauts des Gesellschaftsvertrags oder der Satzung.</td></tr>
<tr><td colspan="3">Abschnitt 1. Verträge, bestimmte Erklärungen sowie Beschlüsse von Organen einer Vereinigung oder Stiftung</td></tr>
<tr><td colspan="3">Vorbemerkung 2.1.1:<br>Dieser Abschnitt ist auch anzuwenden im Verfahren zur Beurkundung der folgenden Erklärungen:<br>1. Antrag auf Abschluss eines Vertrags oder Annahme eines solchen Antrags oder<br>2. gemeinschaftliches Testament.</td></tr>
<tr><td>21100</td><td>Beurkundungsverfahren</td><td>2,0<br>– mindestens 120,00 €</td></tr>
<tr><td>21101</td><td>Gegenstand des Beurkundungsverfahrens ist<br>1. die Annahme eines Antrags auf Abschluss eines Vertrags oder<br>2. ein Verfügungsgeschäft und derselbe Notar hat für eine Beurkundung, die das zugrunde liegende Rechtsgeschäft betrifft, die Gebühr 21100 oder 23603 erhoben:</td><td></td></tr>
</table>

| Nr. | Gebührentatbestand | Gebühr oder Satz der Gebühr nach § 34 GNotKG – Tabelle B |
|---|---|---|
| | Die Gebühr 21100 beträgt<br>(1) Als zugrunde liegendes Rechtsgeschäft gilt nicht eine Verfügung von Todes wegen.<br>(2) Die Gebühr für die Beurkundung des Zuschlags in einer freiwilligen Versteigerung von Grundstücken oder grundstücksgleichen Rechten bestimmt sich nach Nummer 23603. | 0,5<br>– mindestens 30,00 € |
| 21102 | Gegenstand des Beurkundungsverfahrens ist<br>1. ein Verfügungsgeschäft und das zugrunde liegende Rechtsgeschäft ist bereits beurkundet und Nummer 21101 nicht anzuwenden oder<br>2. die Aufhebung eines Vertrags:<br>Die Gebühr 21100 beträgt | 1,0<br>– mindestens 60,00 € |
| | **Abschnitt 2. Sonstige Erklärungen, Tatsachen und Vorgänge** | |
| | *Vorbemerkung 2.1.2:*<br>(1) Die Gebühr für die Beurkundung eines Antrags zum Abschluss eines Vertrages und für die Beurkundung der Annahme eines solchen Antrags sowie für die Beurkundung eines gemeinschaftlichen Testaments bestimmt sich nach Abschnitt 1, die Gebühr für die Beurkundung des Zuschlags bei der freiwilligen Versteigerung von Grundstücken oder grundstücksgleichen Rechten bestimmt sich nach Nummer 23603.<br>(2) Die Beurkundung der in der Anmerkung zu Nummer 23603 genannten Erklärungen wird durch die Gebühr 23603 mit abgegolten, wenn die Beurkundung in der Niederschrift über die Versteigerung erfolgt. | |
| 21200 | Beurkundungsverfahren<br>Unerheblich ist, ob eine Erklärung von einer oder von mehreren Personen abgegeben wird. | 1,0<br>– mindestens 60,00 € |
| 21201 | Beurkundungsgegenstand ist<br>1. der Widerruf einer letztwilligen Verfügung,<br>2. der Rücktritt von einem Erbvertrag,<br>3. die Anfechtung einer Verfügung von Todes wegen,<br>4. ein Antrag oder eine Bewilligung nach der Grundbuchordnung, der Schiffsregisterordnung oder dem Gesetz über Rechte an Luftfahrzeugen oder die Zustimmung des Eigentümers zur Löschung eines Grundpfandrechts oder eines vergleichbaren Pfandrechts,<br>5. eine Anmeldung zum Handelsregister oder zu einem ähnlichen Register,<br>6. ein Antrag an das Nachlassgericht,<br>7. eine Erklärung, die gegenüber dem Nachlassgericht abzugeben ist, oder<br>8. die Zustimmung zur Annahme als Kind:<br>Die Gebühr 21200 beträgt<br>In dem in Vorbemerkung 2.3.3 Abs. 2 genannten Fall ist das Beurkundungsverfahren für den Antrag an das Nachlassgericht durch die Gebühr 23300 für die Abnahme der eidesstattlichen Versicherung mit abgegolten; im Übrigen bleiben die Vorschriften in Hauptabschnitt 1 unberührt. | 0,5<br>– mindestens 30,00 € |

| Nr. | Gebührentatbestand | Gebühr oder Satz der Gebühr nach § 34 GNotKG – Tabelle B |
|---|---|---|
| | **Abschnitt 3. Vorzeitige Beendigung des Beurkundungsverfahrens** | |
| | *Vorbemerkung 2.1.3:*<br>(1) Ein Beurkundungsverfahren ist vorzeitig beendet, wenn vor Unterzeichnung der Niederschrift durch den Notar der Beurkundungsauftrag zurückgenommen oder zurückgewiesen wird oder der Notar feststellt, dass nach seiner Überzeugung mit der beauftragten Beurkundung aus Gründen, die nicht in seiner Person liegen, nicht mehr zu rechnen ist. Wird das Verfahren länger als 6 Monate nicht mehr betrieben, ist in der Regel nicht mehr mit der Beurkundung zu rechnen.<br>(2) Führt der Notar nach der vorzeitigen Beendigung des Beurkundungsverfahrens demnächst auf der Grundlage der bereits erbrachten notariellen Tätigkeit ein erneutes Beurkundungsverfahren durch, wird die nach diesem Abschnitt zu erhebende Gebühr auf die Gebühr für das erneute Beurkundungsverfahren angerechnet.<br>(3) Der Fertigung eines Entwurfs im Sinne der nachfolgenden Vorschriften steht die Überprüfung, Änderung oder Ergänzung eines dem Notar vorgelegten Entwurfs gleich. | |
| 21300 | Vorzeitige Beendigung des Beurkundungsverfahrens<br>1. vor Ablauf des Tages, an dem ein vom Notar gefertigter Entwurf an einen Beteiligten durch Aufgabe zur Post versandt worden ist,<br>2. vor der Übermittlung eines vom Notar gefertigten Entwurfs per Telefax, vor der elektronischen Übermittlung als Datei oder vor Aushändigung oder<br>3. bevor der Notar mit allen Beteiligten in einem zum Zweck der Beurkundung vereinbarten Termin auf der Grundlage eines von ihm gefertigten Entwurfs verhandelt hat:<br>Die jeweilige Gebühr für das Beurkundungsverfahren ermäßigt sich auf | 20,00 € |
| 21301 | In den Fällen der Nummer 21300 hat der Notar persönlich oder schriftlich beraten:<br>Die jeweilige Gebühr für das Beurkundungsverfahren ermäßigt sich auf eine Gebühr | in Höhe der jeweiligen Beratungsgebühr |
| 21302 | Vorzeitige Beendigung des Verfahrens nach einem der in Nummer 21300 genannten Zeitpunkte in den Fällen der Nummer 21100:<br>Die Gebühr 21100 ermäßigt sich auf | 0,5 bis 2,0 – mindestens 120,00 € |
| 21303 | Vorzeitige Beendigung des Verfahrens nach einem der in Nummer 21300 genannten Zeitpunkte in den Fällen der Nummern 21102 und 21200:<br>Die Gebühren 21102 und 21200 ermäßigen sich auf | 0,3 bis 1,0 – mindestens 60,00 € |
| 21304 | Vorzeitige Beendigung des Verfahrens nach einem der in Nummer 21300 genannten Zeitpunkte in den Fällen der Nummern 21101 und 21201:<br>Die Gebühren 21101 und 21201 ermäßigen sich auf | 0,3 bis 0,5 – mindestens 30,00 € |

| Nr. | Gebührentatbestand | Gebühr oder Satz der Gebühr nach § 34 GNotKG – Tabelle B |
|---|---|---|
| | **Hauptabschnitt 2. Vollzug eines Geschäfts und Betreuungstätigkeiten** | |
| | *Vorbemerkung 2.2:*<br>(1) Gebühren nach diesem Hauptabschnitt entstehen nur, wenn dem Notar für seine Tätigkeit ein besonderer Auftrag erteilt worden ist; dies gilt nicht für die Gebühren 22114, 22125 und die Gebühr 22200 im Fall der Nummer 6 der Anmerkung.<br>(2) Entsteht für eine Tätigkeit eine Gebühr nach diesem Hauptabschnitt, fällt bei demselben Notar insoweit keine Gebühr für die Fertigung eines Entwurfs und keine Gebühr nach Nummer 25204 an. | |
| | **Abschnitt 1. Vollzug**<br>**Unterabschnitt 1. Vollzug eines Geschäfts** | |
| | *Vorbemerkung 2.2.1.1:*<br>(1) Die Vorschriften dieses Unterabschnitts sind anzuwenden, wenn der Notar eine Gebühr für das Beurkundungsverfahren oder für die Fertigung eines Entwurfs erhält, die das zugrunde liegende Geschäft betrifft. Die Vollzugsgebühr entsteht für die<br>1. Anforderung und Prüfung einer Erklärung oder Bescheinigung nach öffentlich-rechtlichen Vorschriften, mit Ausnahme der Unbedenklichkeitsbescheinigung des Finanzamts,<br>2. Anforderung und Prüfung einer anderen als der in Nummer 4 genannten gerichtlichen Entscheidung oder Bescheinigung, dies gilt auch für die Ermittlung des Inhalts eines ausländischen Registers,<br>3. Fertigung, Änderung oder Ergänzung der Liste der Gesellschafter (§ 8 Abs. 1 Nr. 3, § 40 GmbHG) oder der Liste der Personen, welche neue Geschäftsanteile übernommen haben (§ 57 Abs. 3 Nr. 2 GmbHG),<br>4. Anforderung und Prüfung einer Entscheidung des Familien-, Betreuungs- oder Nachlassgerichts einschließlich aller Tätigkeiten des Notars gemäß den §§ 1828 und 1829 BGB im Namen der Beteiligten sowie die Erteilung einer Bescheinigung über die Wirksamkeit oder Unwirksamkeit des Rechtsgeschäfts,<br>5. Anforderung und Prüfung einer Vollmachtsbestätigung oder einer privatrechtlichen Zustimmungserklärung,<br>6. Anforderung und Prüfung einer privatrechtlichen Verzichtserklärung,<br>7. Anforderung und Prüfung einer Erklärung über die Ausübung oder Nichtausübung eines privatrechtlichen Vorkaufs- oder Wiederkaufsrechts,<br>8. Anforderung und Prüfung einer Erklärung über die Zustimmung zu einer Schuldübernahme oder einer Entlassung aus der Haftung,<br>9. Anforderung und Prüfung einer Erklärung oder sonstigen Urkunde zur Verfügung über ein Recht an einem Grundstück oder einem grundstücksgleichen Recht sowie zur Löschung oder Inhaltsänderung einer sonstigen Eintragung im Grundbuch oder in einem Register oder Anforderung und Prüfung einer Erklärung, inwieweit ein Grundpfandrecht eine Verbindlichkeit sichert,<br>10.Anforderung und Prüfung einer Verpflichtungserklärung betreffend eine in Nummer 9 genannte Verfügung oder einer Erklärung über die Nichtausübung eines Rechts und<br>11.über die in den Nummern 1 und 2 genannten Tätigkeiten hinausgehende Tätigkeit für die Beteiligten gegenüber der Behörde, dem Gericht oder der Körperschaft oder Anstalt des öffentlichen Rechts.<br>Die Vollzugsgebühr entsteht auch, wenn die Tätigkeit vor der Beurkundung vorgenommen wird.<br>(2) Zustimmungsbeschlüsse stehen Zustimmungserklärungen gleich.<br>(3) Wird eine Vollzugstätigkeit unter Beteiligung eines ausländischen Gerichts oder einer ausländischen Behörde vorgenommen, bestimmt sich die Vollzugsgebühr nach Unterabschnitt 2. | |
| 22110 | Vollzugsgebühr | 0,5 |
| 22111 | Vollzugsgebühr, wenn die Gebühr für das zugrunde liegende Beurkundungsverfahren weniger als 2,0 beträgt:<br>Die Gebühr 22110 beträgt | <br><br>0,3 |
| | Vollzugsgegenstand sind lediglich die in der Vorbemerkung 2.2.1.1 Abs. 1 Satz 2 Nr. 1 bis 3 genannten Tätigkeiten: | |

Kosten-verzeichnis (Auszug)

| Nr. | Gebührentatbestand | Gebühr oder Satz der Gebühr nach § 34 GNotKG – Tabelle B |
|---|---|---|
| | Die Gebühren 22110 und 22111 betragen | |
| 22112 | für jede Tätigkeit nach Vorbemerkung 2.2.1.1 Abs. 1 Satz 2 Nr. 1 und 2 | höchstens 50,00 € |
| 22113 | für jede Tätigkeit nach Vorbemerkung 2.2.1.1 Abs. 1 Satz 2 Nr. 3 | höchstens 250,00 € |
| 22114 | Erzeugung von strukturierten Daten in Form der Extensible Markup Language (XML) oder in einem nach dem Stand der Technik vergleichbaren Format für eine automatisierte Weiterbearbeitung | 0,2 – höchstens 125,00 € |
| 22115 | Neben der Gebühr 22114 entstehen andere Gebühren dieses Unterabschnitts: Die Gebühr 22114 beträgt | 0,1 – höchstens 125,00 € |
| | **Unterabschnitt 2. Vollzug in besonderen Fällen** | |
| | *Vorbemerkung 2.2.1.2:*<br>Die Gebühren dieses Unterabschnitts entstehen, wenn der Notar<br>1. keine Gebühr für ein Beurkundungsverfahren oder für die Fertigung eines Entwurfs erhalten hat, die das zu vollziehende Geschäft betrifft, oder<br>2. eine Vollzugstätigkeit unter Beteiligung eines ausländischen Gerichts oder einer ausländischen Behörde vornimmt. | |
| 22120 | Vollzugsgebühr für die in Vorbemerkung 2.2.1.1 Abs. 1 Satz 2 genannten Tätigkeiten, wenn die Gebühr für ein die Urkunde betreffendes Beurkundungsverfahren 2,0 betragen würde | 1,0 |
| 22121 | Vollzugsgebühr für die in Vorbemerkung 2.2.1.1 Abs. 1 Satz 2 genannten Tätigkeiten, wenn die Gebühr für ein die Urkunde betreffendes Beurkundungsverfahren weniger als 2,0 betragen würde | 0,5 |
| 22122 | Überprüfung, ob die Urkunde bei Gericht eingereicht werden kann<br>(1) Die Gebühr entsteht nicht neben einer der Gebühren 22120 und 22121.<br>(2) Die Gebühr entsteht nicht für die Prüfung der Eintragungsfähigkeit in den Fällen des § 378 Abs. 3 FamFG und des § 15 Abs. 3 der Grundbuchordnung. | 0,5 |
| 22123 | Erledigung von Beanstandungen einschließlich des Beschwerdeverfahrens<br>Die Gebühr entsteht nicht neben einer der Gebühren 22120 bis 22122. | 0,5 |
| 22124 | Die Tätigkeit beschränkt sich auf<br>1. die Übermittlung von Anträgen, Erklärungen oder Unterlagen an ein Gericht, eine Behörde oder einen Dritten oder die Stellung von Anträgen im Namen der Beteiligten,<br>2. die Prüfung der Eintragungsfähigkeit in den Fällen des § 378 Abs. 3 FamFG und des § 15 Abs. 3 der Grundbuchordnung<br>(1) Die Gebühr entsteht nur, wenn nicht eine Gebühr nach den Nummern 22120 bis 22123 anfällt.<br>(2) Die Gebühr nach Nummer 2 entsteht nicht neben der Gebühr 25100 oder 25101.<br>(3) Die Gebühr entsteht auch, wenn Tätigkeiten nach Nummer 1 und nach Nummer 2 ausgeübt werden. In diesem Fall wird die Gebühr nur einmal erhoben. | 20,00 € |
| 22125 | Erzeugung von strukturierten Daten in Form der Extensible Markup Language (XML) oder einem nach dem Stand der Technik vergleichbaren Format für eine automatisierte Weiterbearbeitung<br>(1) Die Gebühr entsteht neben anderen Gebühren dieses Unterabschnitts gesondert.<br>(2) Die Gebühr entsteht nicht neben der Gebühr 25101. | 0,5 – höchstens 250,00 € |

| Nr. | Gebührentatbestand | Gebühr oder Satz der Gebühr nach § 34 GNotKG – Tabelle B |
|---|---|---|
| | **Abschnitt 2. Betreuungstätigkeiten** | |
| 22200 | Betreuungsgebühr<br>Die Betreuungsgebühr entsteht für die<br>1. Erteilung einer Bescheinigung über den Eintritt der Wirksamkeit von Verträgen, Erklärungen und Beschlüssen,<br>2. Prüfung und Mitteilung des Vorliegens von Fälligkeitsvoraussetzungen einer Leistung oder Teilleistung,<br>3. Beachtung einer Auflage eines an dem Beurkundungsverfahren Beteiligten im Rahmen eines Treuhandauftrags, eine Urkunde oder Auszüge einer Urkunde nur unter bestimmten Bedingungen herauszugeben, wenn die Herausgabe nicht lediglich davon abhängt, dass ein Beteiligter der Herausgabe zustimmt, oder die Erklärung der Bewilligung nach § 19 der Grundbuchordnung aufgrund einer Vollmacht, wenn diese nur unter bestimmten Bedingungen abgegeben werden soll,<br>4. Prüfung und Beachtung der Auszahlungsvoraussetzungen von verwahrtem Geld und der Ablieferungsvoraussetzungen von verwahrten Wertpapieren und Kostbarkeiten,<br>5. Anzeige oder Anmeldung einer Tatsache, insbesondere einer Abtretung oder Verpfändung, an einen nicht an dem Beurkundungsverfahren Beteiligten zur Erzielung einer Rechtsfolge, wenn sich die Tätigkeit des Notars nicht darauf beschränkt, dem nicht am Beurkundungsverfahren Beteiligten die Urkunde oder eine Kopie oder eine Ausfertigung der Urkunde zu übermitteln,<br>6. Erteilung einer Bescheinigung über Veränderungen hinsichtlich der Personen der Gesellschafter oder des Umfangs ihrer Beteiligung (§ 40 Abs. 2 GmbHG), wenn Umstände außerhalb der Urkunde zu prüfen sind, und<br>7. Entgegennahme der für den Gläubiger bestimmten Ausfertigung einer Grundpfandrechtsbestellungsurkunde zur Herbeiführung der Bindungswirkung gemäß § 873 Abs. 2 BGB. | 0,5 |
| 22201 | Treuhandgebühr<br>Die Treuhandgebühr entsteht für die Beachtung von Auflagen durch einen nicht unmittelbar an dem Beurkundungsverfahren Beteiligten, eine Urkunde oder Auszüge einer Urkunde nur unter bestimmten Bedingungen herauszugeben. Die Gebühr entsteht für jeden Treuhandauftrag gesondert. | 0,5 |
| | **Hauptabschnitt 3. Sonstige notarielle Verfahren** | |
| | *Vorbemerkung 2.3:*<br>Mit den Gebühren dieses Hauptabschnitts wird auch die Fertigung einer Niederschrift abgegolten. Nummer 23603 bleibt unberührt. | |
| | **Abschnitt 1. Rückgabe eines Erbvertrags aus der notariellen Verwahrung** | |
| 23100 | Verfahrensgebühr<br>Wenn derselbe Notar demnächst nach der Rückgabe eines Erbvertrags eine erneute Verfügung von Todes wegen desselben Erblassers beurkundet, wird die Gebühr auf die Gebühr für das Beurkundungsverfahren angerechnet. Bei einer Mehrheit von Erblassern erfolgt die Anrechnung nach Kopfteilen. | 0,3 |

| Nr. | Gebührentatbestand | Gebühr oder Satz der Gebühr nach § 34 GNotKG – Tabelle B |
|---|---|---|
| | **Abschnitt 2. Verlosung, Auslosung** | |
| 23200 | Verfahrensgebühr<br>Die Gebühr entsteht auch, wenn der Notar Prüfungstätigkeiten übernimmt. | 2,0 |
| 23201 | Vorzeitige Beendigung des Verfahrens:<br>Die Gebühr 23200 ermäßigt sich auf | 0,5 |
| | **Abschnitt 3. Eid, eidesstattliche Versicherung, Vernehmung von Zeugen und Sachverständigen** | |
| | *Vorbemerkung 2.3.3:*<br>(1) Die Gebühren entstehen nur, wenn das in diesem Abschnitt genannte Verfahren oder Geschäft nicht Teil eines anderen Verfahrens oder Geschäfts ist.<br>(2) Wird mit der Niederschrift über die Abnahme der eidesstattlichen Versicherung zugleich ein Antrag an das Nachlassgericht beurkundet, wird mit der Gebühr 23300 insoweit auch das Beurkundungsverfahren abgegolten. | |
| 23300 | Verfahren zur Abnahme von Eiden und eidesstattlichen Versicherungen | 1,0 |
| 23301 | Vorzeitige Beendigung des Verfahrens:<br>Die Gebühr 23300 beträgt | 0,3 |
| 23302 | Vernehmung von Zeugen und Sachverständigen | 1,0 |
| | **Abschnitt 4. Wechsel- und Scheckprotest** | |
| | *Vorbemerkung 2.3.4:*<br>Neben den Gebühren dieses Abschnitts werden die Gebühren 25300 und 26002 nicht erhoben. | |
| 23400 | Verfahren über die Aufnahme eines Wechsel- und Scheckprotests<br>Die Gebühr fällt auch dann an, wenn ohne Aufnahme des Protestes an den Notar gezahlt oder ihm die Zahlung nachgewiesen wird. | 0,5 |
| 23401 | Verfahren über die Aufnahme eines jeden Protests wegen Verweigerung der Ehrenannahme oder wegen unterbliebener Ehrenzahlung, wenn der Wechsel Notadressen enthält | 0,3 |
| | **Abschnitt 5. Vermögensverzeichnis und Siegelung** | |
| | *Vorbemerkung 2.3.5:*<br>Neben den Gebühren dieses Abschnitts wird die Gebühr 26002 nicht erhoben. | |
| 23500 | Verfahren über die Aufnahme eines Vermögensverzeichnisses einschließlich der Siegelung<br>Die Gebühr entsteht nicht, wenn die Aufnahme des Vermögensverzeichnisses Teil eines beurkundeten Vertrags ist. | 2,0 |
| 23501 | Vorzeitige Beendigung des Verfahrens:<br>Die Gebühr 23500 ermäßigt sich auf | 0,5 |
| 23502 | Mitwirkung als Urkundsperson bei der Aufnahme eines Vermögensverzeichnisses einschließlich der Siegelung | 1,0 |
| 23503 | Siegelung, die nicht mit den Gebühren 23500 oder 23502 abgegolten ist, und Entsiegelung | 0,5 |
| | **Abschnitt 6. Freiwillige Versteigerung von Grundstücken** | |
| | *Vorbemerkung 2.3.6:*<br>Die Vorschriften dieses Abschnitts sind auf die freiwillige Versteigerung von Grundstücken und grundstücksgleichen Rechten durch den Notar zum Zwecke der Veräußerung oder Verpachtung anzuwenden. | |
| 23600 | Verfahrensgebühr | 0,5 |
| 23601 | Aufnahme einer Schätzung | 0,5 |
| 23602 | Abhaltung eines Versteigerungstermins:<br>für jeden Termin | 1,0 |

| Nr. | Gebührentatbestand | Gebühr oder Satz der Gebühr nach § 34 GNotKG – Tabelle B |
|---|---|---|
| | Der Versteigerungstermin gilt als abgehalten, wenn zur Abgabe von Geboten aufgefordert ist. | |
| 23603 | Beurkundung des Zuschlags<br>Die Beurkundung bleibt gebührenfrei, wenn sie in der Niederschrift über die Versteigerung erfolgt und wenn<br>1. der Meistbietende die Rechte aus dem Meistgebot oder der Veräußerer den Anspruch gegen den Ersteher abtritt, oder<br>2. der Meistbietende erklärt, für einen Dritten geboten zu haben, oder<br>3. ein Dritter den Erklärungen nach Nummer 2 beitritt.<br>Das Gleiche gilt, wenn nach Maßgabe der Versteigerungsbedingungen für den Anspruch gegen den Ersteher die Bürgschaft übernommen oder eine sonstige Sicherheit bestellt und dies in dem Protokoll über die Versteigerung beurkundet wird. | 1,0 |
| | **Abschnitt 7. Versteigerung von beweglichen Sachen und von Rechten** | |
| 23700 | Verfahrensgebühr<br>(1) Die Gebühr entsteht für die Versteigerung von beweglichen Sachen, von Früchten auf dem Halm oder von Holz auf dem Stamm sowie von Forderungen oder sonstigen Rechten.<br>(2) Ein Betrag in Höhe der Kosten kann aus dem Erlös vorweg entnommen werden. | 3,0 |
| 23701 | Beendigung des Verfahrens vor Aufforderung zur Abgabe von Geboten:<br>Die Gebühr 23700 ermäßigt sich auf | 0,5 |
| | **Abschnitt 8. Vorbereitung der Zwangsvollstreckung** | |
| 23800 | Verfahren über die Vollstreckbarerklärung eines Anwaltsvergleichs nach § 796a ZPO | 66,00 € |
| 23801 | Verfahren über die Vollstreckbarerklärung eines Schiedsspruchs mit vereinbartem Wortlaut (§ 1053 ZPO) | 2,0 |
| 23802 | Beendigung des gesamten Verfahrens durch Zurücknahme des Antrags:<br>Die Gebühr 23801 ermäßigt sich auf | 1,0 |
| 23803 | Verfahren über die Erteilung einer vollstreckbaren Ausfertigung, wenn der Eintritt einer Tatsache oder einer Rechtsnachfolge zu prüfen ist (§§ 726 bis 729 ZPO) | 0,5 |
| 23804 | Verfahren über den Antrag auf Erteilung einer weiteren vollstreckbaren Ausfertigung (§ 797 Abs. 3, § 733 ZPO)<br>Die Gebühr wird für jede weitere vollstreckbare Ausfertigung gesondert erhoben. | 22,00 € |
| 23805 | Verfahren über die Ausstellung einer Bestätigung nach § 1079 ZPO oder über die Ausstellung einer Bescheinigung nach § 1110 ZPO | 22,00 € |
| 23806 | Verfahren über einen Antrag auf Vollstreckbarerklärung einer notariellen Urkunde nach § 55 Abs. 3 AVAG, nach § 35 Abs. 3 AUG, nach § 3 Abs. 4 IntErbRVG oder nach § 4 Abs. 4 IntGüRVG | 264,00 € |
| 23807 | Beendigung des gesamten Verfahrens durch Zurücknahme des Antrags:<br>Die Gebühr 23806 ermäßigt sich auf | 99,00 € |
| 23808 | Verfahren über die Ausstellung einer Bescheinigung nach § 57 AVAG, § 27 IntErbRVG oder § 27 IntGüRVG oder für die Ausstellung des Formblatts oder der Bescheinigung nach § 71 Abs. 1 AUG | 17,00 € |

| Nr. | Gebührentatbestand | Gebühr oder Satz der Gebühr nach § 34 GNotKG – Tabelle B |
|---|---|---|
| **Abschnitt 9. Teilungssachen** | | |
| *Vorbemerkung 2.3.9:*<br>(1) Dieser Abschnitt gilt für Teilungssachen zur Vermittlung der Auseinandersetzung des Nachlasses und des Gesamtguts einer Gütergemeinschaft nach Beendigung der ehelichen, lebenspartnerschaftlichen oder fortgesetzten Gütergemeinschaft (§ 342 Abs. 2 Nr. 1 FamFG).<br>(2) Neben den Gebühren dieses Abschnitts werden gesonderte Gebühren erhoben für<br>1. die Aufnahme von Vermögensverzeichnissen und Schätzungen,<br>2. Versteigerungen und<br>3. das Beurkundungsverfahren, jedoch nur, wenn Gegenstand ein Vertrag ist, der mit einem Dritten zum Zweck der Auseinandersetzung geschlossen wird. | | |
| 23900 | Verfahrensgebühr | 6,0 |
| 23901 | Soweit das Verfahren vor Eintritt in die Verhandlung durch Zurücknahme oder auf andere Weise endet, ermäßigt sich die Gebühr 23900 auf | 1,5 |
| 23902 | Soweit der Notar das Verfahren vor Eintritt in die Verhandlung wegen Unzuständigkeit an einen anderen Notar verweist, ermäßigt sich die Gebühr 23900 auf | 1,5<br>– höchstens 100,00 € |
| 23903 | Das Verfahren wird nach Eintritt in die Verhandlung<br>1. ohne Bestätigung der Auseinandersetzung abgeschlossen oder<br>2. wegen einer Vereinbarung der Beteiligten über die Zuständigkeit an einen anderen Notar verwiesen:<br>Die Gebühr 23900 ermäßigt sich auf | 3,0 |
| **Hauptabschnitt 4. Entwurf und Beratung** | | |
| **Abschnitt 1. Entwurf** | | |
| *Vorbemerkung 2.4.1:*<br>(1) Gebühren nach diesem Abschnitt entstehen, wenn außerhalb eines Beurkundungsverfahrens ein Entwurf für ein bestimmtes Rechtsgeschäft oder eine bestimmte Erklärung im Auftrag eines Beteiligten gefertigt worden ist. Sie entstehen jedoch nicht in den Fällen der Vorbemerkung 2.2 Abs. 2.<br>(2) Beglaubigt der Notar, der den Entwurf gefertigt hat, demnächst unter dem Entwurf eine oder mehrere Unterschriften oder Handzeichen, entstehen für die erstmaligen Beglaubigungen, die an ein und demselben Tag erfolgen, keine Gebühren.<br>(3) Gebühren nach diesem Abschnitt entstehen auch, wenn der Notar keinen Entwurf gefertigt, aber einen ihm vorgelegten Entwurf überprüft, geändert oder ergänzt hat. Dies gilt nicht für die Prüfung der Eintragungsfähigkeit in den Fällen des § 378 Abs. 3 FamFG und des § 15 Abs. 3 der Grundbuchordnung.<br>(4) Durch die Gebühren dieses Abschnitts werden auch abgegolten<br>1. die Übermittlung von Anträgen und Erklärungen an ein Gericht oder eine Behörde,<br>2. die Stellung von Anträgen im Namen der Beteiligten bei einem Gericht oder einer Behörde und<br>3. die Erledigung von Beanstandungen einschließlich des Beschwerdeverfahrens.<br>(5) Gebühren nach diesem Abschnitt entstehen auch für die Fertigung eines Entwurfs zur beabsichtigten Verwendung für mehrere gleichartige Rechtsgeschäfte oder Erklärungen (Serienentwurf). Absatz 3 gilt entsprechend.<br>(6) Wenn der Notar demnächst nach Fertigung eines Entwurfs auf der Grundlage dieses Entwurfs ein Beurkundungsverfahren durchführt, wird eine Gebühr nach diesem Abschnitt auf die Gebühr für das Beurkundungsverfahren angerechnet.<br>(7) Der Notar ist berechtigt, dem Auftraggeber die Gebühren für die Fertigung eines Serienentwurfs bis zu einem Jahr nach Fälligkeit zu stunden. | | |
| 24100 | Fertigung eines Entwurfs, wenn die Gebühr für das Beurkundungsverfahren 2,0 betragen würde | 0,5 bis 2,0<br>– mindestens 120,00 € |

| Nr. | Gebührentatbestand | Gebühr oder Satz der Gebühr nach § 34 GNotKG – Tabelle B |
|---|---|---|
| 24101 | Fertigung eines Entwurfs, wenn die Gebühr für das Beurkundungsverfahren 1,0 betragen würde | 0,3 bis 1,0 – mindestens 60,00 € |
| 24102 | Fertigung eines Entwurfs, wenn die Gebühr für das Beurkundungsverfahren 0,5 betragen würde | 0,3 bis 0,5 – mindestens 30,00 € |
| 24103 | Auf der Grundlage eines von demselben Notar gefertigten Serienentwurfs finden Beurkundungsverfahren statt:<br>Die Gebühren dieses Abschnitts ermäßigen sich jeweils um | die Gebühr für das Beurkundungsverfahren |
| | **Abschnitt 2. Beratung** | |
| 24200 | Beratungsgebühr<br>(1) Die Gebühr entsteht für eine Beratung, soweit der Beratungsgegenstand nicht Gegenstand eines anderen gebührenpflichtigen Verfahrens oder Geschäfts ist.<br>(2) Soweit derselbe Gegenstand demnächst Gegenstand eines anderen gebührenpflichtigen Verfahrens oder Geschäfts ist, ist die Beratungsgebühr auf die Gebühr für das andere Verfahren oder Geschäft anzurechnen. | 0,3 bis 1,0 |
| 24201 | Der Beratungsgegenstand könnte auch Beurkundungsgegenstand sein und die Beurkundungsgebühr würde 1,0 betragen:<br>Die Gebühr 24200 beträgt | 0,3 bis 0,5 |
| 24202 | Der Beratungsgegenstand könnte auch Beurkundungsgegenstand sein und die Beurkundungsgebühr würde weniger als 1,0 betragen:<br>Die Gebühr 24200 beträgt | 0,3 |
| 24203 | Beratung bei der Vorbereitung oder Durchführung einer Hauptversammlung oder Gesellschafterversammlung<br>Die Gebühr entsteht, soweit der Notar die Gesellschaft über die im Rahmen eines Beurkundungsverfahrens bestehenden Amtspflichten hinaus berät. | 0,5 bis 2,0 |
| | **Hauptabschnitt 5. Sonstige Geschäfte** | |
| | **Abschnitt 1. Beglaubigungen und sonstige Zeugnisse (§§ 39, 39a des Beurkundungsgesetzes)** | |
| 25100 | Beglaubigung einer Unterschrift oder eines Handzeichens<br>(1) Die Gebühr entsteht nicht in den in Vorbemerkung 2.4.1 Abs. 2 genannten Fällen.<br>(2) Mit der Gebühr ist die Beglaubigung mehrerer Unterschriften oder Handzeichen abgegolten, wenn diese in einem einzigen Vermerk erfolgt. | 0,2 – mindestens 20,00 €, höchstens 70,00 € |
| 25101 | Die Erklärung, unter der die Beglaubigung von Unterschriften oder Handzeichen erfolgt, betrifft<br>1. eine Erklärung, für die nach den Staatsschuldbuchgesetzen eine öffentliche Beglaubigung vorgeschrieben ist,<br>2. eine Zustimmung gemäß § 27 der Grundbuchordnung sowie einen damit verbundenen Löschungsantrag gemäß § 13 der Grundbuchordnung,<br>3. den Nachweis der Verwaltereigenschaft gemäß § 26 Abs. 4 WEG:<br>Die Gebühr 25100 beträgt | 20,00 € |

| Nr. | Gebührentatbestand | Gebühr oder Satz der Gebühr nach § 34 GNotKG – Tabelle B |
|---|---|---|
| 25102 | Beglaubigung von Dokumenten<br>(1) Neben der Gebühr wird keine Dokumentenpauschale erhoben.<br>(2) Die Gebühr wird nicht erhoben für die Erteilung<br>1. beglaubigter Kopien oder Ausdrucke der vom Notar aufgenommenen oder entworfenen oder in Urschrift in seiner dauernden Verwahrung befindlichen Urkunden und<br>2. beglaubigter Kopien vorgelegter Vollmachten und Ausweise über die Berechtigung eines gesetzlichen Vertreters, die der vom Notar gefertigten Niederschrift beizulegen sind (§ 12 des Beurkundungsgesetzes).<br>(3) Einer Kopie im Sinne des Absatzes 2 steht ein in ein elektronisches Dokument übertragenes Schriftstück gleich. | 1,00 € für jede angefangene Seite – mindestens 10,00 € |
| 25103 | Sicherstellung der Zeit, zu der eine Privaturkunde ausgestellt ist, einschließlich der über die Vorlegung ausgestellten Bescheinigung | 20,00 € |
| 25104 | Erteilung von Bescheinigungen über Tatsachen oder Verhältnisse, die urkundlich nachgewiesen oder offenkundig sind, einschließlich der Identitätsfeststellung, wenn sie über die §§ 10 und 40 Abs. 4 des Beurkundungsgesetzes hinaus selbständige Bedeutung hat<br>Die Gebühr entsteht nicht, wenn die Erteilung der Bescheinigung eine Betreuungstätigkeit nach Nummer 22200 darstellt. | 1,0 |
| | **Abschnitt 2. Andere Bescheinigungen und sonstige Geschäfte** | |
| 25200 | Erteilung einer Bescheinigung nach § 21 Abs. 1 BNotO | 15,00 € für jedes Registerblatt, dessen Einsicht zur Erteilung erforderlich ist |
| 25201 | Rangbescheinigung (§ 122 GNotKG) | 0,3 |
| 25202 | Herstellung eines Teilhypotheken-, -grundschuld- oder -rentenschuldbriefs | 0,3 |
| 25203 | Erteilung einer Bescheinigung über das im Inland oder im Ausland geltende Recht einschließlich von Tatsachen | 0,3 bis 1,0 |
| 25204 | Abgabe einer Erklärung aufgrund einer Vollmacht anstelle einer in öffentlich beglaubigter Form durch die Beteiligten abzugebenden Erklärung<br>Die Gebühr entsteht nicht, wenn für die Tätigkeit eine Betreuungsgebühr anfällt. | in Höhe der für die Fertigung des Entwurfs der Erklärung zu erhebenden Gebühr |
| 25205 | Tätigkeit als zu einer Beurkundung zugezogener zweiter Notar<br>(1) Daneben wird die Gebühr 26002 oder 26003 nicht erhoben.<br>(2) Der zuziehende Notar teilt dem zugezogenen Notar die Höhe der von ihm zu erhebenden Gebühr für das Beurkundungsverfahren mit. | in Höhe von 50 % der dem beurkundenden Notar zustehenden Gebühr für das Beurkundungsverfahren |
| 25206 | Gründungsprüfung gemäß § 33 Abs. 3 des Aktiengesetzes | 1,0 – mindestens 1 000,00 € |
| 25207 | Erwirkung der Apostille oder der Legalisation einschließlich der Beglaubigung durch den Präsidenten des Landgerichts | 25,00 € |

| Nr. | Gebührentatbestand | Gebühr oder Satz der Gebühr nach § 34 GNotKG – Tabelle B |
|---|---|---|
| 25208 | Erwirkung der Legalisation, wenn weitere Beglaubigungen notwendig sind:<br>Die Gebühr 25207 beträgt | 50,00 € |
| 25209 | Einsicht in das Grundbuch, in öffentliche Register und Akten einschließlich der Mitteilung des Inhalts an den Beteiligten<br>Die Gebühr entsteht nur, wenn die Tätigkeit nicht mit einem gebührenpflichtigen Verfahren oder Geschäft zusammenhängt. | 15,00 € |
| | Erteilung von Abdrucken aus einem Register oder aus dem Grundbuch auf Antrag oder deren beantragte Ergänzung oder Bestätigung: | |
| 25210 | – Abdruck | 10,00 € |
| 25211 | – beglaubigter Abdruck<br>Neben den Gebühren 25210 und 25211 wird keine Dokumentenpauschale erhoben. | 15,00 € |
| | Anstelle eines Abdrucks wird in den Fällen der Nummern 25210 und 25211 die elektronische Übermittlung einer Datei beantragt: | |
| 25212 | – unbeglaubigte Datei | 5,00 € |
| 25213 | – beglaubigte Datei<br>Werden zwei elektronische Dateien gleichen Inhalts in unterschiedlichen Dateiformaten gleichzeitig übermittelt, wird die Gebühr 25212 oder 25213 nur einmal erhoben. Sind beide Gebührentatbestände erfüllt, wird die höhere Gebühr erhoben. | 10,00 € |
| 25214 | Erteilung einer Bescheinigung nach § 21 Abs. 3 BNotO | 15,00 € |
| | **Abschnitt 3. Verwahrung von Geld, Wertpapieren und Kostbarkeiten** | |
| | *Vorbemerkung 2.5.3:*<br>(1) Die Gebühren dieses Abschnitts entstehen neben Gebühren für Betreuungstätigkeiten gesondert.<br>(2) § 35 Abs. 2 GNotKG und Nummer 32013 sind nicht anzuwenden. | |
| 25300 | Verwahrung von Geldbeträgen:<br>je Auszahlung<br>Der Notar kann die Gebühr bei der Ablieferung an den Auftraggeber entnehmen. | 1,0<br>– soweit der Betrag 13 Mio. € übersteigt: 0,1 % des Auszahlungsbetrags |
| 25301 | Entgegennahme von Wertpapieren und Kostbarkeiten zur Verwahrung<br>Durch die Gebühr wird die Verwahrung mit abgegolten. | 1,0<br>– soweit der Wert 13 Mio. € übersteigt: 0,1 % des Werts |

| Nr. | Gebührentatbestand | Gebühr oder Satz der Gebühr nach § 34 GNotKG – Tabelle B |
|---|---|---|
| | **Hauptabschnitt 6. Zusatzgebühren** | |
| 26000 | Tätigkeiten, die auf Verlangen der Beteiligten an Sonntagen und allgemeinen Feiertagen, an Sonnabenden vor 8 und nach 13 Uhr sowie an den übrigen Werktagen außerhalb der Zeit von 8 bis 18 Uhr vorgenommen werden<br>(1) Treffen mehrere der genannten Voraussetzungen zu, so wird die Gebühr nur einmal erhoben.<br>(2) Die Gebühr fällt nur an, wenn bei den einzelnen Geschäften nichts anderes bestimmt ist. | in Höhe von 30 % der für das Verfahren oder das Geschäft zu erhebenden Gebühr – höchstens 30,00 € |
| 26001 | Abgabe der zu beurkundenden Erklärung eines Beteiligten in einer fremden Sprache ohne Hinzuziehung eines Dolmetschers sowie Beurkundung, Beglaubigung oder Bescheinigung in einer fremden Sprache oder Übersetzung einer Erklärung in eine andere Sprache<br>Mit der Gebühr ist auch die Erteilung einer Bescheinigung gemäß § 50 des Beurkundungsgesetzes abgegolten. | in Höhe von 30 % der für das Beurkundungsverfahren, für eine Beglaubigung oder Bescheinigung zu erhebenden Gebühr – höchstens 5 000,00 € |
| 26002 | Die Tätigkeit wird auf Verlangen eines Beteiligten außerhalb der Geschäftsstelle des Notars vorgenommen:<br>Zusatzgebühr für jede angefangene halbe Stunde der Abwesenheit, wenn nicht die Gebühr 26003 entsteht<br>(1) Nimmt der Notar mehrere Geschäfte vor, so entsteht die Gebühr nur einmal. Sie ist auf die einzelnen Geschäfte unter Berücksichtigung der für jedes Geschäft aufgewandten Zeit angemessen zu verteilen.<br>(2) Die Zusatzgebühr wird auch dann erhoben, wenn ein Geschäft aus einem in der Person eines Beteiligten liegenden Grund nicht vorgenommen wird.<br>(3) Neben dieser Gebühr wird kein Tages- und Abwesenheitsgeld (Nummer 32008) erhoben. | 50,00 € |
| 26003 | Die Tätigkeit wird auf Verlangen eines Beteiligten außerhalb der Geschäftsstelle des Notars vorgenommen und betrifft ausschließlich<br>1. die Errichtung, Aufhebung oder Änderung einer Verfügung von Todes wegen,<br>2. die Errichtung, den Widerruf oder die Änderung einer Vollmacht, die zur Registrierung im Zentralen Vorsorgeregister geeignet ist,<br>3. die Abgabe einer Erklärung gemäß § 1897 Abs. 4 BGB oder<br>4. eine Willensäußerung eines Beteiligten hinsichtlich seiner medizinischen Behandlung oder deren Abbruch:<br>Zusatzgebühr<br>Die Gebühr entsteht für jeden Auftraggeber nur einmal. Im Übrigen gelten die Absätze 2 und 3 der Anmerkung zu Nummer 26002 entsprechend. | 50,00 € |

## Teil 3 Auslagen

| Nr. | Auslagentatbestand | Höhe |
|---|---|---|
| *Vorbemerkung 3:*<br>Sind Auslagen durch verschiedene Rechtssachen veranlasst, werden sie auf die Rechtssachen angemessen verteilt. Dies gilt auch, wenn die Auslagen durch Notar- und Rechtsanwaltsgeschäfte veranlasst sind. | | |
| | **Hauptabschnitt 1. Auslagen der Gerichte** | |
| | – für Notare nicht einschlägig | |
| | | |
| | **Hauptabschnitt 2. Auslagen der Notare** | |
| *Vorbemerkung 3.2:*<br>(1) Mit den Gebühren werden auch die allgemeinen Geschäftskosten entgolten.<br>(2) Eine Geschäftsreise liegt vor, wenn das Reiseziel außerhalb der Gemeinde liegt, in der sich der Amtssitz oder die Wohnung des Notars befindet. | | |
| 32000 | Pauschale für die Herstellung und Überlassung von Ausfertigungen, Kopien und Ausdrucken (Dokumentenpauschale) bis zur Größe von DIN A3, die auf besonderen Antrag angefertigt oder per Telefax übermittelt worden sind: | |
| | für die ersten 50 Seiten je Seite | 0,50 € |
| | für jede weitere Seite | 0,15 € |
| | für die ersten 50 Seiten in Farbe je Seite | 1,00 € |
| | für jede weitere Seite in Farbe | 0,30 € |
| | Dieser Auslagentatbestand gilt nicht für die Fälle der Nummer 32001 Nr. 2 und 3. | |
| 32001 | Dokumentenpauschale für Ausfertigungen, Kopien und Ausdrucke bis zur Größe von DIN A3, die<br>1. ohne besonderen Antrag von eigenen Niederschriften, eigenen Entwürfen und von Urkunden, auf denen der Notar eine Unterschrift beglaubigt hat, angefertigt oder per Telefax übermittelt worden sind; dies gilt nur, wenn die Dokumente nicht beim Notar verbleiben;<br>2. in einem Beurkundungsverfahren auf besonderen Antrag angefertigt oder per Telefax übermittelt worden sind; dies gilt nur, wenn der Antrag spätestens bei der Aufnahme der Niederschrift gestellt wird;<br>3. bei einem Auftrag zur Erstellung eines Entwurfs auf besonderen Antrag angefertigt oder per Telefax übermittelt worden sind; dies gilt nur, wenn der Antrag spätestens am Tag vor der Versendung des Entwurfs gestellt wird: | |
| | je Seite | 0,15 € |
| | je Seite in Farbe | 0,30 € |
| 32002 | Dokumentenpauschale für die Überlassung von elektronisch gespeicherten Dateien oder deren Bereitstellung zum Abruf anstelle der in den Nummern 32000 und 32001 genannten Dokumente ohne Rücksicht auf die Größe der Vorlage: | |
| | je Datei | 1,50 € |
| | für die in einem Arbeitsgang überlassenen, bereitgestellten oder in einem Arbeitsgang auf denselben Datenträger übertragenen Dokumente insgesamt höchstens | 5,00 € |
| | Werden zum Zweck der Überlassung von elektronisch gespeicherten Dateien Dokumente zuvor auf Antrag von der Papierform in die elektronische Form übertragen, beträgt die Dokumentenpauschale nicht weniger, als die Dokumentenpauschale im Fall der Nummer 32000 für eine Schwarz-Weiß-Kopie betragen würde. | |

| Nr. | Auslagentatbestand | Höhe |
|---|---|---|
| 32003 | Entgelte für die Herstellung von Kopien oder Ausdrucken der in den Nummern 32000 und 32001 genannten Art in einer Größe von mehr als DIN A3<br>oder pauschal je Seite<br>oder pauschal je Seite in Farbe | in voller Höhe<br>3,00 €<br>6,00 € |
| 32004 | Entgelte für Post- und Telekommunikationsdienstleistungen<br>(1) Für die durch die Geltendmachung der Kosten entstehenden Entgelte kann kein Ersatz verlangt werden.<br>(2) Für Zustellungen mit Zustellungsurkunde und für Einschreiben gegen Rückschein ist der in Nummer 31002 bestimmte Betrag anzusetzen. | in voller Höhe |
| 32005 | Pauschale für Entgelte für Post- und Telekommunikationsdienstleistungen<br>Die Pauschale kann in jedem notariellen Verfahren und bei sonstigen notariellen Geschäften anstelle der tatsächlichen Auslagen nach Nummer 32004 gefordert werden. Ein notarielles Geschäft und der sich hieran anschließende Vollzug sowie sich hieran anschließende Betreuungstätigkeiten gelten insoweit zusammen als ein Geschäft. | 20 % der Gebühren – höchstens 20,00 € |
| 32006 | Fahrtkosten für eine Geschäftsreise bei Benutzung eines eigenen Kraftfahrzeugs für jeden gefahrenen Kilometer<br>Mit den Fahrtkosten sind die Anschaffungs-, Unterhaltungs- und Betriebskosten sowie die Abnutzung des Kraftfahrzeugs abgegolten. | 0,42 € |
| 32007 | Fahrtkosten für eine Geschäftsreise bei Benutzung eines anderen Verkehrsmittels, soweit sie angemessen sind | in voller Höhe |
| 32008 | Tage- und Abwesenheitsgeld bei einer Geschäftsreise<br>1. von nicht mehr als 4 Stunden<br>2. von mehr als 4 bis 8 Stunden<br>3. von mehr als 8 Stunden<br>Das Tage- und Abwesenheitsgeld wird nicht neben der Gebühr 26002 oder 26003 erhoben. | <br>30,00 €<br>50,00 €<br>80,00 € |
| 32009 | Sonstige Auslagen anlässlich einer Geschäftsreise, soweit sie angemessen sind | in voller Höhe |
| 32010 | An Dolmetscher, Übersetzer und Urkundszeugen zu zahlende Vergütungen sowie Kosten eines zugezogenen zweiten Notars | in voller Höhe |
| 32011 | Nach dem JVKostG für den Abruf von Daten im automatisierten Abrufverfahren zu zahlende Beträge | in voller Höhe |
| 32012 | Im Einzelfall gezahlte Prämie für eine Haftpflichtversicherung für Vermögensschäden, wenn die Versicherung auf schriftliches Verlangen eines Beteiligten abgeschlossen wird | in voller Höhe |
| 32013 | Im Einzelfall gezahlte Prämie für eine Haftpflichtversicherung für Vermögensschäden, soweit die Prämie auf Haftungsbeträge von mehr als 60 Mio. € entfällt und wenn nicht Nummer 32012 erfüllt ist<br>Soweit sich aus der Rechnung des Versicherers nichts anderes ergibt, ist von der Gesamtprämie der Betrag zu erstatten, der sich aus dem Verhältnis der 60 Mio. € übersteigenden Versicherungssumme zu der Gesamtversicherungssumme ergibt. | in voller Höhe |
| 32014 | Umsatzsteuer auf die Kosten<br>Dies gilt nicht, wenn die Umsatzsteuer nach § 19 Abs. 1 UStG unerhoben bleibt. | in voller Höhe |
| 32015 | Sonstige Aufwendungen<br>Sonstige Aufwendungen sind solche, die der Notar aufgrund eines ausdrücklichen Auftrags und für Rechnung eines Beteiligten erbringt. Solche Aufwendungen sind insbesondere verauslagte Gerichtskosten und Gebühren in Angelegenheiten des Zentralen Vorsorge- oder Testamentsregisters sowie des Elektronischen Urkundenarchivs. | in voller Höhe |

**Anlage 2**
(zu § 34 Absatz 3)

Geschäftswert-Gebührentabelle
– von Abdruck abgesehen (siehe erste Rubrik dieses Tabellenbuches).

# Kostenstichworte

Die Aufstellung soll nur eine schnelle und grobe Übersicht geben; sie bietet nicht immer Gewähr für Verlässlichkeit.

| Haupt-stichwort | ggf. Unterstichwort | Notar | | Gericht |
|---|---|---|---|---|
| | | §§ GNotKG Geschäftswert | Nr. KV Gebührensatz | §§ GNotKG; Nr. KV ggf. zuzügl. KatFortGeb |
| Abspaltung | s. Gesellschaftsrecht | | | |
| Abtretung | Forderung, konkrete | § 97 Abs.1<br>Betrag der Forderung | Nr. 21200 = 1,0<br>mindestens 60 €<br>(wenn vertraglich, dann Nr. 21100 = 2,0 mindestens 120 €) | |
| | Forderung, unsichere | § 36 Abs.1<br>Schätzwert | Nr. 21100 = 2,0<br>mindestens 120 €<br>wenn vertraglich | |
| | Grundschuld mit Brief (nicht nur Grundbuchanträge) | §§ 119 Abs.1, 97 Abs.1, 53 Abs.1<br>Grundschuldnennbetrag | Nr. 24101 = 1,0 (§ 92 Abs.2)<br>mindestens 60 € | § 53 Abs. 1;<br>Nr. 14130 = 0,5 |
| | Grundschuld ohne Brief ohne Mitabtretung sonstiger Ansprüche | §§ 119 Abs.1, 97 Abs.1, 53 Abs.1<br>Grundschuldnennbetrag | Nr. 24102 = 0,5<br>(§ 92 Abs.2)<br>mindestens 30 € | § 53 Abs. 1;<br>Nr. 14130 = 0,5 |
| | Grundschuld ohne Brief unter Mitabtretung persönlicher Ansprüche | §§ 119 Abs.1, 97 Abs.1, 53 Abs.1<br>Grundschuldnennbetrag | Nr. 24101 = 1,0<br>(§ 92 Abs.2)<br>mindestens 60 € | § 53 Abs. 1;<br>Nr. 14130 = 0,5 |
| Änderung | des Kaufpreises | § 97 Abs.1<br>Änderungsbetrag | Nr. 21100 = 2,0<br>mindestens 120 € | |
| | der Kaufpreisfälligkeit | § 36 Abs.1<br>angemessener Teilwert | Nr. 21100 = 2,0<br>mindestens 120 € | |
| | der Annahmefrist zu einem noch nicht abgelaufenen Angebot | § 36 Abs.1<br>angemessener Teilwert | Nr. 21100 = 2,0<br>mindestens 120 € | |
| Affidavit | erfordert die Abnahme eines Eides | § 36<br>wie Eidesstattl. Versicherung | Nr. 23300 = 1,0 | |
| Anerkennung einer Vaterschaft | | | Vorbem. 2 Abs.3<br>gebührenfrei | |
| Angebot | zu Vertragsabschluss | wie Vertrag | Nr. 21100 = 2,0<br>mindestens 120 € | |
| Ankaufsrecht | | §§ 97 Abs.1, 51 Abs.1<br>voller Wert des betroffenen Objekts | Nr. 21100 = 2,0<br>mindestens 120 € | § 51 Abs. 1;<br>Nr. 14150 = 0,5 für Eintragung AV |
| Anmeldung | zum Genossenschaftsregister<br>• erste Anmeldung | §§ 119 Abs.1, 105 Abs.3 Nr.3<br>60.000 € | Nr. 21201 = 0,5 | § 58; s. HRegGebV |
| | zum Genossenschaftsregister<br>• spätere Anmeldung | §§ 119 Abs.1, 105 Abs.4 Nr.4<br>30.000 € | Nr. 21201 = 0,5 | § 58; s. HRegGebV |
| | zum Güterrechtsregister, auf Grund eines Ehevertrages | § 100 Abs.1<br>Wert des Ehevertrages, ohne Mindestwert und ohne Höchstwert | Nr. 21201 = 0,5<br>mindestens 30 € | Nr. 13200 = 100 € |
| | zum Handelsregister, s. unter Hauptstichwort Gesellschaftsrecht | | | |
| | zum Partnerschaftsregister:<br>• erste Anmeldung mit zwei Partnern (wenn mit drei oder mehr Partnern, dann für jeden weiteren Partner zuzüglich 15.000 €) | §§ 119 Abs.1, 105 Abs.3 Nr.2<br>45.000 € | Nr. 21201 = 0,5 | § 58; s. HRegGebV |

| Haupt-stichwort | ggf. Unterstichwort | Notar | | Gericht |
| --- | --- | --- | --- | --- |
| | | §§ GNotKG Geschäftswert | Nr. KV Gebührensatz | §§ GNotKG; Nr. KV ggf. zuzügl. KatFortGeb |
| | zum Partnerschaftsregister:<br>• spätere Anmeldung (wenn Eintritt oder Ausscheiden von mehr als zwei Partnern dann jeweils zuzüglich 15.000 €)<br>• Auflösung der Partnerschaft mit Bestellung Liquidator | §§ 119 Abs.1, 105 Abs.4 Nr.4<br>30.000 € | Nr. 21201 = 0,5 | § 58; s. HRegGebV |
| | zum Vereinsregister<br>• Erstanmeldung | §§ 119 Abs.1, 36 Abs.3 in der Regel 5.000 €, höchstens 1 Mio € | Nr. 24102 = 0,5 (§ 92 Abs.2)<br>mindestens 30 € | Nr. 13100 = 75 € |
| | zum Vereinsregister<br>• spätere Anmeldung | §§ 119 Abs.1, 36 Abs.3 jede Tatsache in der Regel 5.000 € (wenn mehrere Veränderungen dann ca. 1.000 € - 5.000 € pro Veränderung), höchstens 1 Mio € | Nr. 24102 = 0,5 (§ 92 Abs.2)<br>mindestens 30 € | Nr. 13101 = 50 € (für mehrere Eintragungen nur einmal – für Erlöschen des Vereins keine Gebühr) |
| Annahme eines Vertragsangebots | • ohne Zwangsvollstreckungsunterwerfung<br>• und ohne Auflassung (oder mit Auflassung und derselbe Notar hat das Angebot beurkundet) | wie Angebot | Nr. 21101 = 0,5<br>mindestens 30 € | |
| | • mit Zwangsvollstreckungsunterwerfung<br>• und / oder mit Auflassung und nicht derselbe Notar hat das Angebot beurkundet | wie Angebot | Nr. 21102 = 1,0<br>mindestens 60 € | |
| Annahme einer/s Minderjährigen als Kind | Antrag d. Annehmenden | § 101<br>5.000 € | Nr. 21200 = 1,0<br>mindestens 60 € | |
| | Einwilligungserklärung von Kind, Eltern, Ehegatte | § 101<br>5.000 € | Nr. 21201 Nr.8 = 0,5<br>mindestens 30 € | |
| Annahme einer/s Volljährigen als Kind | Antrag d. Annehmenden | § 36 Abs.2<br>Teilwert von ca. 30 - 50 % des Reinvermögens d. Annehmenden;<br>Höchstwert 1 Mio € | Nr. 21200 = 1,0<br>mindestens 60 € | |
| | Einwilligungserklärung von Kind, Eltern, Ehegatte | § 36 Abs.2<br>Teilwert von ca. 30 - 50 % des Reinvermögens d. Annehmenden;<br>Höchstwert 1 Mio € | Nr. 21201 Nr.8 = 0,5<br>mindestens 30 € | |
| Antrag auf Verlängerung des Europäischen Nachlasszeugnisses | ohne eidesstattliche Versicherung | § 36 Abs. 1<br>10 - 20 % des Nachlassreinvermögens | Nr. 21201 Nr. 6 = 0,5<br>mindestens 30 € | Nr. 12218 = 20 € |
| Aufgebot eines Grundschuldbriefes | mit Versicherung an Eides statt | § 36 Abs.1<br>Teilwert von ca. 20 - 30 % des Grundschuldnennbetrages | Nr. 23300 = 1,0 | Nr. 15212 Nr.3 = 0,5 für Durchführung des gerichtlichen Aufgebotsverfahrens, insoweit Tabelle A;<br>Nr. 14124 = 0,5 für nachträgliche Erteilung eines Grundschuldbriefes; voller Wert des Grundschuldnennbetrages, § 71, insoweit Tabelle B |

| Haupt-stichwort | ggf. Unterstichwort | Notar | | Gericht |
|---|---|---|---|---|
| | | §§ GNotKG Geschäftswert | Nr. KV Gebührensatz | §§ GNotKG; Nr. KV ggf. zuzügl. KatFortGeb |
| Aufhebung | eines Erbbaurechts<br>• wenn Erbbauberechtigter und Grundstückseigentümer identisch | §§ 97 Abs.1, 49 Abs.2<br>80 % von (Grundstück + Bauwerk) | Nr. 21201 = 0,5<br>mindestens 30 € | Nr. 14143 = 25 €; daneben keine weitere Gebühr für die Schließung des Erbbaugrundbuches |
| | eines Erbbaurechts<br>• vertraglich zwischen Erbbauberechtigtem und Grundstückseigentümer | §§ 97 Abs.1, 49 Abs.2<br>80 % von (Grundstück + Bauwerk) | Nr. 21100 = 2,0<br>mindestens 120 € | Nr. 14143 = 25 €; daneben keine weitere Gebühr für die Schließung des Erbbaugrundbuches |
| | eines Erbbaurechts<br>• nach Zeitablauf (Grundbuchberichtigungsantrag) | § 36 Abs.1<br>10 - 20 % des Wertes des Erbbaurechts | Nr. 21201 = 0,5<br>mindestens 30 € | Nr. 14143 = 25 €; daneben keine weitere Gebühr für die Schließung des Erbbaugrundbuches |
| | eines Erbvertrages ohne neue Verfügung | § 102 Abs.1<br>wie Erbvertrag | Nr. 21102 = 1,0<br>mindestens 60 € | |
| | eines Erbverzichtsvertrages | § 102 Abs.4<br>Erbquote vom modifizierten Reinvermögen | Nr. 21102 = 1,0<br>mindestens 60 € | |
| | eines Pflichtteilsverzichtsvertrages | § 102 Abs.4<br>Pflichtteilsquote vom modifizierten Reinvermögen | Nr. 21102 = 1,0<br>mindestens 60 € | |
| | eines schuldrechtlichen Vertrages | § 97<br>wie aufgehobener Vertrag | Nr. 21102 = 1,0<br>mindestens 60 € | |
| | eines Vertragsangebotes (Verzicht des Angebotsempfängers auf Annahme) | § 36 Abs.1<br>Teilwert von 10 – 30 % vom Wert des Angebots | Nr. 21200 = 1,0<br>mindestens 60 €<br>(wenn vertraglich dann Nr. 21100 = 2,0 mindestens 120 €) | Ggf. Nr. 14152 = 25 € für Löschung der Auflassungsvormerkung |
| Aufhebungs-ausschluss | Ausschluss des Rechtes auf Aufhebung der Gemeinschaft, unter Miteigentümern gem. § 1010 BGB | §§ 97 Abs.1, 51 Abs.2<br>30 % vom Wert des betroffenen Objekts | Nr. 21100 = 2,0<br>mindestens 120 € | Nr. 14160 Nr.4 = 50 € (für jeden belasteten Anteil gesondert; abgegolten ist damit auch die gleichzeitige Eintragung einer Benutzungsregelung) |
| Auflassung | zu beurkundetem schuldrechtlichen Vertrag<br>• derselbe Notar wie schuldrechtlicher Vertrag<br>(nicht aber Vermächtniserfüllung) | § 97 Abs.1<br>wie zugrunde liegender Vertrag | Nr. 21101 = 0,5<br>mindestens 30 € | §§ 69 Abs. 1, 46 Abs. 1 Verkehrswert der Immobilie;<br>Nr. 14110 = 1,0;<br>Ausnahme: Erfüllung eines Vorausvermächtnisses (§ 2150 BGB) für einen Miterben erfolgt im Grundbuch gebührenfrei, sofern die Eintragung ohne Voreintragung der Erbengemeinschaft binnen zwei Jahren ab Erbfall erfolgt, vgl. Nr. 14110 Anm. 1 |
| | zu beurkundetem schuldrechtlichen Vertrag<br>• anderer Notar wie schuldrechtlicher Vertrag | § 97 Abs.1<br>wie zugrunde liegender Vertrag | Nr. 21102 = 1,0<br>mindestens 60 € | §§ 69 Abs. 1, 46 Abs. 1 Verkehrswert der Immobilie;<br>Nr. 14110 = 1,0 |
| | zu Prozessvergleich | §§ 97 Abs.1, 46 Abs.1<br>Verkehrswert des Grundstücks | Nr. 21102 = 1,0<br>mindestens 60 € | §§ 69 Abs. 1, 46 Abs. 1 Verkehrswert der Immobilie;<br>Nr. 14110 = 1,0 |

| Haupt-stichwort | ggf. Unterstichwort | Notar: §§ GNotKG Geschäftswert | Notar: Nr. KV Gebührensatz | Gericht: §§ GNotKG; Nr. KV ggf. zuzügl. KatFortGeb |
|---|---|---|---|---|
| | zu rechtskräftigem Urteil | §§ 97 Abs.1, 46 Abs.1 Verkehrswert des Grundstücks | Nr. 21100 = 2,0 mindestens 120 € | §§ 69 Abs. 1, 46 Abs. 1 Verkehrswert der Immobilie; Nr. 14110 = 1,0 |
| | nach Ausübung eines Vorkaufsrechts | §§ 97 Abs.1, 46 Abs.1 Verkehrswert des Grundstücks | Nr. 21101 = 0,5 mindestens 30 €, wenn der Kaufvertrag mit dem Erstkäufer durch denselben Notar beurkundet wurde (wenn von anderem deutschen Notar beurkundet, dann Nr. 21102 = 1,0 mindestens 60 €). Mitbeurk. Erkl. sind ggf. zusätzl. zu bewerten. | §§ 69 Abs. 1, 46 Abs. 1 Verkehrswert der Immobilie; Nr. 14110 = 1,0 |
| | Vermächtniserfüllung, angeordnet in einem notariellen Testament oder Erbvertrag | §§ 97 Abs.1, 46 Abs.1 Verkehrswert des Grundstücks | Nr. 21102 = 1,0 mindestens 60 € | §§ 69 Abs. 1, 46 Abs. 1 Verkehrswert der Immobilie; Nr. 14110 = 1,0; Ausnahme: Erfüllung eines Vorausvermächtnisses (§ 2150 BGB) für einen Miterben erfolgt im Grundbuch gebührenfrei, sofern die Eintragung ohne Voreintragung der Erbengemeinschaft binnen zwei Jahren ab Erbfall erfolgt, vgl. Nr. 14110 Anm. 1 |
| | Vermächtniserfüllung, angeordnet in einem eigenhändigen Testament | §§ 97 Abs.1, 46 Abs.1 Verkehrswert des Grundstücks | Nr. 21100 = 2,0 mindestens 120 € | §§ 69 Abs. 1, 46 Abs. 1 Verkehrswert der Immobilie; Nr. 14110 = 1,0; Ausnahme: Erfüllung eines Vorausvermächtnisses (§ 2150 BGB) für einen Miterben erfolgt im Grundbuch gebührenfrei, sofern die Eintragung ohne Voreintragung der Erbengemeinschaft binnen zwei Jahren ab Erbfall erfolgt, vgl. Nr. 14110 Anm. 1 |
| Aufsicht über eine Prüfung | Protokoll über Beaufsichtigung des Schreibens einer Prüfung | | § 126 durch öffentl.-rechtl. Vertrag zu vereinbaren (nicht Nr. 25104, weil nicht das Protokoll im Vordergrund steht) | |
| Aufspaltung | s. unter Hauptstichwort Gesellschaftsrecht | | | |
| Ausbietungs-garantie | | §§ 97 Abs.1, 53 Abs.2 Betrag der Forderung (= abzugebendes Gebot) vergleichen mit Pfandgegenstand (= Nennbetrag der Grundschuld), der niedrigere Wert ist maßgebend | Nr. 21100 = 2,0 mindestens 120 € | |

| Hauptstichwort | ggf. Unterstichwort | Notar | | Gericht |
|---|---|---|---|---|
| | | §§ GNotKG Geschäftswert | Nr. KV Gebührensatz | §§ GNotKG; Nr. KV ggf. zuzügl. KatFortGeb |
| Auseinandersetzung | einer Gesamthandsmasse (BGB-Gesellschaft, Erbengemeinschaft, Gütergemeinschaft) | §§ 97 Abs.1, 46 Abs.1 Verkehrswert des Grundbesitzes | Nr. 21100 = 2,0 mindestens 120 € | §§ 70, 46 Abs. 1; Nr. 14110 = 1,0; Ausnahme: gebührenfrei, sofern ohne Voreintragung der Erbengemeinschaft die Erben erst aufgrund der Erbauseinandersetzung eingetragen werden, und zwar innerhalb von zwei Jahren ab Erbfall, so Nr. 14110 Anm. 1 |
| | einer Bruchteilsgemeinschaft (Umwandlung von Bruchteilseigentum in Flächeneigentum) • wenn die Grundstücke rechtlich noch nicht selbstständig sind | §§ 97 Abs.1, 46 Abs.1 Verkehrswert des Grundbesitzes | Nr. 21100 = 2,0 mindestens 120 € | §§ 69, 46 Abs. 1; Nr. 14110 = 1,0; es fallen so viele Gebühren an, als Alleineigentümer eingetragen werden, Geschäftswert ist der Wert des hinzuerworbenen Anteils |
| | einer Bruchteilsgemeinschaft (Umwandlung von Bruchteilseigentum in Flächeneigentum) • wenn die Grundstücke rechtlich selbstständig sind | §§ 97 Abs.1, 97 Abs.3 Austausch – die werthöchste Übertragung | Nr. 21100 = 2,0 mindestens 120 € | §§ 69, 46 Abs. 1; Nr. 14110 = 1,0; es fallen so viele Gebühren an, als Alleineigentümer eingetragen werden, Geschäftswert ist der Wert des hinzuerworbenen Anteils |
| Auseinandersetzungsausschluss | unter Miteigentümern (§ 1010 BGB) | §§ 97 Abs.1, 51 Abs.2 30 % des Verkehrswerts des betroffenen Gegenstandes | Nr. 21100 = 2,0 mindestens 120 € | Nr. 14160 Nr.4 = 50 € (für jeden belasteten Anteil gesondert; abgegolten ist damit auch die gleichzeitige Eintragung einer Benutzungsregelung) |
| Auseinandersetzungszeugnis über Grundbesitz (§ 36 GBO) | Antrag auf Erteilung mit eidesstattlicher Versicherung | §§ 41, 46 Verkehrswert ohne Schuldenabzug | Nr. 23300 = 1,0 | §§ 41, 46 Verkehrswert ohne Schuldenabzug; Nr. 12210 = 1,0 |
| Ausgliederung | s. unter Hauptstichwort Gesellschaftsrecht | | | |
| Auslosung | s. unter Hauptstichwort Verlosung | | | |
| Ausschlagung einer Erbschaft | | § 103 Abs.1 Nettowert des Nachlasses | Nr. 21201 Nr.7 = 0,5 mindestens 30 € | §§ 36 Abs. 4, 103 Abs. 1; Vorbemerkung 1, Absatz 2 iVm Nr. 21201 Nr. 7 =0,5, mindestens 30 €; die Entgegennahme der Erklärung ist kostenrechtlich nicht mehr relevant |
| Ausschluss des Versorgungsausgleichs | | §§ 97 Abs.1, 36 Abs.1, 52 Abs.4, 97 Abs.3 höherer der beiden kapitalisierten Jahreswerte | Nr. 21100 = 2,0 mindestens 120 € | |
| | • wenn vor oder am Anfang der Ehe und Anhaltspunkte für künftige Anwartschaften fehlen; • wenn gegenseitig Anrechte gleicher Art bei demselben Versorgungsträger auszugleichen sind und Differenz gering ist (nur Ausgleich des Spitzenbetrags) | § 36 Abs.3 Auffangwert 5.000 € | Nr. 21100 = 2,0 mindestens 120 € | |

| Haupt-stichwort | ggf. Unterstichwort | Notar | | Gericht |
|---|---|---|---|---|
| | | §§ GNotKG Geschäftswert | Nr. KV Gebührensatz | §§ GNotKG; Nr. KV ggf. zuzügl. KatFortGeb |
| Austausch von Leistungen | | § 97 Abs.3 die höherwertige Leistung | Nr. 21100 = 2,0 mindestens 120 € | |
| Bankschließ-fachöffnung | mit Protokoll über die Beaufsichtigung | § 36 Abs.1 wenn Wert feststeht, dann dieser, sonst Interesse- bzw. Schätzwert | Nr. 25104 = 1,0 | |
| Baubeschreibung | s. unter Hauptstichwort Bezugsurkunde | | | |
| Bauverpflichtung | über ein Gewerbeobjekt (in einem Kaufvertrag) | §§ 97 Abs.1, 50 Nr.3 20 % der Herstellungskosten, ggf. zuzügl. Verpfl. zur Einschränkung der Nutzung (s. dort) u. ggf. auch Verpfl. zur eingeschränkten Verfügung (s. dort) | Zurechnungsposten beim Kaufvertrag | §§ 47 S. 2, 50 Nr. 3 b, Kaufpreis plus Hinzurechnung; Nr. 14150 = 0,5 für Eintragung AV, spätere Eigentumsumschreibung = Nr. 14110 = 1,0 |
| | über ein Wohnhaus (in einem Kaufvertrag) | §§ 97 Abs.1, 50 Nr.3 20 % des unbebauten Grundstückswertes, ggf. zuzügl. Verpfl. zur Einschränkung der Nutzung (s. dort) u. ggf. auch Verpfl. zur eingeschränkten Verfügung (s. dort) | Zurechnungsposten beim Kaufvertrag | §§ 47 S. 2, 50 Nr. 3 a, Kaufpreis plus Hinzurechnung; Nr. 14150 = 0,5 für Eintragung AV, spätere Eigentumsumschreibung = Nr. 14110 = 1,0 |
| Beaufsichtigung einer Prüfung | Protokoll über Beaufsichtigung des Schreibens einer Prüfung | | § 126 durch öffentl.-rechtl. Vertrag zu vereinbaren (nicht Nr. 25104, weil nicht das Protokoll im Vordergrund steht) | |
| Beglaubigung einer Unterschrift | ohne Entwurfsfertigung durch Notar • unter einer Zustimmung nach § 27 GBO sowie damit verbundenem Löschungsantrag • unter einem Nachweis der Verwaltereigenschaft gem. § 26 Abs.4 WEG • unter einer Erklärung nach den Staatsschuldbuchgesetzen | wertunabhängig | Nr. 25101 = 20 € | |
| | ohne Entwurfsfertigung durch Notar • unter anderen Erklärungen als oben | § 121 wie für Beurkundung der Erklärung | Nr. 25100 = 0,2 mindestens 20 €, höchstens 70 € | |
| | unter einem vom Notar gefertigten Entwurf | § 121 wie für Beurkundung der Erklärung | Entwurfsgebühr; die folgende UB ohne zusätzliche Gebühr (Vorbem. 2.4.1 Abs.2) | |
| | Zusatzgebühr (Vollzugsgebühr) neben der Beglaubigungsgebühr für Übermittlung von Anträgen, Erklärungen oder Unterlagen an ein Gericht, eine Behörde oder einen Dritten (z.B. Vorlage an Grundbuchamt) | wertunabhängig | Nr. 22124 = 20 € | |
| | Zusatzgebühr neben der Beglaubigungsgebühr, wenn Beglaubigungsvermerk des Notars in fremder Sprache | § 121 wie für Beurkundung der Erklärung | Nr. 26001 = 30 % der für die Beglaubigung zu erhebenden Gebühr | |

| Haupt-stichwort | ggf. Unterstichwort | Notar | | Gericht |
|---|---|---|---|---|
| | | §§ GNotKG Geschäftswert | Nr. KV Gebührensatz | §§ GNotKG; Nr. KV ggf. zuzügl. KatFortGeb |
| Beglaubigung von Dokumenten | gebührenfrei ist aber: Beglaubigung von Kopien oder Ausdrucken über<br>• vom Notar aufgenommener oder entworfener oder in Urschrift in seiner dauernden Verwahrung befindlicher Urkunden<br>• vorgelegter Vollmachten und Ausweise über die Berechtigung eines gesetzl. Vertreters, die der vom Notar gefertigten Niederschrift beizulegen sind | wertunabhängig | Nr. 25102 = 1 € für jede angefangene Seite, mindestens 10 € | |
| Begrenzung des Unterhalts durch Vertrag | | § 36 Abs.1 Teilwert des rechnerischen Unterhaltshöchstbetrages | Nr. 21100 = 2,0 mindestens 120 € | |
| Beherrschungsvertrag | Beherrschungs-, Gewinnabführungs- oder Verlustausgleichsvereinbarung | §§ 97 Abs.1, 52 bei unbestimmter Dauer der auf die ersten 10 Jahre entfallende Wert | Nr. 21100 = 2,0 mindestens 120 € | |
| | ohne Gewinnabführungsverpflichtung | § 36 Abs.1 Schätzwert unter Berücksichtigung der Größe des Unternehmens und des Jahresumsatzes | Nr. 21100 = 2,0 mindestens 120 € | |
| Belehrung nach § 53 Abs. 2 BZRG | wenn HR-Anmeldung bloße Unterschriftsbeglaubigung ist (wenn diese vom Notar entworfen wurde, dann ohne zusätzlicher Gebühr) | § 36 Abs.3 in der Regel Auffangwert von 5.000 € | Nr. 24202 = 0,3 | |
| Benutzungsregelung | unter Miteigentümern gem. § 1010 BGB | §§ 97 Abs.1, 51 Abs.2 30 % des betroffenen Grundbesitzes | Nr. 21100 = 2,0 mindestens 120 € | Nr. 14160 Nr.4 = 50 € (für jeden belasteten Anteil gesondert; abgegolten ist damit auch die gleichzeitige Eintragung eines Aufhebungsausschlusses) |
| Beratung | ohne Zusammenhang mit einem möglichen Beurkundungsverfahren | § 36 Abs.1 angemessener Wertansatz, ggf. in Anlehnung an Geschäftswert, wie wenn Beurkundung | Nr. 24200 = 0,3 - 1,0 (§ 92 Abs.1) | |
| | der Beratungsgegenstand könnte auch Beurkundungsgegenstand sein<br>• und die Beurkundungsgebühr würde 1,0 betragen | § 36 Abs.1 angemessener Wertansatz, ggf. in Anlehnung an Geschäftswert, wie wenn Beurkundung | Nr. 24201 = 0,3 - 0,5 (§ 92 Abs.1) | |
| | der Beratungsgegenstand könnte auch Beurkundungsgegenstand sein<br>• und die Beurkundungsgebühr würde weniger als 1,0 betragen | § 36 Abs.1 angemessener Wertansatz, ggf. in Anlehnung an Geschäftswert, wie wenn Beurkundung | Nr. 24202 = 0,3 | |
| | bei der Vorbereitung oder Durchführung einer Hauptversammlung oder Gesellschafterversammlung | § 120 Summe der Geschäftswerte für die Beschlüsse, höchstens 5 Mio € | Nr. 24203 = 0,5 - 2,0 (§ 92 Abs.1) | |

| Haupt-stichwort | ggf. Unterstichwort | Notar | | Gericht |
|---|---|---|---|---|
| | | §§ GNotKG Geschäftswert | Nr. KV Gebührensatz | §§ GNotKG; Nr. KV ggf. zuzügl. KatFortGeb |
| Berichtigungs-antrag (Grund-buchberichti-gung) | Eintragung einer Erbfolge | §§ 97 Abs.1, 46 Abs.1 voller Grundstückswert | Nr. 21201 Nr.4 = 0,5 mindestens 30 € | § 46 Abs. 1; Nr. 14110 = 1,0; Ausnahme: Nr. 14110 Anm. 1 = gebührenfrei, sofern der Antrag auf Eintragung von Erben des eingetragenen Eigentümers oder von Erben des Gesellschafters bürgerlichen Rechts binnen zwei Jahren ab Erbfall bei dem Grundbuchamt eingereicht wird |
| | bloße Namens- oder Firmenberichtigung | § 36 Abs.1 10 % vom Grundstückswert | Nr. 21201 Nr.4 = 0,5 mindestens 30 € | Gebührenfrei (= keine Gebührenvorschrift mehr für Richtigstellungen des Grundbuches infolge Namens- bzw. Firmenänderungen) |
| | nachträgliche Eintragung der Gütergemeinschaft | §§ 97 Abs.1, 46 Abs.1 voller Grundstückswert (nicht nur Hälfteanteil) | Nr. 21201 Nr.4 = 0,5 mindestens 30 € | § 70 Abs. 1 (nur Hälfteanteil); Nr. 14110 = 1,0 |
| | nach Übertragung einer Beteiligung an einer GbR | § 36 Abs.1 Wert des rechnerischen Anteils am Grundstück | Nr. 21201 Nr.4 = 0,5 mindestens 30 € | § 70 Abs. 4 (Wert des rechnerischen Anteils); Nr. 14110 = 1,0 |
| | Ausscheiden aus einer OHG, und zwar wenn einer von drei oder mehr Gesellschaftern ausscheidet | § 36 Abs.1 Wert des Anteils des Ausscheidenden vom Grundstückswert | Nr. 21201 Nr.4 = 0,5 mindestens 30 € | |
| | Ausscheiden aus einer OHG oder GbR, und zwar wenn einer von zwei Gesellschaftern ausscheidet; Anwachsung tritt ein | §§ 97 Abs.1, 46 Abs.1 voller Grundstückswert | Nr. 21201 Nr.4 = 0,5 mindestens 30 € | § 70 Abs. 4; Nr. 14110 = 1,0 (gilt für GbR und OHG gleichermaßen, volle Gebühr aus vollem Wert) |
| | nach Umwandlung einer KG in eine GmbH durch Formwechselbeschluss | § 36 Abs.1 10 - 30 % vom Grundstückswert | Nr. 21201 Nr.4 = 0,5 mindestens 30 € | Gebührenfrei (= keine Gebührenvorschrift mehr für Richtigstellungen des Grundbuches infolge Formwechsels bzw. infolge Namens- oder Firmenänderung) |
| | nach Umwandlung einer Personenhandelsgesellschaft in eine GbR | § 36 Abs.1 10 - 30 % vom Grundstückswert | Nr. 21201 Nr.4 = 0,5 mindestens 30 € | Gebührenfrei (= keine Gebührenvorschrift mehr für die Eintragung der Umwandlung einer GbR in eine OHG/KG und umgekehrt) |
| Bescheinigung | Lebensbescheinigung | § 36 Abs.3 Auffangwert 5.000 € | Nr. 25104 = 1,0 | |
| | über Tatsachen oder Verhältnisse, die urkundlich nachgewiesen oder offenkundig sind | § 36 wenn sich ein zahlenmäßiger Wert ermitteln lässt, ist dieser Geschäftswert; sonst Interessewert | Nr. 25104 = 1,0 | Verfahren über die Erteilung einer Bescheinigung, die die Annahme des Amtes als Testamentsvollstrecker bestätigt = Nr. 12413 = 50 € |
| | Legitimationsbescheinigung = Identifizierung einer Person | § 36 Abs.3 Auffangwert 5.000 € | Nr. 25104 = 1,0 | |

| Haupt-stichwort | ggf. Unterstichwort | Notar | | Gericht |
|---|---|---|---|---|
| | | §§ GNotKG Geschäftswert | Nr. KV Gebührensatz | §§ GNotKG; Nr. KV ggf. zuzügl. KatFortGeb |
| | über<br>• das Bestehen oder den Sitz einer juristischen Person oder Handelsgesellschaft,<br>• die Firmenänderung,<br>• eine Umwandlung,<br>• sonstige rechtserhebliche Umstände,<br>wenn sich diese Umstände aus einer Eintragung im Handelsregister oder in einem ähnlichen Register ergeben (§ 21 Abs.1 S.1 Nr.2 BNotO) | wertunabhängig | Nr. 25200 = 15 € für jedes Registerblatt, dessen Einsicht zur Erteilung erforderlich ist | |
| | einer Vertretungsberechtigung nach § 21 Abs.1 Nr.1 BNotO | wertunabhängig | Nr. 25200 = 15 € für jedes Registerblatt, dessen Einsicht zur Erteilung erforderlich ist | |
| | nach § 181 AktG (über neuen vollständigen Wortlaut der Satzung) | | wenn der Notar die Satzungsänderung beurkundet hat, dann gebührenfrei (Vorbem. 2.1 Abs.2 Nr.4) | |
| | Wirksamkeitsbescheinigung nach § 40 Abs.2 GmbHG | § 113 Abs.1 | Nr. 22200 Nr.6 = 0,5 (wenn Umstände außerhalb der Urkunde zu prüfen sind, z.B. vollständige Kaufpreiszahlung) | |
| | nach § 54 Abs.1 GmbHG (über neuen vollständigen Wortlaut der Satzung) | | wenn der Notar die Satzungsänderung beurkundet hat, dann gebührenfrei, s. Vorbem. 2.1 Abs.2 Nr.4 | |
| | Rangbescheinigung | § 122<br>Wert des beantragten Rechts | Nr. 25201 = 0,3 | |
| | s. auch unter Tatsachenbescheinigung | | | |
| Beschlüsse | s. unter Hauptstichwort Gesellschaftsrecht | | | |
| Beschränkte persönliche Dienstbarkeit | s. unter Hauptstichwort Grunddienstbarkeit | | | |
| Beschreibung Pfandbesitz nach Vermessung zu Grundschuldbestellung | durch Notar mittels Eigenurkunde | § 36 Abs.1<br>10 - 20 % des Grundschuldnennbetrages (Geschäftswert aber höchstens Wert des beschriebenen Pfandgrundstücks) | Nr. 25204, 21201 Nr.4 = 0,5 mindestens 30 € (einerlei, ob zu Grundschuld mit Unterwerfung oder ohne) | |
| | durch Beteiligte od. Bevollmächtigte | §§ 119 Abs.1, 36 Abs.1<br>10 - 20 % des Grundschuldnennbetrages (Geschäftswert aber höchstens Wert des beschriebenen Pfandgrundstücks) | Nr. 24102, 21201 Nr.4 = 0,5 (§ 92 Abs.2) mindestens 30 € (einerlei, ob zu Grundschuld mit Unterwerfung oder ohne) | |
| Bestätigung nach § 1079 ZPO | Europäischer Vollstreckungstitel für unbestrittene Forderungen (zu einer eigenen vollstreckbaren Urkunde) | wertunabhängig | Nr. 23805 = 22 € | |

| Haupt-stichwort | ggf. Unterstichwort | Notar: §§ GNotKG Geschäftswert | Notar: Nr. KV Gebührensatz | Gericht: §§ GNotKG; Nr. KV ggf. zuzügl. KatFortGeb |
|---|---|---|---|---|
| Bestätigung, dass bisher keine vollstreckbare Ausfertigung erteilt wurde | | | gebührenfreie Sachstandsmitteilung | |
| Bestellung einer Grundschuld | ohne Darlehensvertrag | §§ 97 Abs.1, 53 Abs.1 Grundschuldnennbetrag | Nr. 21200 = 1,0 mindestens 60 € wenn mit materiell-rechtl. Erkl., z.B. Zwangsvollstreckungsunterwerfung (wenn nur formell-rechtl. Erkl., dann Nr. 21201 = 0,5 mindestens 30 €) | Nr. 14121 = 1,0 für die Eintragung einer Grundschuld ohne Brief; Nr. 14120 = 1,3 für die Eintragung einer Grundschuld mit Brief (Briefgrundschuld demnach teurer); falls die Grundschuld als Gesamtrecht bei verschiedenen Grundbuchämtern eingetragen wird, erhöht sich die 1,0 Gebühr (Buchgrundschuld) bzw. 1,3 Gebühr (Briefgrundschuld) ab dem zweiten für jedes weitere beteiligte Grundbuchamt um 0,2, so Nr. 14122; die Kosten setzt das Grundbuchamt an, bei dem der Antrag zuerst eingegangen ist, vgl. § 18 Abs. 3 |
| | mit Darlehensvertrag | §§ 97 Abs.1, 109 Abs.1 Darlehensbetrag | Nr. 21100 = 2,0 mindestens 120 € | w.o. |
| | mit vertraglicher Verpfändung des Auflassungsanspruchs | §§ 97 Abs.1, 53 Grundschuldnennbetrag, oder – wenn höherwertiger – dann Wert des Auflassungsanspruchs | Nr. 21100 = 2,0 mindestens 120 € | Zur Eintragung der Grundschuld s. Nr. 14121 bzw. 14120 bzw. 14122 (s.o.); zur Eintragung der Verpfändung der Vormerkung= gebührenfrei, die Vorbemerkungen 1.4.1.2 und 1.4.1.4 klammern die Vormerkung konsequent aus |
| Betreuungsverfügung | | § 36 Abs.2 u.3 Auffangwert 5.000 € | Nr. 21200 = 1,0 mindestens 60 € | |
| Betreuungsvollmacht | nur über persönliche, nicht auch vermögensrechtliche Angelegenheiten | §§ 98 Abs.3, 36 Abs.2 u.3 Auffangwert 5.000 € | Nr. 21200 = 1,0 mindestens 60 € | |
| Bezifferung dynamischer Unterhaltstitel | zur Zwangsvollstreckung im Ausland | | Vorbem. 2 Abs. 3 gebührenfrei | |
| Bezugsurkunde | Verweisungsurkunde, Grundlagenurkunde, Mutterurkunde | § 36 Abs.1 angemessener Teilwert, meist 10 % | Nr. 21200 = 1,0 mindestens 60 € | |
| Bürgschaftsbefreiungsverpflichtung, vertraglich | über eine bestimmte/konkrete Forderung | § 97 Abs.1 Betrag der Forderung, ggf. nach § 53 Abs. 2 begrenzt auf den Wert des Pfandgegenstandes | Nr. 21100 = 2,0 mindestens 120 € | |
| | über eine bestimmte/konkrete Forderung, die jedoch weggefallen oder nie entstanden ist | § 36 Abs.1 Teilwert von ca. 10 - 20 % des Bürgschaftsbetrags | Nr. 21100 = 2,0 mindestens 120 € | |

| Haupt-stichwort | ggf. Unterstichwort | Notar | | Gericht |
|---|---|---|---|---|
| | | §§ GNotKG Geschäftswert | Nr. KV Gebührensatz | §§ GNotKG; Nr. KV ggf. zuzügl. KatFortGeb |
| | nicht über eine bestimmte Forderung, sondern z.B. über alle jetzigen und künftigen Ansprüche | § 97 Abs.1 Höchstbetrag, ggf. nach § 53 Abs. 2 begrenzt auf den Wert des Pfandgegenstandes | Nr. 21100 = 2,0 mindestens 120 € | |
| Dauerwohnrecht / Dauernutzungsrecht | Einräumung | §§ 97 Abs.1, 52 kapitalisierter Jahreswert | Nr. 21100 = 2,0 mindestens 120 € | Nr. 14121 = 1,0 |
| Dienstbarkeit | s. unter Hauptstichwort Grunddienstbarkeit | | | |
| Dienstvertrag | | § 99 Abs.2 Wert aller Bezüge während der gesamten Vertragszeit, höchstens aber der ersten fünf Jahre | Nr. 21100 = 2,0 mindestens 120 € | |
| Ehe- und Erbvertrag | | § 111 Nrn.1 u.2 zusammengezählte Werte beider Verträge | Nr. 21100 = 2,0 mindestens 120 € | |
| Ehevertrag | über neuen Güterstand | § 100 Abs.1 „modifiziertes Reinvermögen" (mindestens 1/2 des Aktivvermögens, jeder Ehegatte getrennt) | Nr. 21100 = 2,0 mindestens 120 € | |
| | über Modifikation des Güterstandes (grundsätzlich) | § 100 Abs.1 „modifiziertes Reinvermögen" (mindestens 1/2 des Aktivvermögens, jeder Ehegatte getrennt) | Nr. 21100 = 2,0 mindestens 120 € | |
| | wenn nur über Ausschluss der Verfügungsbeschränkungen §§ 1365, 1369 BGB | §§ 97 Abs.1, 51 Abs.2 30 % des betroffenen Gegenstandes | Nr. 21100 = 2,0 mindestens 120 € | |
| | wenn nur bestimmte Vermögenswerte betreffend (wenn diese noch nicht zum Vermögen der Ehegatten gehören, dann Wertansatz nur mit 30 %) | § 100 Abs.2 deren Wert, gem. § 38 ohne Abzug darauf lastender Verbindlichkeiten; höchstens modifiziertes Reinvermögen | Nr. 21100 = 2,0 mindestens 120 € | |
| Eidesstattliche Versicherung | mit Erbscheinsantrag s. dort | | | |
| | mit Antrag auf Erteilung eines Testamentsvollstreckerzeugnisses | §§ 97 Abs.1, 40 Abs.5 20 % des Nachlasswertes im Zeitpunkt des Erbfalls, ohne Abzug von Nachlassverbindlichkeiten | Nr. 23300 = 1,0 | § 40 Abs. 5; Nr. 12210 (Vorbem. 1.2.2 Nr.4) = 1,0 (= Erteilung eines TV-Zeugnisses) |
| | mit Antrag auf Erteilung eines Testamentsvollstreckerzeugnisses<br>• wenn nur auf einen Teil des Nachlasses bezogen | §§ 97 Abs.1, 40 Abs.5 u.3 wie oben, aber nur betroffener Teil | Nr. 23300 = 1,0 | § 40 Abs. 5, Abs. 3; Nr. 12210 (Vorbem. 1.2.2 Nr.4) = 1,0 (= Erteilung eines TV-Zeugnisses) |
| | zur Glaubhaftmachung vermögensrechtlicher Tatsachen | § 36 Abs.1 Interessewert | Nr. 23300 = 1,0 | |
| | zur Glaubhaftmachung persönlicher Verhältnisse | § 36 Abs.3 gewöhnlich Auffangwert 5.000 € | Nr. 23300 = 1,0 | |
| Eigenurkunde des Notars | | wie Entwurf der Erklärung | Nr. 25204 = wie Entwurf der Erklärung (aber gebührenfrei, wenn für die Tätigkeit eine Betreuungsgebühr anfällt) | |

| Haupt-stichwort | ggf. Unterstichwort | Notar | | Gericht |
|---|---|---|---|---|
| | | §§ GNotKG Geschäftswert | Nr. KV Gebührensatz | §§ GNotKG; Nr. KV ggf. zuzügl. KatFortGeb |
| Einschränkung der Verfügung über eine Sache oder ein Recht | Verpflichtung dazu durch Eigentümer / Erwerber | §§ 97 Abs.1, 50 Nr.1 10 % des Verkehrswerts der Sache oder des Rechts | Nr. 21100 = 2,0 mindestens 120 € (wenn Vertrag) | Ggf. Nr. 14150 = 0,5 für Eintragung AV |
| Einschränkung der Nutzung über eine Sache | Verpflichtung dazu durch Eigentümer / Erwerber | §§ 97 Abs.1, 50 Nr.2 20 % des Verkehrswerts der Sache | Nr. 21100 = 2,0 mindestens 120 € (wenn Vertrag) | |
| Elterliche Sorge | vertragliche Vereinbarung über gemeinsame Kinder | § 36 Abs.3 ein angemessenes Vielfaches (max. 10-fach) vom Auffangwert 5.000 € für jedes Kind | Nr. 21200 = 1,0 mindestens 60 € (wenn vertraglich, dann Nr. 21100 = 2,0 mindestens 120 €) | |
| Entgegennahme betreuungs- oder familiengerichtlicher Genehmigung | durch Notar mit Eigenurkunde | | mit Vollzugsgebühr abgegolten (Vorbem. 2.2.1.1 Abs.1 S.2 Nr.4) | |
| Entsiegelung | | § 115 Wert der versiegelten Gegenstände | Nr. 23503 = 0,5 (wenn mit Aufnahme eines Vermögensverzeichnisses dann Nr. 23500 = 2,0; wenn unter Mitwirkung bei der Aufnahme eines Vermögensverzeichnisses, dann Nr. 23502 = 1,0) | |
| Erbbaurechtsbestellung | | §§ 97 Abs.1, 43 80 % vom Grundstücks- und Gebäudewert (letzterer wenn Gebäude vorhanden), oder – wenn höherwertiger – der nach § 52 kapitalisierte Erbbauzins | Nr. 21100 = 2,0 mindestens 120 € (wenn Eigentümererbbaurecht dann Nr. 21200 = 1,0 mindestens 60 €) | §§ 49 Abs. 2, 43, 52; Nr. 14121 = 1,0; daneben ggf. zusätzliche 1,0 Gebühren für die Eintragung weiterer Rechte, etwa Vorkaufsrechte oder Erbbauzinsreallast |
| Erbbaurechtsübertragung | | §§ 97 Abs.1, 49 Abs.2 80 % von (Grundstück + Bauwerk) | Nr. 21100 = 2,0 mindestens 120 € | § 49 Abs. 2; Nr. 14110 = 1,0 |
| Erbbaurechtsverkauf | | §§ 97 Abs.1, 47, 49 Abs.2 Kaufpreis zuzüglich vom Verkäufer vorbehaltener Nutzungen und vom Käufer übernommener Leistungen – mindestens 80 % von (Grundstück + Bauwerk) | Nr. 21100 = 2,0 mindestens 120 € | §§ 47, 46; Nr. 14110 = 1,0 |
| Erbengemeinschaftsauseinandersetzung | | §§ 97 Abs.1, 46 Abs.1 Verkehrswert des Grundbesitzes | Nr. 21100 = 2,0 mindestens 120 € | §§ 70 Abs. 2, 46 Abs. 1 (pauschal halber Verkehrswert der Immobilie); Nr. 14110 = 1,0: Ausnahme: gebührenfrei, sofern ohne Voreintragung der Erbengemeinschaft die Erben erst aufgrund der Erbauseinandersetzung eingetragen werden, und zwar innerhalb von zwei Jahren ab Erbfall, so Nr. 14110 Anm. 1 |

| Haupt-stichwort | ggf. Unterstichwort | Notar | | Gericht |
|---|---|---|---|---|
| | | §§ GNotKG Geschäftswert | Nr. KV Gebührensatz | §§ GNotKG; Nr. KV ggf. zuzügl. KatFortGeb |
| Erbschaftsausschlagung | | § 103 Abs.1 Nettowert des Nachlasses | Nr. 21201 Nr.7 = 0,5 mindestens 30 € | §§ 36 Abs. 4, 103 Abs. 1; Vorbemerkung 1, Absatz 2 iVm Nr. 21201 Nr. 7 =0,5, mindestens 30 €; die Entgegennahme der Erklärung ist kostenrechtlich nicht mehr relevant |
| Erbscheinsantrag mit eidesstattlicher Versicherung | | § 40 Abs.1 Wert des Nachlasses im Zeitpunkt des Erbfalls unter Abzug vom Erblasser herrührender Verbindlichkeiten | Nr. 23300 = 1,0 | § 40 Abs. 1, nur Erblasserschulden abziehen, nicht Erbfallschulden; auch bei mehreren, gleichlautenden Anträgen wird nur eine Verfahrensgebühr erhoben, § 55 Abs. 1; bei gegenständlich beschränktem Erbschein (§ 352c FamFG) vgl. § 40 Abs. 3 (nur betroffener Teil des Nachlasses ohne Abzug von Verbindlichkeiten); bei quotenlosen Erbscheinen (§ 352a Abs. 2 S. 2 FamFG) gelten keine Besonderheiten, § 40 Abs. 1; Nr. 12210 = 1,0 |
| | wenn sich der Antrag nur auf einen Miterben bezieht | § 40 Abs.1 u.2 der anteilige Wert von oben | Nr. 23300 = 1,0 | § 40 Abs. 2, im Übrigen wie oben; Nr. 12210 = 1,0; mehrere Teilerbscheinsverfahren lösen mehrere Verfahrensgebühren aus |
| | wenn lediglich Hoferbfolge zu bescheinigen ist | § 40 Abs.1 Wert des Hofs unter Abzug der auf dem Hof lastenden Verbindlichkeiten mit Ausnahme der Grundpfandrechte | Nr. 23300 = 1,0 | § 40 Abs. 1 S. 3; Nr. 12210 = 1,0 |
| Erbteilsübertragung | | § 97 Abs.1 Aktivwert des Nachlasses, gem. § 38 ohne Schuldenabzug, davon Prozentsatz, der dem übertragenen Anteil entspricht | Nr. 21100 = 2,0 mindestens 120 € | Nr. 12410 = 15 € für Entgegennahme der Anzeige; Nr. 14110 = 1,0 für die Eintragung des Erbteilerwerbers im Grundbuch |
| Erbvertrag | mit Verfügung über den ganzen Nachlass (konkret bezeichnete Vermögenswerte, die noch nicht dem Erblasser gehören, werden hinzugerechnet) | § 102 Abs.1 Wert des Vermögens; Verbindlichkeiten werden nur bis zur Hälfte des Werts des Vermögens abgezogen | Nr. 21100 = 2,0 mindestens 120 € | |
| | mit Verfügung über einen Bruchteil des Nachlasses | § 102 Abs.1 der Bruchteil des Vermögens, über den verfügt wurde; Verbindlichkeiten werden nur bis zur Hälfte des Werts des Vermögens abgezogen | Nr. 21100 = 2,0 mindestens 120 € | |

| Haupt-stichwort | ggf. Unterstichwort | Notar | | Gericht |
|---|---|---|---|---|
| | | §§ GNotKG Geschäftswert | Nr. KV Gebührensatz | §§ GNotKG; Nr. KV ggf. zuzügl. KatFortGeb |
| | nur mit Vermächtnis-anordnung | § 102 Abs.3 deren Wert; sind darauf lastende Verbindlichkeiten vom Bedachten zu übernehmen, werden diese maximal bis zur Hälfte des Vermögenswertes abgezogen | Nr. 21100 = 2,0 mindestens 120 € | |
| | Rückgabe aus notarieller Verwahrung (Anrechnung der Gebühr, wenn demnächst bei demselben Notar eine erneute Verfügung von Todes wegen beurkundet wird) | §§ 114, 102 wie für Erbvertrag | Nr. 23100 = 0,3 | |
| Erbverzicht | | § 102 Abs.4 Erbquote d. Verzichtenden vom modifizierten Reinvermögen des Erblassers | Nr. 21100 = 2,0 mindestens 120 € | |
| Ermächtigung nach § 25 Abs. 3 GenG | wie Bankvollmacht, s. unter Hauptstichwort Vollmacht | | | |
| Ermäßigung | für Bund, Land, Gemeinde, Kirche, etc. | bleibt unverändert, wirkt erst bei einem Wert von mehr als 25.000 € | § 91 Abs.1 s. gesonderte Tabelle, Voraussetzungen:<br>• gilt nur für Gebühren in Teil 2 Hauptabschn. 1 od. 4 od. in Nrn. 23803 und 25202;<br>• der Geschäftswert muss mehr als 25.000 € betragen;<br>• d. Privilegierte muss Kostenschuldner nach zivilrechtl. Bestimmungen sein;<br>• die Angelegenheit darf nicht ein wirtschaftl. Unternehmen d. Privilegierten betreffen;<br>• bei einem Grundstückserwerb darf keine Weiterveräußerung an einen nicht begünstigten Dritten beabsichtigt sein | § 2 (nur Bund, Länder und die nach Haushaltsplänen des Bundes oder eines Landes verwalteten öffentlichen Anstalten und Kassen sind von der Zahlung der Gerichtskosten befreit, § 2 Abs. 1; sonstige bundesrechtliche oder landesrechtliche Vorschriften, die eine sachliche oder persönliche Befreiung von Gerichtskosten gewähren, bleiben unberührt, § 2 Abs. 2) |
| | für mildtätige oder kirchliche (nicht auch gemeinnützige) Körperschaft, Vereinigung oder Stiftung | bleibt unverändert, wirkt erst bei einem Wert von mehr als 25.000 € | § 91 Abs.2 s. gesonderte Tabelle, Voraussetzungen:<br>• gilt nur für Gebühren in Teil 2 Hauptabschn. 1 od. 4 od. in Nrn. 23803 und 25202;<br>• der Geschäftswert muss mehr als 25.000 € betragen;<br>• d. Privilegierte muss Kostenschuldner nach zivilrechtl. Bestimmungen sein;<br>• d. Privilegierte muss ausschließlich und unmittelbar mildtätige oder kirchliche Zwecke verfolgen und dies durch einen Bescheid nachweisen; | s. Landesrecht. |

| Hauptstichwort | ggf. Unterstichwort | Notar: §§ GNotKG Geschäftswert | Notar: Nr. KV Gebührensatz | Gericht: §§ GNotKG; Nr. KV ggf. zuzügl. KatFortGeb |
|---|---|---|---|---|
| | | | • es muss dargelegt werden, dass die Angelegenheit nicht einen steuerpflichtigen wirtschaftlichen Geschäftsbetrieb betrifft | |
| Errichtung | einer Gesellschaft | § 107 Abs.1<br>Wert der Einlagen aller Gesellschafter, gem. § 38 ohne Schuldenabzug; mindestens 30.000 €, höchstens 10 Mio € (ggf. zuzügl. GeschW für Beschluss über Geschäftsführerbestellung) | Nr. 21100 = 2,0<br>(bei Einpersonen-Gründung Nr. 21200 = 1,0) | § 58; s. HRegGebV |
| | einer UG (haftungsbeschränkt) mittels Mustersatzung | § 107 Abs.1<br>Wert der Einlagen aller Gesellschafter;<br>ohne Mindestwert | Nr. 21100 = 2,0<br>mindestens 120 €<br>(bei Einpersonen-Gründung Nr. 21200 = 1,0, mindestens 60 €) | § 58; s. HRegGebV |
| Erschließungsvertrag | Verpflichtung eines Vorhabenträgers zur Durchführung von Erschließungsmaßnahmen auf eigene Kosten | § 97 Abs.1<br>Erschließungsaufwand | Nr. 21100 = 2,0<br>mindestens 120 €;<br>Gebührenanteil der Kommune (generell 1/2 gem. § 426 BGB) nach § 91 Abs.1 zu ermäßigen | |
| Erwerbsrecht | | §§ 97 Abs.1, 51 Abs.1<br>voller Wert des betroffenen Objektes | Nr. 21100 = 2,0<br>mindestens 120 € | Ggf. Nr. 14150 = 0,5 für Eintragung einer AV |
| Europäisches Nachlass zeugnis | Antrag auf Erteilung mit eidesstattlicher Versicherung | § 40 Abs.1<br>Wert des Nachlasses im Zeitpunkt des Erbfalls unter Abzug vom Erblasser herrührender Verbindlichkeiten | Nr. 23300 = 1,0 | § 40 Abs. 1,<br>Wert des Nachlasses im Zeitpunkt des Erbfalls unter Abzug von Erblasserschulden;<br>Nr. 12210 = 1,0;<br>ist die Gebühr bereits für ein Erbscheinsverfahren entstanden, wird sie mit 75 % auf die Verfahrensgebühr für das Europäische Nachlasszeugnis angerechnet, Nr. 12210 Anm. 2 |
| | Antrag auf Verlängerung, ohne eidesstattliche Versicherung | § 36 Abs. 1<br>10 - 20 % des Nachlassreinvermögens | Nr. 21201 Nr. 6 = 0,5<br>mindestens 30 € | Nr. 12218 = 20 € |
| Europäischer Vollstreckungstitel für unbestrittene Forderung | Bestätigung nach § 1079 ZPO (zu einer eigenen vollstreckbaren Urkunde) | wertunabhängig | Nr. 23805 = 22 € | |
| Falschbezeichnung (falsa demonstratio) | nachträgliche Berichtigung | § 36 Abs.1<br>Teilwert von ca. 20 - 30 % | Nr. 21100 = 2,0<br>mindestens 120 € | |
| Feststellung | nachträglich zu Grundschuldbestellung (Pfandbesitz wird nach Vermessung beschrieben) | § 36 Abs.1<br>10 - 20 % des Grundschuldnennbetrages (Geschäftswert aber höchstens Wert des beschriebenen Pfandgrundstücks) | Nr. 21201 = 0,5<br>mindestens 30 € | |
| | nachträglich zu Teilungserklärung (nach Vorliegen des Aufteilungsplans) | § 36 Abs.1<br>10 - 20 % des Wertes der Teilungserklärung | Nr. 21201 = 0,5<br>mindestens 30 €<br>(unerheblich, ob zu Teilungserklärung nach § 3 WEG oder nach § 8 WEG) | |

| Haupt-stichwort | ggf. Unterstichwort | Notar | | Gericht |
|---|---|---|---|---|
| | | §§ GNotKG Geschäftswert | Nr. KV Gebührensatz | §§ GNotKG; Nr. KV ggf. zuzügl. KatFortGeb |
| Formwechsel | s. unter Hauptstichwort Gesellschaftsrecht | | | |
| Freigabe | s. unter Hauptstichwort Pfandfreigabe | | | |
| Freiwillige Versteigerung | von Grundbesitz oder grundstücksgleiches Recht | § 116 Abs.1<br>Wert des zu versteigernden Grundbesitzes | Nr. 23602 = 1,0<br>für jeden Termin (u.a.) | § 69;<br>Nr. 14110 = 1,0 |
| | von beweglichen Sachen und von Rechten | § 117<br>Wert der betroffenen Sachen und Rechte | Nr. 23700 = 3,0 | |
| Fremde Sprache | | wie Beurkundung | Nr. 26001 = 30 % der für das Beurkundungsverfahren zu erhebenden Gebühr, höchstens 5.000 € | |
| Fremdrechtserbschein nach § 352c FamFG | Antrag auf Erteilung mit eidesstattlicher Versicherung | § 40 Abs. 3<br>Wert des Inlandvermögens ohne Schuldenabzug (höchstens Wert des gesamten Reinnachlasses) | Nr. 23300 = 1,0 | § 40 Abs. 3;<br>Nr. 12210 = 1,0 |
| Gemeinschaftliches Testament | mit Verfügung über den ganzen Nachlass (konkret bezeichnete Vermögenswerte, die noch nicht d. Erblasser gehören, werden hinzugerechnet) | § 102 Abs.1<br>Wert des Vermögens; Verbindlichkeiten werden nur bis zur Hälfte des Werts des Vermögens abgezogen | Nr. 21100 = 2,0<br>mindestens 120 €<br>(Vorbem. 2.1.2 Abs.1) | |
| | mit Verfügung über einen Bruchteil des Nachlasses | § 102 Abs.1<br>der Bruchteil des Vermögens, über den verfügt wurde; Verbindlichkeiten werden nur bis zur Hälfte des Werts des Vermögens abgezogen | Nr. 21100 = 2,0<br>mindestens 120 €<br>(Vorbem. 2.1.2 Abs.1) | |
| | nur mit Vermächtnisanordnung | § 102 Abs.3<br>deren Wert; sind darauf lastende Verbindlichkeiten vom Bedachten zu übernehmen, werden diese nur bis zur Hälfte des Vermögenswertes abgezogen | Nr. 21100 = 2,0<br>mindestens 120 €<br>(Vorbem. 2.1.2 Abs.1) | |
| Genehmigung | s. unter Hauptstichwort Zustimmung | | | |
| Generalvollmacht | | § 98 Abs.3<br>Hälfte des Aktivvermögens, gem. § 38 ohne Schuldenabzug, höchstens 1 Mio € | Nr. 21200 = 1,0<br>mindestens 60 € | |
| Gesamtgutserklärung | bei Gütergemeinschaft wird nachträglich Vorbehaltsgut (oder Sondergut) in Gesamtgut überführt | § 100 Abs.2<br>dessen Wert, gem. § 38 ohne Abzug darauf lastender Verbindlichkeiten; höchstens modifiziertes Reinvermögen | Nr. 21100 = 2,0<br>mindestens 120 € | § 70 Abs. 1 u.2;<br>Nr. 14110 = 1,0 |
| Geschäftsanteilsveräußerung | s. unter Hauptstichwort Kaufvertrag oder Übertragung | | | |
| Geschäftsbesorgungsvertrag | | § 99 Abs.2<br>Wert aller Bezüge während der gesamten Vertragszeit, höchstens der ersten fünf Jahre | Nr. 21100 = 2,0<br>mindestens 120 € | |

| Haupt-stichwort | ggf. Unterstichwort | Notar | | Gericht |
|---|---|---|---|---|
| | | §§ GNotKG Geschäftswert | Nr. KV Gebührensatz | §§ GNotKG; Nr. KV ggf. zuzügl. KatFortGeb |
| Gesellschafterliste | nach § 8 Abs.1 Nr.3 GmbHG (Liste der Gesellschafter bei Neugründung) | § 112 Vollzugstätigkeit | Vorbem. 2.2.1.1 Abs.1 S.2 Nr. 3; Nr. 22110, 22113 = 0,5 (wenn das zugrunde liegende Beurkundungsverfahren weniger als 2,0 beträgt, dann Nr. 22111 = 0,3); höchstens 250 € | |
| | nach § 40 Abs.1 GmbHG (Liste der Gesellschafter nach Veränderung) | § 112 Vollzugstätigkeit | Vorbem. 2.2.1.1 Abs.1 S.2 Nr.3; Nr. 22110, 22113 = 0,5 (wenn das zugrunde liegende Beurkundungsverfahren weniger als 2,0 beträgt, dann Nr. 22111 = 0,3); höchstens 250 € | |
| | nach § 57 Abs.3 Nr.2 GmbHG der Übernehmer neuer Geschäftsanteile | § 112 Vollzugstätigkeit | Vorbem. 2.2.1.1 Abs.1 S.2 Nr.3; Nr. 22110, 22113 = 0,5 (wenn das zugrunde liegende Beurkundungsverfahren weniger als 2,0 beträgt, dann Nr. 22111 = 0,3); höchstens 250 € | |
| | Fertigung, ohne Zusammenhang mit einer Beurkundung oder einer Vorlage | §§ 119 Abs.1, 36 Abs.1 Teilwert von ca. 10 - 20 % des Stammkapitals | Nr. 24101 = 1,0 (§ 92 Abs.2) mindestens 60 € | |
| Gesellschaftsrecht erste Anmeldung zum Handelsregister | GmbH / AG: erste Anmeldung | §§ 119 Abs.1, 105, 106 einzutragendes Stamm- bzw. Grundkapital, ggf. zuzügl. eines in der Satzung bestimmten genehmigten Kapitals; mindestens 30.000 €, höchstens 1 Mio € | Nr. 24102 = 0,5 (§ 92 Abs.2) | § 58; s. HRegGebV |
| | VVaG: erste Anmeldung | §§ 119 Abs.1, 105, 106 einzutragender Gründungsstock; mindestens 30.000 €, höchstens 1 Mio € | Nr. 24102 = 0,5 (§ 92 Abs.2) | § 58; s. HRegGebV |
| | KG: erste Anmeldung • mit nur einem pers. haft. Gesellschafter | §§ 119 Abs.1, 105, 106 Summe der KG-Einlagen + 30.000 €; höchstens 1 Mio € | Nr. 24102 = 0,5 (§ 92 Abs.2) | § 58; s. HRegGebV |
| | KG: erste Anmeldung • mit zwei pers. haft. Gesellschaftern | §§ 119 Abs.1, 105, 106 Summe der KG-Einlagen + 45.000 €; höchstens 1 Mio € | Nr. 24102 = 0,5 (§ 92 Abs.2) | § 58; s. HRegGebV |
| | KG: erste Anmeldung • mit drei pers. haft. Gesellschaftern (für jeden weiteren pers. haft. Ges. zuzügl. 15.000 €) | §§ 119 Abs.1, 105, 106 Summe der KG-Einlagen + 60.000 €; höchstens 1 Mio € | Nr. 24102 = 0,5 (§ 92 Abs.2) | § 58; s. HRegGebV |
| | e.K.: erste Anmeldung | §§ 119 Abs.1, 105, 106 30.000 € | Nr. 24102 = 0,5 (§ 92 Abs.2) | § 58; s. HRegGebV |
| | OHG: erste Anmeldung • mit zwei Gesellschaftern | §§ 119 Abs.1, 105, 106 45.000 € | Nr. 24102 = 0,5 (§ 92 Abs.2) | § 58; s. HRegGebV |

| Hauptstichwort | ggf. Unterstichwort | Notar | | Gericht |
|---|---|---|---|---|
| | | §§ GNotKG Geschäftswert | Nr. KV Gebührensatz | §§ GNotKG; Nr. KV ggf. zuzügl. KatFortGeb |
| | OHG:<br>erste Anmeldung<br>• mit drei Gesellschaftern (für jeden weiteren Ges. zuzügl. 15.000 €) | §§ 119 Abs.1, 105, 106<br>60.000 € | Nr. 24102 = 0,5 (§ 92 Abs.2) | § 58; s. HRegGebV |
| | Genossenschaft:<br>erste Anmeldung | §§ 119 Abs.1, 105, 106<br>60.000 € | Nr. 24102 = 0,5 (§ 92 Abs.2) | § 58; s. HRegGebV |
| | juristische Person (§ 33 HGB):<br>erste Anmeldung | §§ 119 Abs.1, 105, 106<br>60.000 € | Nr. 24102 = 0,5 (§ 92 Abs.2) | § 58; s. HRegGebV |
| | EWIV:<br>erste Anmeldung<br>• mit zwei Mitgliedern | §§ 119 Abs.1, 105, 106<br>45.000 € | Nr. 24102 = 0,5 (§ 92 Abs.2) | § 58; s. HRegGebV |
| | EWIV:<br>erste Anmeldung<br>• mit drei Mitgliedern (für jedes weitere Mitglied zuzügl. 15.000 €) | §§ 119 Abs.1, 105, 106<br>60.000 € | Nr. 24102 = 0,5 ( § 92 Abs.2) | § 58; s. HRegGebV |
| | UG (haftungsbeschränkt) mittels Musterprotokoll:<br>erste Anmeldung | §§ 119 Abs.1, 105<br>einzutragendes Stammkapital;<br>ohne Mindestwert | Nr. 24102 = 0,5 (§ 92 Abs.2)<br>mindestens 30 € | § 58; s. HRegGebV |
| Gesellschaftsrecht<br>spätere Anmeldung zum Handelsregister | GmbH / UG / KG:<br>spätere Anmeldung über<br>• Kapitalerhöhung oder -herabsetzung<br>• bedingte Kapitalerhöhung<br>• Durchführung einer Kapitalerhöhung über genehmigtes Kapital (wenn bedingte Kapitalerhöhung, dann aber unbestimmten Geldwertes) | §§ 119 Abs.1, 105,106<br>Nennbetrag der Erhöhung oder Herabsetzung;<br>mindestens 30.000 € (nicht bei einer UG mit Musterprotokoll),<br>höchstens 1 Mio € | Nr. 24102 = 0,5 (§ 92 Abs.2)<br>mindestens 30 € | § 58; s. HRegGebV |
| | GmbH (ohne Musterprotokoll) / AG:<br>spätere Anmeldung unbestimmten Geldwertes, z.B. über<br>• Sitzverlegung<br>• Satzungsänderung<br>• Ausgabe von Wandelschuldverschreibungen<br>• Nachgründung nach § 52 AktG<br>• Bestellung od. Abberufung eines Geschäftsführers oder Prokuristen<br>• Änderung der Vertretungsbefugnis<br>• Umwandlung nach UmwG, außer Neugründung<br>• Gewinnabführungsvertrag bei beherrschter Gesellschaft<br>• Durchführung einer bedingten (nur dann, sonst bestimmten Geldwertes) Kapitalerhöhung über genehmigtes Kapital<br>• Auflösung der Ges.<br>• Bestellung Liquidator<br>• Erlöschen der Firma | §§ 119 Abs.1, 105, 106<br>1 % des Stamm- bzw. Grundkapitals;<br>mindestens 30.000 €,<br>höchstens 1 Mio € | Nr. 24102 = 0,5 (§ 92 Abs.2) | § 58; s. HRegGebV |
| | AG / KG / KGaA:<br>spätere Anmeldung über<br>• Maßnahmen der Kapitalbeschaffung oder -herabsetzung bzw. Änderung der KG-Einlage<br>• Ermächtigung zur Erhöhung des Grundkapitals | §§ 119 Abs.1, 105, 106<br>Nennbetrag der Erhöhung oder Herabsetzung;<br>mindestens 30.000 €,<br>höchstens 1 Mio € | Nr. 24102 = 0,5 (§ 92 Abs.2) | § 58; s. HRegGebV |

| Haupt-stichwort | ggf. Unterstichwort | Notar | | Gericht |
|---|---|---|---|---|
| | | §§ GNotKG Geschäftswert | Nr. KV Gebührensatz | §§ GNotKG; Nr. KV ggf. zuzügl. KatFortGeb |
| | KG:<br>spätere Anmeldung über<br>• Eintritt oder Ausscheiden eines Kommanditisten<br>• Kommanditistenwechsel im Wege der Gesamt- oder Sonderrechtsnachfolge<br>• Pers. haft. Gesellschafter wird Kommanditist<br>• Kommanditist wird pers. haft. Gesellschafter | §§ 119 Abs.1, 105, 106 die einfache Kommanditeinlage; mindestens 30.000 €, höchstens 1 Mio € | Nr. 24102 = 0,5 (§ 92 Abs.2) | § 58; s. HRegGebV |
| | KG / OHG:<br>spätere Anmeldung über<br>• Ausscheiden eines pers. haft. Gesellschafters oder von zwei pers. haft. Gesellschaftern<br>• Auflösung der Ges.<br>• Bestellung Liquidator<br>• Erlöschen der Firma | §§ 119 Abs.1, 105<br>30.000 € | Nr. 24102 = 0,5 (§ 92 Abs.2) | § 58; s. HRegGebV |
| | KG / OHG:<br>spätere Anmeldung über<br>• Ausscheiden von drei pers. haft. Gesellschaftern (für jeden weiteren pers. haft. Gesellschafter zuzügl. 15.000 €) | §§ 119 Abs.1, 105<br>45.000 € | Nr. 24102 = 0,5 (§ 92 Abs.2) | § 58; s. HRegGebV |
| | VVaG:<br>spätere Anmeldung | §§ 119 Abs.1, 105<br>60.000 € | Nr. 24102 = 0,5 (§ 92 Abs.2) | § 58; s. HRegGebV |
| | e.K.:<br>spätere Anmeldung | §§ 119 Abs.1, 105<br>30.000 € | Nr. 24102 = 0,5 (§ 92 Abs.2) | § 58; s. HRegGebV |
| | Genossenschaft:<br>spätere Anmeldung | §§ 119 Abs.1, 105<br>30.000 € | Nr. 24102 = 0,5 (§ 92 Abs.2) | § 58; s. HRegGebV |
| | juristische Person (§ 33 HGB):<br>spätere Anmeldung | §§ 119 Abs.1, 105<br>30.000 € | Nr. 24102 = 0,5 (§ 92 Abs.2) | § 58; s. HRegGebV |
| | EWIV:<br>spätere Anmeldung über<br>• Ausscheiden eines Mitglieds oder von zwei Mitgliedern<br>• Auflösung der Ges.<br>• Bestellung Liquidator<br>• Erlöschen der Firma | §§ 119 Abs. 1, 105<br>30.000 € | Nr. 24102 = 0,5 (§ 92 Abs.2) | § 58; s. HRegGebV |
| | EWIV:<br>spätere Anmeldung über<br>• Ausscheiden von drei Mitgliedern (für jedes weitere Mitglied zuzügl. 15.000 €) | §§ 119 Abs.1, 105<br>45.000 € | Nr. 24102 = 0,5 (§ 92 Abs.2) | § 58; s. HRegGebV |
| | GmbH oder UG (haftungsbeschränkt) mittels Musterprotokoll:<br>spätere Anmeldung über<br>• Sitzverlegung<br>• Änderung der Firma<br>• Änderung des Unternehmensgegenstandes | §§ 119 Abs.1, 105, 106<br>1 % des Stammkapitals; ohne Mindestwert, höchstens 1 Mio € | Nr. 24102 = 0,5 (§ 92 Abs.2) mindestens 30 € | § 58; s. HRegGebV |
| | GmbH oder UG (haftungsbeschränkt) mittels Musterprotokoll:<br>spätere Anmeldung über<br>• Bestellung od. Abberufung eines Geschäftsführers od. Prokuristen<br>• Änderung der Satzung über das Musterprotokoll hinaus<br>• Auflösung der Ges.<br>• Bestellung Liquidator<br>• Erlöschen der Firma | §§ 119 Abs.1, 105, 106<br>1 % des Stammkapitals; mindestens 30.000 €, höchstens 1 Mio € | Nr. 24102 = 0,5 (§ 92 Abs.2) | § 58; s. HRegGebV |

| Haupt-stichwort | ggf. Unterstichwort | Notar | | Gericht |
|---|---|---|---|---|
| | | §§ GNotKG Geschäftswert | Nr. KV Gebührensatz | §§ GNotKG; Nr. KV ggf. zuzügl. KatFortGeb |
| | GmbH / AG / KG / OHG: spätere Anmeldung über<br>• Änderung der Fa. wg. Änderung des Ortsnamens<br>• Änderung der Geschäftsanschrift<br>• Änderung eines Namens wegen Verheiratung oder Scheidung<br>• rechnerische Umstellung von Stammkapital auf Euro, ohne Glättung<br>• Satzungsänderung technischer oder redaktioneller Art, aber ohne wirtschaftl. Wert | §§ 119 Abs.1, 105 Abs.5<br>5.000 € | Nr. 24102 = 0,5<br>(§ 92 Abs.2)<br>mindestens 30 € | § 58; s. HRegGebV |
| Gesellschaftsrecht Beschlüsse | AG / GmbH (ohne Musterprotokoll): unbestimmten Geldwertes, z.B. über<br>• Wahl / Abwahl / Entlastung<br>• Änderung der Vertretungsbefugnis<br>• Befreiung eines Vertretungsorgans von § 181 BGB zu einem bestimmten Rechtsgeschäft<br>• Sitzverlegung<br>• Satzungsänderung<br>• Zusammenlegung oder Teilung von Geschäftsanteilen<br>• Wechsel von Nennbetragsaktien in Stückaktien<br>• Neustückelung von Aktien<br>• Genehmigung der vom Abwickler aufgestellten Schlussrechnung<br>• Genehmigung / Feststellung des Jahresabschlusses § 173 AktG, wenn ohne Beschluss über die Verwendung<br>• Umwandlung von stillen in freie Reserven<br>• Änderung der Zweckgebundenheit einer Rücklage<br>• Änderung der Rückzahlungsbedingungen eines Darlehens<br>• Vergütung der Aufsichtsratsmitglieder etc., wenn nicht für einen bestimmten Zeitraum (auch dann *ein* Beschluss, wenn mehrere Personen betreffend)<br>• Eingliederung einer AG in eine andere (§ 319 AktG)<br>• Bestellung von Abwicklern<br>• Auflösung der Gesellschaft | §§ 108 Abs.1, 105 Abs.4 Nr.1<br>1 % vom Grund- bzw. Stammkapital; mindestens 30.000 €, höchstens 5 Mio € | Nr. 21100 = 2,0 | |
| | VVaG:<br>unbestimmten Geldwertes | §§ 108 Abs.1, 105 Abs.4 Nr.2<br>60.000 € | Nr. 21100 = 2,0 | |
| | OHG / KG / Partnerschaftsgesellschaft:<br>• unbestimmten Geldwertes<br>• über Eintritt oder Ausscheiden eines oder zweier pers. haft. Gesellschafters/n oder Partners/n | §§ 108 Abs.1, 105 Abs.4 Nr.3<br>30.000 € | Nr. 21100 = 2,0 | |
| | OHG / KG / Partnerschaftsgesellschaft:<br>• über Eintritt oder Ausscheiden von drei pers. haft. Gesellschaftern oder Partnern (für jeden weiteren zuzügl. 15.000 €) | §§ 108 Abs.1, 105 Abs.4 Nr.3<br>45.000 € | Nr. 21100 = 2,0 | |

| Haupt-stichwort | ggf. Unterstichwort | Notar<br>§§ GNotKG Geschäftswert | <br>Nr. KV Gebührensatz | Gericht<br>§§ GNotKG; Nr. KV ggf. zuzügl. KatFortGeb |
|---|---|---|---|---|
| | Genossenschaft / juristische Person (§ 33 HGB): unbestimmten Geldwertes | §§ 108 Abs.1, 105 Abs.4 Nr.4<br>30.000 € | Nr. 21100 = 2,0 | |
| | GbR:<br>unbestimmten Geldwertes | § 108 Abs.4<br>30.000 € | Nr. 21100 = 2,0 | |
| | EWIV:<br>• unbestimmten Geldwertes<br>• über Eintritt oder Ausscheiden eines Mitglieds oder von zwei Mitgliedern | §§ 108 Abs.1, 105 Abs.4 Nr.3<br>30.000 € | Nr. 21100 = 2,0 | |
| | EWIV:<br>• über Eintritt oder Ausscheiden von drei Mitgliedern (für jedes weitere Mitglied zuzügl. 15.000 €) | §§ 108 Abs.1, 105 Abs.4 Nr.3<br>45.000 € | Nr. 21100 = 2,0 | |
| | bestimmten Geldwertes, z.B. über<br>• Kapitalerhöhung oder -herabsetzung (auch bedingte und auch genehmigtes Kapital) durch Barmittel mit entspr. Satzungsänderung<br>• Verlängerung der Frist, innerhalb derer der Vorstand das Kapital erhöhen kann<br>• Verteilung des Reingewinns (Gewinnverwendung, auch Vortrag auf neue Rechnung, Ausschluss des Reingewinns von der Verteilung, Verwendung zur Bildung freier Rücklagen)<br>• Verlustdeckung durch Heranziehen gesetzlicher oder freier Reserven oder Vortrag auf neue Rechnung<br>• gebundene Kapitalrücklage wird mit festgestelltem Verlustvortrag verrechnet<br>• Ausgabe von Wandelschuldverschreibung<br>• Ausgabe von Gewinnschuldverschreibung<br>• Einziehung eines Geschäftsanteiles<br>• Ermächtigung des Vorstands zu Erhöhung des Grundkapitals<br>• Ermächtigung zum Erwerb eigener Aktien<br>• Fortführung einer aufgelösten GmbH mit Abberufung des Liquidators und Bestellung des Geschäftsführers | §§ 108 Abs.1<br>der entsprechende Geldbetrag;<br>mindestens 30.000 €,<br>höchstens 5 Mio € | Nr. 21100 = 2,0 | |
| | AG / GmbH: über<br>• Kapitalerhöhung durch Sacheinlage mit entspr. Satzungsänderung | § 108 Abs.1<br>Wert der Sacheinlage;<br>mindestens 30.000 €,<br>höchstens 5 Mio € | Nr. 21100 = 2,0 | |
| | über<br>• Zustimmung zu einem bestimmten Rechtsgeschäft | § 108 Abs.2 u.5<br>wie für das Geschäft, dem zugestimmt wird;<br>mindestens 30.000 €,<br>höchstens 5 Mio € | Nr. 21100 = 2,0 | |

| Haupt-stichwort | ggf. Unterstichwort | Notar: §§ GNotKG Geschäftswert | Notar: Nr. KV Gebührensatz | Gericht: §§ GNotKG; Nr. KV ggf. zuzügl. KatFortGeb |
|---|---|---|---|---|
| | nach dem UmwG | § 108 Abs.3<br>Aktivwert des Vermögens des übertragenden oder formwechselnden Rechtsträgers, bei Abspaltung oder Ausgliederung des übergehenden Vermögens; mindestens 30.000 €, höchstens 5 Mio € | Nr. 21100 = 2,0 | |
| | GmbH oder UG (haftungsbeschränkt) mittels Musterprotokoll: über<br>• Sitzverlegung<br>• Änderung der Firma<br>• Änderung des Unternehmensgegenstandes | §§ 108 Abs.1, 105 Abs.6<br>1 % des Stammkapitals; ohne Mindestwert, höchstens 5 Mio € | Nr. 21100 = 2,0<br>mindestens 120 € | |
| | GmbH oder UG (haftungsbeschränkt) mittels Musterprotokoll: über<br>• Bestellung od. Abberufung eines Geschäftsführers od. Prokuristen<br>• Änderung der Satzung über das Musterprotokoll hinaus<br>• Auflösung der Ges. mit Bestellung Liquidator | §§ 108 Abs.1, 105 Abs.4 Nr.1<br>1 % des Stammkapitals; mindestens 30.000 €, höchstens 5 Mio € | Nr. 21100 = 2,0 | |
| Gesellschaftsrecht Umwandlungen | Aufspaltung / Abspaltung / Ausgliederung zur Aufnahme | § 107 Abs.1<br>übergehendes Aktivvermögen, gem. § 38 ohne Schuldenabzug; mindestens 30.000 €, höchstens 10 Mio € | Nr. 21100 = 2,0 | § 58; s. HRegGebV; Grundbucheintragung vgl. §§ 69, 46, 53;<br>Nr. 14110 = 1,0 bei Berichtigung des Eigentums im Grundbuch;<br>Nr. 14130 = 0,5 bei Berichtigung der Belastung im Grundbuch |
| | Aufspaltung / Abspaltung / Ausgliederung zur Neugründung | § 107 Abs.1<br>übergehendes Aktivvermögen, gem. § 38 ohne Schuldenabzug; mindestens 30.000 €, höchstens 10 Mio € | Nr. 21200 = 1,0 | § 58; s. HRegGebV; Grundbucheintragung vgl. §§ 69, 46, 53;<br>Nr. 14110 = 1,0 bei Berichtigung des Eigentums im Grundbuch;<br>Nr. 14130 = 0,5 bei Berichtigung der Belastung im Grundbuch |
| | Formwechsel | § 108 Abs.3 u.5<br>Aktivvermögen des formwechselnden Rechtsträgers, gem. § 38 ohne Schuldenabzug; mindestens 30.000 €, höchstens 5 Mio € | Nr. 21200 = 2,0 für Beschluss (ggf. zuzügl. Nr. 21200 = 1,0 mindestens 60 € für Verzichtserklärung aus Teilwert nach § 36 Abs.1) | § 58; s. HRegGebV; die Eintragung des Formwechsels im Grundbuch erfolgt gebührenfrei (= keine Gebührenvorschrift mehr für Richtigstellungen des Grundbuches infolge Formwechsels bzw. infolge Namens- oder Firmenänderung) |
| | Vermögensübertragung nach § 174 ff UmwG | § 107 Abs.1<br>übergehendes Aktivvermögen, gem. § 38 ohne Schuldenabzug; mindestens 30.000 €, höchstens 10 Mio € | Nr. 21100 = 2,0 | § 58; s. HRegGebV; Grundbucheintragung vgl. §§ 69, 46, 53;<br>Nr. 14110 = 1,0 bei Berichtigung des Eigentums im Grundbuch;<br>Nr. 14130 = 0,5 bei Berichtigung der Belastung im Grundbuch |

| Haupt-stichwort | ggf. Unterstichwort | Notar | | Gericht |
|---|---|---|---|---|
| | | §§ GNotKG Geschäftswert | Nr. KV Gebührensatz | §§ GNotKG; Nr. KV ggf. zuzügl. KatFortGeb |
| | Verschmelzung durch Aufnahme | § 107 Abs.1 übergehendes Aktivvermögen, gem. § 38 ohne Schuldenabzug; mindestens 30.000 €, höchstens 10 Mio € | Nr. 21100 = 2,0 | § 58; s. HRegGebV; Grundbucheintragung vgl. §§ 69, 46, 53; Nr. 14110 = 1,0 bei Berichtigung des Eigentums im Grundbuch; Nr. 14130 = 0,5 bei Berichtigung der Belastung im Grundbuch |
| | Verschmelzung durch Neugründung | § 107 Abs.1 übergehendes Aktivvermögen, gem. § 38 ohne Schuldenabzug; mindestens 30.000 €, höchstens 10 Mio € | Nr. 21100 = 2,0 | § 58; s. HRegGebV; Grundbucheintragung vgl. §§ 69, 46, 53; Nr. 14110 = 1,0 bei Berichtigung des Eigentums im Grundbuch; Nr. 14130 = 0,5 bei Berichtigung der Belastung im Grundbuch |
| Gesellschafts-vertrag | Errichtung einer Gesellschaft | § 107 Abs.1 Wert der Einlagen aller Gesellschafter, gem. § 38 ohne Schuldenabzug; mindestens 30.000 €, höchstens 10 Mio € (ggf. zuzügl. GeschW für Beschluss über Geschäftsführerbestellung) | Nr. 21100 = 2,0 (bei Einpersonen-Gründung Nr. 21200 = 1,0) | § 58; s. HRegGebV |
| | Neugründung einer UG (haftungsbeschränkt) mittels Musterprotokoll | § 107 Abs.1 Wert der Einlagen aller Gesellschafter; ohne Mindestwert | Nr. 21100 = 2,0 mindestens 120 € (bei Einpersonen-Gründung Nr. 21200 = 1,0, mindestens 60 €) | § 58; s. HRegGebV |
| Gewinnabführungsvertrag | Beherrschungs-, Gewinnabführungs- oder Verlustausgleichsvereinbarung | §§ 97 Abs.1, 52 Abs.3 bei unbestimmter Dauer der auf die ersten 10 Jahre entfallende Wert | Nr. 21100 = 2,0 mindestens 120 € | § 58; s. HRegGebV |
| Gründungsbericht | Fertigung des Entwurfs | §§ 119 Abs.1, 36 Abs.1 Teilwert von ca. 10 - 40 % aus dem Grundkapital ggf. zuzügl. genehmigtes Kapital | Nr. 24101 = 1,0 (§ 92 Abs.2, wenn vollständig entworfen) mindestens 60 € | |
| Gründungs-prüfung | gem. § 33 Abs.3 AktG | § 123 Summe aller Einlagen; höchstens 10 Mio € | Nr. 25206 = 1,0 mindestens 1.000 € | |
| Grundbuchabdruck auftragsgemäß durch Notar | einfacher Abdruck (nicht in Zusammenhang mit einem gebührenpflichtigen Verfahren oder Geschäft) | wertunabhängig | Nr. 25210 = 10 € + Abrufkosten, aber keine zusätzliche Dokumentenpauschale (anstelle Abdruck die elektronische Übermittlung: Nr. 25212 = 5 € + Abrufkosten) | wenn nicht bei Notar, sondern bei GBA beantragt wird: einfacher Ausdruck Nr. 17000 = 10 € (anstelle Ausdruck die elektronische Übermittlung: unbeglaubigte Datei Nr. 17002 = 5 €) |
| | beglaubigter Abdruck (nicht in Zusammenhang mit einem gebührenpflichtigen Verfahren oder Geschäft) | wertunabhängig | Nr. 25211 = 15 € + Abrufkosten, aber keine zusätzliche Dokumentenpauschale (anstelle Abdruck die elektronische Übermittlung: Nr. 25213 = 10 € + Abrufkosten) | wenn nicht bei Notar, sondern bei GBA beantragt wird: amtlicher Ausdruck Nr. 17001 = 20 € (anstelle Ausdruck die elektronische Übermittlung: beglaubigte Datei Nr. 17003 = 10 €) |

| Haupt-stichwort | ggf. Unterstichwort | Notar: §§ GNotKG Geschäftswert | Notar: Nr. KV Gebührensatz | Gericht: §§ GNotKG; Nr. KV ggf. zuzügl. KatFortGeb |
|---|---|---|---|---|
| Grundbuch-einsicht und Mitteilung | wenn auch „kundiges Lesen und Übersetzen" erfordert ist (nicht in Zusammenhang mit einem gebührenpflichtigen Verfahren oder Geschäft) | wertunabhängig | Nr. 25209 = 15 €<br>+ Abrufkosten | Bloße Grundbuchein-sicht beim Grund-buchamt ohne Aus-drucke oder Kopien ist gebührenfrei |
| Grundbuch-berichtigung | s. unter Hauptstichwort Berichtigungsantrag | | | |
| Grunddienst-barkeit | | § 97 Abs.1, 52 Abs.1 GeschW bestimmt sich nach dem Wert, den das Recht für das herrschen-de Grundstück hat | Nr. 21100 = 2,0 mindestens 120 €, wenn vertragliche Erklärungen;<br>Nr. 21200 = 1,0 mindestens 60 €, wenn nicht vertraglich, aber über formell-rechtliche Erklärungen hinausge-hend;<br>Nr. 21201 = 0,5 mindesten 30 €, wenn nur formell-rechtlichen Inhalts | § 52;<br>Nr. 14121 = 1,0 (falls die Dienstbar-keit als Gesamtrecht bei verschiedenen Grundbuchämtern eingetragen wird, er-höht sich die 1,0 Ge-bühr ab dem zweiten für jedes weitere be-teiligte Grundbuch-amt um 0,2, so Nr. 14122; die Kosten setzt das Grundbuch-amt an, bei dem der Antrag zuerst einge-gangen ist, § 18 Abs. 3) |
| | über<br>• Benutzungsrecht<br>• Betrieb einer Tankstelle<br>• Stellplatzdienstbarkeit<br>• Windkraftanlage<br>• Photovoltaikanlage | §§ 97 Abs.1, 52 Abs.1 kapitalisierter Jahres-wert, dieser notfalls in Anlehnung an § 52 Abs.5 zu bestimmen | Nr. 21100 = 2,0 mindestens 120 €, wenn vertragliche Erklärun-gen;<br>Nr. 21200 = 1,0 mindestens 60 €, wenn nicht vertraglich, aber über formell-rechtliche Erklärungen hinausge-hend;<br>Nr. 21201 = 0,5 mindestens 30 €, wenn nur formell-rechtlichen Inhalts | § 52;<br>Nr. 14121 = 1,0 (falls die Dienstbarkeit als Gesamtrecht bei verschiedenen Grund-buchämtern eingetra-gen wird, erhöht sich die 1,0 Gebühr ab dem zweiten für jedes wei-tere beteiligte Grund-buchamt um 0,2, so Nr. 14122; die Kosten setzt das Grundbuch-amt an, bei dem der Antrag zuerst einge-gangen ist, § 18 Abs. 3) |
| | über<br>• Unterlassung<br>• Fremdenverkehrsdienst-barkeit<br>• Gewerbebetriebsbe-schränkung | §§ 97 Abs.1, 52 Abs.1 kapitalisierter Jahres-wert, dieser nach § 36 Abs.1 zu bestimmen (ggf. in Anlehnung an § 50 Nr.2) | Nr. 21100 = 2,0 mindestens 120 €, wenn vertragliche Erklärun-gen;<br>Nr. 21200 = 1,0 mindestens 60 €, wenn nicht vertraglich, aber über formell-rechtliche Erklärungen hinausge-hend;<br>Nr. 21201 = 0,5 mindesten 30 €, wenn nur formell-rechtlichen Inhalts | §§ 52, 36;<br>Nr. 14121 = 1,0 (falls die Dienstbarkeit als Gesamtrecht bei verschiedenen Grund-buchämtern eingetra-gen wird, erhöht sich die 1,0 Gebühr ab dem zweiten für jedes wei-tere beteiligte Grund-buchamt um 0,2, so Nr. 14122; die Kosten setzt dann Grundbuch-amt an, bei dem der Antrag zuerst einge-gangen ist, § 18 Abs. 3) |
| | | | | § 53 Abs. 1;<br>Nr. 14121 = 1,0 für die Eintragung einer Grundschuld ohne Brief;<br>Nr. 14120 = 1,3 für die Eintragung einer Grundschuld mit Brief (Briefgrundschuld demnach teurer; ggf. Gebühr nach Nr. 31002 für Einschrei-ben gegen Rückschein = 3,5 €); |

| Haupt-stichwort | ggf. Unterstichwort | Notar | | Gericht |
|---|---|---|---|---|
| | | §§ GNotKG Geschäftswert | Nr. KV Gebührensatz | §§ GNotKG; Nr. KV ggf. zuzügl. KatFortGeb |
| Grundschuld-bestellung | mit Zwangsvollstreckungsunterwerfung (oder andere materiell-rechtl. Erklärung) | §§ 97 Abs.1, 53 Abs.1 Grundschuldnennbetrag | Nr. 21200 = 1,0 mindestens 60 € | falls die Grundschuld als Gesamtrecht bei verschiedenen Grundbuchämtern eingetragen wird, erhöht sich die 1,0 Gebühr (Buchgrundschuld) bzw. 1,3 Gebühr (Briefgrundschuld) ab dem zweiten für jedes weitere beteiligte Grundbuchamt um 0,2, so Nr. 14122; die Kosten setzt dann das Grundbuchamt an, bei dem der Antrag zuerst eingegangen ist, vgl. § 18 Abs. 3 |
| | nur formell-rechtlichen Inhalts | §§ 97 Abs.1, 53 Abs.1 Grundschuldnennbetrag | Nr. 21201 = 0,5 mindestens 30 € | s. o. |
| | mit Darlehensvertrag | §§ 97 Abs.1, 109 Abs.2 Nr.3 Darlehensbetrag (wenn Grundschuldnennbetrag mit ZV höher, dann dieser, § 53 Abs.1) | Nr. 21100 = 2,0 mindestens 120 € | s. o. |
| | mit Schuldanerkenntnis | §§ 97 Abs.1, 109 Abs.2 Nr.3 Schuldbetrag (wenn Grundschuldnennbetrag mit ZV höher, dann dieser, § 53 Abs.1) | Nr. 21200 = 1,0 mindestens 60 € | s.o. |
| | Beschreibung Pfandgrundstück nach Vermessung | § 36 Abs.1 10 - 20 % des Grundschuldnennbetrages (Geschäftswert aber höchstens Wert des beschriebenen Pfandgrundstücks) | Nr. 21201 = 0,5 mindestens 30 € (unerheblich, ob Grundschuld mit ZV oder ohne) | |
| Grundschuld-brief | Kraftloserklärung mit eidesstattlicher Versicherung | § 36 Abs.1 Teilwert von ca. 20 - 30 % des Grundschuldnennbetrages | Nr. 23300 = 1,0 | § 71, für Neuerteilung voller Wert des Grundschuldnennbetrages; Nr. 14124 = 0,5 bei nachträglicher Brieferteilung |
| | nachträgliche Beantragung (Buchgrundschuld wird in Briefgrundschuld umgewandelt) | § 36 Abs.1 Teilwert von ca. 10 - 20 % des Grundschuldnennbetrages | Nr. 21201 = 0,5 mindestens 30 € | §§ 71, 36 Abs. 1; Nr. 14130 = 0,5 für die Eintragung der Umwandlung im Grundbuch, und zwar aus 20 % des Grundschuldnennbetrages, § 36 Abs. 1, sowie Nr. 14124 = 0,5 für nachträgliche Erteilung eines Grundschuldbriefes, und zwar aus dem vollen Wert des Grundschuldnennbetrages, § 71 Abs. 1 |

| Haupt-stichwort | ggf. Unterstichwort | Notar<br>§§ GNotKG Geschäftswert | Notar<br>Nr. KV Gebührensatz | Gericht<br>§§ GNotKG; Nr. KV ggf. zuzügl. KatFortGeb |
|---|---|---|---|---|
| Grundschuld-Umwandlung | Buchrecht in Briefrecht, oder umgekehrt | § 36 Abs.1<br>Teilwert von ca. 10 - 20 % des Grundschuld-nennbetrages | Nr. 21201 = 0,5<br>mindestens 30 € | Umwandlung Buchrecht in Briefrecht:<br>§§ 71, 36 Abs. 1;<br>Nr. 14130 = 0,5 für die Eintragung der Umwandlung im Grundbuch, und zwar aus 20 % des Grundschuldnennbetrages, § 36 Abs. 1,<br>sowie<br>Nr. 14124 = 0,5 für nachträgliche Erteilung eines Grundschuldbriefes, und zwar aus dem vollen Wert des Grundschuldnennbetrages, § 71 Abs. 1;<br>Umwandlung Briefrecht in Buchrecht:<br>nur Nr. 14130 = 0,5 |
| | in Hypothek, oder umgekehrt | §§ 97 Abs.1, 53 Abs.1<br>Nennbetrag | Nr. 21200 = 1,0<br>mindestens 60 €<br>wenn mit Unterwerfung | § 53 Abs. 1;<br>Nr. 14130 = 0,5 |
| Grundstücks-vereinigungs-antrag | | § 36 Abs.1<br>Teilwert von ca.<br>10 - 20 % des Grund-besitzwertes | Nr. 21201 = 0,5<br>mindestens 30 € | Nr. 14160 Nr. 3 = 50 €<br>(gebührenfrei bleibt jedoch die Vereinigung im Gefolge eines Eigentumsübergangs) |
| Grundstücks-teilungsantrag | | § 36 Abs.1<br>Teilwert von ca.<br>10 - 20 % des Grund-besitzwertes | Nr. 21201 = 0,5<br>mindestens 30 € | Nr. 14160 Nr. 2 = 50 €<br>(gebührenfrei bleiben jedoch die Teilung im Gefolge eines Eigentumsübergangs und die notwendige Teilung iSv § 7 Abs. 1 GBO) |
| Güterrechts-register | Antrag auf Eintragung, auf Grund eines Ehevertrages | § 100 Abs.1<br>Wert des Ehevertrages, ohne Mindestwert und ohne Höchstwert | Nr. 21201 = 0,5<br>mindestens 30 € | Nr. 13200 = 100 € |
| Handelsregi-steranmel-dungen | s. unter Hauptstichwort Gesellschaftsrecht | | | |
| Handelsregis-terabdruck auftrags-gemäß durch Notar | einfacher Abdruck<br>(nicht in Zusammenhang mit einem gebührenpflichtigen Verfahren oder Geschäft) | wertunabhängig | Nr. 25210 = 10 € + Abrufkosten, aber keine zusätzliche Dokumenten-pauschale<br>(anstelle Abdruck die elektronische Übermittlung: Nr. 25212 = 5 € + Abrufkosten) | wenn nicht bei Notar, sondern bei Gericht beantragt wird:<br>Nr. 17000 = 10 €<br>(anstelle Ausdruck die elektronische Übermittlung: Nr. 17002 = 5 €) |
| | beglaubigter Abdruck<br>(nicht in Zusammenhang mit einem gebührenpflichtigen Verfahren oder Geschäft) | wertunabhängig | Nr. 25211 = 15 € + Abrufkosten, aber keine zusätzliche Dokumenten-pauschale<br>(anstelle Abdruck die elektronische Übermittlung: Nr. 25213 = 10 € + Abrufkosten) | wenn nicht bei Notar, sondern bei Gericht beantragt wird:<br>Nr. 17001 = 20 €<br>(anstelle Ausdruck die elektronische Übermittlung: Nr. 17003 = 10 €) |
| Handelsregis-tereinsicht und Mitteilung | wenn auch „kundiges Lesen und Übersetzen" erfordert ist<br>(nicht in Zusammenhang mit einem gebührenpflichtigen Verfahren oder Geschäft) | wertunabhängig | Nr. 25209 = 15 €<br>+ Abrufkosten | |

| Haupt-stichwort | ggf. Unterstichwort | Notar | | Gericht |
|---|---|---|---|---|
| | | §§ GNotKG Geschäftswert | Nr. KV Gebührensatz | §§ GNotKG; Nr. KV ggf. zuzügl. KatFortGeb |
| Heterologe od. Homologe Insemination | | § 36 Abs.3 Auffangwert 5.000 € (ggf. zusätzl. für Unterhaltsregelung kap. Jahreswert nach § 52 Abs.4) | Nr. 21100 = 2,0 mindestens 120 € | |
| Hinterlegung | von Geldbeträgen | § 124 von jeweils ausgezahltem Betrag | Nr. 25300 = 1,0; mindestens 15 €; bei Beträgen von mehr als 13 Mio € = 0,1 % des Auszahlungsbetrages | |
| | von Wertpapieren und Kostbarkeiten | § 124 Wert der Wertpapiere und Kostbarkeiten | Nr. 25301 = 1,0; mindestens 15 €; bei Werten von mehr als 13 Mio € = 0,1 % des Werts | |
| | Sparbücher, Bürgschaftsurkunden, Quellcodes u.dgl. | § 126 Abs.1 durch öffentl.-rechtl. Vertrag zu vereinbaren | | |
| Hypothek | wie Grundschuld | | | |
| Identitätsfeststellung | zu Grundschuldbestellung (Beschreibung des Pfandbesitzes nach Vermessung) | § 36 Abs.1 10 - 20 % des Grundschuldnennbetrages (Geschäftswert aber höchstens Wert des beschriebenen Pfandgrundstücks) | Nr. 21201 = 0,5 mindestens 30 € (unerheblich, ob Grundschuld mit Unterwerfung oder ohne) | |
| | zu Teilungserklärung (nachträgliche Identitätsfeststellung über Aufteilungsplan) | § 36 Abs.1 10 - 20 % des Wertes der Teilungserklärung | Nr. 21201 = 0,5 mindestens 30 € (unerheblich, ob zu Teilungserklärung nach § 3 WEG oder nach § 8 WEG) | |
| Investitionsverpflichtung | Verpflichtung dazu durch Eigentümer bzw. Erwerber | §§ 97 Abs.1, 50 Nr.4 20 % der Investitionssumme | Nr. 21100 = 2,0 mindestens 120 €, wenn vertraglich (bzw. Zurechnungsposten beim Kaufvertrag) | Hinzurechnungsposten, §§ 47 S. 2, 50 Nr. 4; Nr. 14150 = 0,5 für Eintragung AV, später Nr. 14110 = 1,0 für Umschreibung Eigentum |
| Kaufvertrag | über eine Sache, z.B. Grundbesitz | §§ 97 Abs.1, 47 Kaufpreis zuzügl. vom Verkäufer vorbehaltene Nutzungen und vom Käufer übernommene Leistungen; mindestens Verkehrswert | Nr. 21100 = 2,0 mindestens 120 € | §§ 69 Abs. 1, 47; Nr. 14110 = 1,0 (ggf. für AV zusätzlich Nr. 14150 = 0,5; für Löschung der AV = 25 € Nr. 14152) |
| | über eine Forderung | § 97 Abs.1, § 97 Abs.3 Kaufpreis vergleichen mit dem Wert der Forderung, der höhere der beiden Werte ist Geschäftswert | Nr. 21100 = 2,0 mindestens 120 € | |
| | über einen Erbteil (Erbschaftskauf) | § 36 Abs.1 Kaufpreis oder – wenn höherwertiger – verkaufter Anteil am Nachlassvermögen, gem. § 38 ohne Schuldenabzug | Nr. 21100 = 2,0 mindestens 120 € | Nr. 12410 = 15 € für Entgegennahme der Anzeige; Nr. 14110 = 1,0 für die Eintragung des Erbteilerwerbers im Grundbuch |

| Haupt-stichwort | ggf. Unterstichwort | Notar | | Gericht |
|---|---|---|---|---|
| | | §§ GNotKG Geschäftswert | Nr. KV Gebührensatz | §§ GNotKG; Nr. KV ggf. zuzügl. KatFortGeb |
| | über einen GbR-Anteil | § 97 Abs.1, § 97 Abs.3 Kaufpreis oder – wenn höherwertiger – Anteil am Aktivvermögen, gem. § 38 ohne Schuldenabzug (bei einem Fall des § 107 Abs.2 ggf. Höchstwert 10 Mio € - gilt aber nicht bei einer überwiegend vermögensverwaltend tätigen Gesellschaft) | Nr. 21100 = 2,0 mindestens 120 € | § 70 Abs. 4; Nr. 14110 = 1,0 |
| | über einen OHG-Anteil | §§ 97 Abs.1, 97 Abs.3 Kaufpreis oder – wenn höherwertiger – Anteil am Aktivvermögen, gem. § 38 ohne Schuldenabzug (bei einem Fall des § 107 Abs.2 ggf. Höchstwert 10 Mio € - gilt aber nicht bei einer überwiegend vermögensverwaltend tätigen Gesellschaft) | Nr. 21100 = 2,0 mindestens 120 € | |
| | über einen GmbH-Anteil (nicht überwiegend vermögensverwaltend tätig) | § 97 Abs.1, § 97 Abs.3 Kaufpreis oder – wenn höherwertiger – Kurswert, letzterer entspricht gewöhnlich dem Kaufpreis (bei einem Fall des § 107 Abs.2 ggf. Höchstwert 10 Mio €) | Nr. 21100 = 2,0 mindestens 120 € | |
| | Kommanditanteil (die KG ist nicht überwiegend vermögensverwaltend tätig) | § 97 Abs.1, § 97 Abs.3 Kaufpreis oder – wenn höherwertiger – wirtschaftlicher Wert, letzterer entspricht gewöhnlich dem Kaufpreis (bei einem Fall des § 107 Abs. 2 ggf. Höchstwert 10 Mio €) | Nr. 21100 = 2,0 mindestens 120 € | |
| | Komplementärsanteil an einer KG,<br>• wenn der pers. haftende Gesellschafter am Vermögen der KG beteiligt ist | § 97 Abs.1, § 97 Abs.3 Kaufpreis oder – wenn höherwertiger – Anteil am Aktivvermögen, gem. § 38 ohne Schuldenabzug (bei einem Fall des § 107 Abs. 2 ggf. Höchstwert 10 Mio € - gilt aber nicht bei einer überwiegend vermögensverwaltend tätigen Gesellschaft) | Nr. 21100 = 2,0 mindestens 120 € | |
| | Komplementärsanteil an einer KG,<br>• wenn der pers. haftende Gesellschafter am Vermögen der KG nicht beteiligt ist | § 36 Abs.1 Kaufpreis oder – wenn höherwertiger – Teilwert von ca. 3 - 5 % des Aktivvermögens der KG, gem. § 38 ohne Schuldenabzug | Nr. 21100 = 2,0 mindestens 120 € | |
| Kirche | s. unter Hauptstichwort Ermäßigung | | | |
| Kirchenaustritt | | § 36 Abs.3 gewöhnlich 5.000 €; höchstens 1 Mio € | Nr. 21200 = 1,0 mindestens 60 € | |

| Haupt-stichwort | ggf. Unterstichwort | Notar | | Gericht |
|---|---|---|---|---|
| | | §§ GNotKG Geschäftswert | Nr. KV Gebührensatz | §§ GNotKG; Nr. KV ggf. zuzügl. KatFortGeb |
| Kraftlos-erklärung | eines nicht mehr auffindbaren Grundschuldbriefes | § 36 Abs.1 Teilwert von ca. 20 - 30 % des Grund-schuldnennbetrages | Nr. 21200 = 1,0 mindestens 60 € | Nr. 15212 Nr. 3 = 0,5 für Durchführung des gerichtlichen Aufge-botsverfahrens, Tabelle A; § 71, Nr. 14124 = 0,5 für nachträg-liche Erteilung eines Grundschuldbriefes, Tabelle B |
| Landwirt-schaft | z.B. Übergabe, Erbvertrag, Testament, Erbscheinsantrag, Vermächtniserfüllung etc. (nicht aber Ehevertrag) | §§ 97 Abs.1, 48 Abs.1 Grundbesitz anstelle des Verkehrswertes mit dem vierfachen Einheitswert; Voraussetzungen:<br>• mit Hofstelle,<br>• Übergabe oder Zuwen-dung an eine oder meh-rere natürliche Personen,<br>• unmittelbare Fortfüh-rung des Betriebes durch den Erwerber,<br>• der Betrieb muss einen nicht nur unwesentli-chen Teil der Existenz-grundlage des zukünfti-gen Inhabers bilden | | § 48;<br>Nr. 14110 = 1,0 für die Eintragung der Über-gabe im Grundbuch; Ausnahme: Erfüllung eines Vorausver-mächtnisses (§ 2150 BGB) für einen Miter-ben erfolgt im Grund-buch gebührenfrei, sofern die Eintragung ohne Voreintragung der Erbengemein-schaft binnen zwei Jahren ab Erbfall erfolgt, Nr. 14110 Anm. 1;<br>ggf. Gebühren nach Nr. 14121 = 1,0, sofern für den Übergeber dingliche Rechte bestellt werden. |
| Legalisation | Erwirkung durch Notar (z.B. zu Unterschriftsbeglaubigung) | wertunabhängig | Nr. 25207 = 25 € | Nr. 1310 KV JVKostO = 20 € |
| Legitimations-prüfung | Identifizierung | § 36 Abs.3 Auffangwert 5.000 € | Nr. 25104 = 1,0 | |
| Leibrentenver-trag | | §§ 97 Abs.1, 52 Abs.4 kapitalisierter Jahres-betrag | Nr. 21100 = 2,0 mindestens 120 € | Nr. 14121 = 1,0 für Eintragung Reallast |
| Liste | Gesellschafterliste nach § 8 Abs.1 Nr.3 GmbHG bei Neu-gründung | § 112 Vollzugstätigkeit | Nr. 22110, 22113 = 0,5 (wenn das zugrunde liegende Beurkundungs-verfahren weniger als 2,0 beträgt, dann Nr. 22111 = 0,3); höchstens 250 € | |
| | Gesellschafterliste gem. § 40 Abs.1 GmbHG nach Verände-rung | § 112 Vollzugstätigkeit | Nr. 22110, 22113 = 0,5 (wenn das zugrunde liegende Beurkundungs-verfahren weniger als 2,0 beträgt, dann Nr. 22111 = 0,3); höchstens 250 € | |
| | Übernehmerliste nach § 57 Abs.3 Nr.2 GmbHG der Übernehmer neuer Geschäfts-anteile | § 112 Vollzugstätigkeit | Nr. 22110, 22113 = 0,5 (wenn das zugrunde liegende Beurkun-dungsverfahren weniger als 2,0 beträgt, dann Nr. 22111 = 0,3); höchstens 250 € | |
| | der Aufsichtsratsmitglieder gem. § 37 Abs.4 AktG u. § 106 AktG | §§ 119 Abs.1, 36 Abs.1 Teilwert von ca. 10 - 20 % des Grundkapitals | Nr. 24101 = 1,0 (§ 92 Abs 2) mindestens 60 € | |
| | Fertigung einer Gesellschafter-liste, ohne Zusammenhang mit einer Beurkundung oder einer Vorlage | §§ 119 Abs.1, 36 Abs.1 Teilwert von ca. 10 - 20 % des Stamm-kapitals | Nr. 24101 = 1,0 (§ 92 Abs.2) mindestens 60 € | |

| Haupt-stichwort | ggf. Unterstichwort | Notar | | Gericht |
|---|---|---|---|---|
| | | §§ GNotKG Geschäftswert | Nr. KV Gebührensatz | §§ GNotKG; Nr. KV ggf. zuzügl. KatFortGeb |
| Löschungsbewilligung oder -antrag | einer Auflassungsvormerkung z.B. aus einem aufgehobenen Kaufvertrag | §§ 97 Abs.1, 45 Abs.3 wie vorgemerktes Recht (grundsätzlich Grundstückswert in voller Höhe) | Nr. 21201 = 0,5 mindestens 30 € wenn nur formellrechtl. Erkl. | Nr. 14152 = 25 € für Löschung AV |
| | einer Auflassungsvormerkung aus einem Angebot, das abgelaufen ist oder nicht angenommen wurde | §§ 97 Abs.1, 45 Abs.3 Grundstückswert in voller Höhe | Nr. 21201 = 0,5 mindestens 30 € wenn nur formellrechtl. Erkl. | Nr. 14152 = 25 € für Löschung AV |
| | einer Auflassungsvormerkung über ein Ankaufsrecht | §§ 97 Abs.1, 45 Abs.3, 51 Abs.1, 46 Abs.1 Grundstückswert (wenn Fall von § 51 Abs.3, dann niedrigerer Wert) | Nr. 21201 = 0,5 mindestens 30 € wenn nur formellrechtl. Erkl. | Nr. 14152 = 25 € für Löschung AV |
| | einer Grundschuld<br>• bei der bereits zumindest ein Grundstück aus der Mithaft entlassen worden ist | §§ 97 Abs.1, 44 Abs.1 Grundschuldnennbetrag, höchstens Wert des restlichen Pfandbesitzes | Nr. 21201 = 0,5 mindestens 30 € | § 44 Abs. 1 S. 2, Wertvergleich wie bei Pfandfreigabe, der geringere Wert ist maßgeblich;<br>Nr. 14140 = 0,5 (falls die Grundschuld als Gesamtrecht bei verschiedenen Grundbuchämtern eingetragen ist, erhöht sich die 0,5 Gebühr ab dem zweiten für jedes weitere beteiligte Grundbuchamt um 0,1, so Nr. 14141; die Kosten setzt das Grundbuchamt an, bei dem der Antrag zuerst eingegangen ist, § 18 Abs. 3) |
| | einer Grundschuld<br>• bei der noch kein Grundstück aus der Mithaft entlassen worden ist | §§ 97 Abs.1, 53 Abs.1 Grundschuldnennbetrag | Nr. 21201 = 0,5 mindestens 30 € | § 53 Abs. 1;<br>Nr. 14140 = 0,5 (falls die Grundschuld als Gesamtrecht bei verschiedenen Grundbuchämtern eingetragen ist, erhöht sich die 0,5 Gebühr ab dem zweiten für jedes weitere beteiligte Grundbuchamt um 0,1, so Nr. 14141; die Kosten setzt das Grundbuchamt an, bei dem der Antrag zuerst eingegangen ist, § 18 Abs. 3) |
| | ein nach § 52 zu bewertendes Recht, welches gegenstandslos geworden ist (z.B. Leibgeding wegen Ablebens der Berechtigten) | §§ 119 Abs.1, 52 Abs.6 Null € | Nr. 24102 = 0,5 (§ 92 Abs.2) mindestens 30 € | Nr. 14143 = 25 € |
| | eines Nacherbenvermerks | § 36 Abs.1 wirtschaftlicher Wert (Teilwert je nach Einzelfall) | Nr. 21201 = 0,5 mindestens 30 € (wenn vertraglicher Verzicht dann Nr. 21100 = 2,0 mindestens 120 €) | gebührenfrei (Verfügungsbeschränkungen sind in der Vorbemerkung 1.4.1.4 nicht aufgeführt, daher kein Gebührentatbestand) |
| | eines Testamentsvollstreckervermerks, dessen Amt erloschen ist | § 36 Abs. 1 10 % des Werts des betroffenen Grundbesitzes (in Anlehnung an § 65) | Nr. 21201 = 0,5 mindestens 30 € | gebührenfrei (Verfügungsbeschränkungen sind in der Vorbemerkung 1.4.1.4 nicht aufgeführt, daher kein Gebührentatbestand) |

| Haupt-stichwort | ggf. Unterstichwort | Notar<br>§§ GNotKG Geschäftswert | Notar<br>Nr. KV Gebührensatz | Gericht<br>§§ GNotKG; Nr. KV ggf. zuzügl. KatFortGeb |
|---|---|---|---|---|
| | eines Vorkaufsrechtes für alle Verkaufsfälle | §§ 97 Abs.1, 51 Abs.1 halber Grundstückswert | Nr. 21201 = 0,5 mindestens 30 € | Nr. 14143 = 25 € |
| Luftfahrzeug-Registerpfand-recht | Bestellung und / oder Antrag auf Eintragung eines Register-pfandrechts nach LuftFzgG | §§ 97 Abs.1, 53 Abs.1 Nennbetrag der Schuld (ggf. Höchstbetrag) kein Höchstwert | Nr. 21200 = 1,0 mindestens 60 € (wenn nur formell-rechtl. Erkl., dann Nr. 21201 = 0,5 mindestens 30 €) | Nr. 14310 = 1,0. Wenn Eintragung eines Registerpfand-rechts, das bereits an einem anderen Luft-fahrzeug besteht, dann Nr. 14311 = 0,5 |
| | Löschungsantrag | §§ 119 Abs.1, 53 Abs.1 Nennbetrag der Schuld (ggf. Höchstbetrag) | Nr. 24102 = 0,5 (§ 92 Abs.2) mindestens 30 € | Nr. 14330 = 0,5 |
| Maklerprovisi-on | Verpflichtung zur Zahlung in Kaufvertrag durch Vertrag zu-gunsten Dritter | § 97 Abs.1 Höhe der Maklerprovisi-on | wie Kaufvertrag | |
| Messungsan-erkennung und Auflas-sung | wenn der Teilflächenkaufver-trag vom selben Notar beur-kundet wurde | §§ 97 Abs.1, 47 wie Wert des Kaufver-trages | Nr. 21101 = 0,5 mindestens 30 € (ggf. für Kaufpreisände-rung zusätzl. Nr. 21100 = 2,0 mindestens 120 €) | §§ 69, 47; Nr. 14110 = 1,0 |
| | wenn der Teilflächenkaufver-trag von einem anderen Notar beurkundet wurde | §§ 97 Abs.1, 47 wie Wert des Kaufver-trages | Nr. 21102 = 1,0 mindestens 60 € (ggf. für Kaufpreisände-rung zusätzl. Nr. 21100 = 2,0 mindestens 120 €) | §§ 69, 47; Nr. 14110 = 1,0 |
| Mietvertrag | mit bestimmter Laufzeit | § 99 Abs.1 Jahreswert multipliziert mit Laufzeit, höchstens die ersten 20 Jahre | Nr. 21100 = 2,0 mindestens 120 € | |
| | mit unbestimmter Laufzeit, z.B.<br>• wenn auf Lebensdauer einer Person<br>• wenn auf bestimmte Zeit ab-geschlossen, jedoch ein Ver-tragspartner zu vorzeitiger Kündigung berechtigt ist<br>• wenn Rücktrittsrecht vorbe-halten ist<br>• wenn dem Mieter ein jeder-zeit ausübbares Erwerbsrecht eingeräumt wurde | § 99 Abs.1 Wert aller Leistungen des Mieters der ersten 5 Jahre (wenn höhere Mindestlaufzeit, dann höherer Vervielfältiger) | Nr. 21100 = 2,0 mindestens 120 € | |
| Miteigen-tümer-regelung | Aufhebungsausschluss, Auseinandersetzungsaus-schluss | §§ 97 Abs.1, 51 Abs.2 30 % vom Wert des betroffenen Objekts | Nr. 21100 = 2,0 mindestens 120 € | Nr. 14160 Nr.4 = 50 € (für jeden belasteten Anteil gesondert; ab-gegolten ist damit auch die gleichzeitige Eintragung einer Be-nutzungsregelung). Die Miteigentümerre-lung kann auch vorge-merkt werden = Nr. 14150 = 0,5, maßgeb-lich ist der Wert des vorgemerkten Rechts, § 45 Abs. 3:<br>- nur Aufhebungsaus-schluss vorgemerkt = 30 % vom Wert des betroffenen Objektes<br>- Benutzungsregelung und Aufhebungsaus-schluss vorgemerkt = 60 % vom Wert des betroffenen Objektes. |

| Hauptstichwort | ggf. Unterstichwort | Notar | | Gericht |
|---|---|---|---|---|
| | | §§ GNotKG Geschäftswert | Nr. KV Gebührensatz | §§ GNotKG; Nr. KV ggf. zuzügl. KatFortGeb |
| | | | | Die spätere Löschung einer Miteigentümerregelung im Grundbuch erfolgt dagegen gebührenfrei, die Miteigentümerregelung ist in der Vorbemerkung 1.4.1.4 KV nicht aufgeführt. |
| | Benutzungsregelung | §§ 97 Abs.1, 51 Abs.2<br>30 % des betroffenen Grundbesitzes | Nr. 21100 = 2,0<br>mindestens 120 € | Nr. 14160 Nr.4 = 50 € (für jeden belasteten Anteil gesondert; abgegolten ist damit auch die gleichzeitige Eintragung eines Aufhebungsausschlusses).<br>Die Miteigentümerrelung kann auch vorgemerkt werden = Nr. 14150 = 0,5, maßgeblich ist der Wert des vorgemerkten Rechts, § 45 Abs. 3:<br>- nur Aufhebungsausschluss vorgemerkt = 30 % vom Wert des betroffenen Objektes<br>- Benutzungsregelung und Aufhebungsausschluss vorgemerkt = 60 % vom Wert des betroffenen Objektes.<br>Die spätere Löschung einer Miteigentümerregelung im Grundbuch erfolgt dagegen gebührenfrei, die Miteigentümerregelung ist in der Vorbemerkung 1.4.1.4 KV nicht aufgeführt. |
| Nachlassverzeichnis | Aufnahme des Verzeichnisses | § 115<br>Wert der verzeichneten Gegenstände, gem. § 38 ohne Schuldenabzug | Nr. 23500 = 2,0 | Nr. 12310 = 0,5 |
| | Mitwirkung als Urkundsperson bei der Aufnahme | § 115<br>Wert der verzeichneten Gegenstände, gem. § 38 ohne Schuldenabzug | Nr. 23502 = 1,0 | |
| Nachlasszeugnis Europäisches | Antrag auf Erteilung mit eidesstattlicher Versicherung | § 40 Abs.1<br>Wert des Nachlasses im Zeitpunkt des Erbfalls unter Abzug vom Erblasser herrührender Verbindlichkeiten | Nr. 23300 = 1,0 | § 40;<br>Nr. 12210 = 1,0.<br>Ist die Gebühr bereits für ein Erbscheinsverfahren entstanden, wird sie mit 75 % auf die Verfahrensgebühr für das Europäische Nachlasszeugnis angerechnet, vgl. Nr. 12210 Anm. 2 |
| | Antrag auf Verlängerung, ohne eidesstattliche Versicherung | § 36 Abs. 1<br>10 - 20 % des Nachlassreinvermögens | Nr. 21201 Nr. 6 = 0,5<br>mindestens 30 € | Nr. 12218 = 20 € |
| Niederschrift über Gesellschafterversammlung | s. unter Hauptstichwort Gesellschaftsrecht - Beschlüsse | | | |

| Haupt-stichwort | ggf. Unterstichwort | Notar | | Gericht |
|---|---|---|---|---|
| | | §§ GNotKG Geschäftswert | Nr. KV Gebührensatz | §§ GNotKG; Nr. KV ggf. zuzügl. KatFortGeb |
| Nießbrauchs-bestellung | | §§ 97 Abs.1, 52 kapitalisierter Jahres-wert (Jahreswert ggf. nach § 52 Abs.5 bestim-men) | Nr. 21100 = 2,0 mindestens 120 € wenn vertraglich (wenn nur formell-rechtliche Erkl., dann Nr. 21201 = 0,5 minde-stens 30 €) | § 52; Nr. 14121 = 1,0 |
| Nutzungsein-schränkung über eine Sache | Verpflichtung dazu durch Ei-gentümer / Erwerber | §§ 97 Abs.1, 50 Nr.2 20 % des Verkehrswerts der Sache | Nr. 21100 = 2,0 mindestens 120 € (wenn Vertrag) | Ggf. Nr. 14121 = 1,0 für Eintragung einer Dienstbarkeit |
| Option zur Umsatzsteuer | | § 97 Abs.1 Betrag der Umsatzsteuer | Nr. 21200 = 1,0 mindestens 60 €, wenn durch einseitige Erklärung | |
| Pachtvertrag | mit bestimmter Laufzeit | § 99 Abs.1 Jahreswert multipliziert mit Laufzeit, höchstens die ersten 20 Jahre | Nr. 21100 = 2,0 mindestens 120 € | |
| | mit unbestimmter Laufzeit, z.B.<br>• wenn auf Lebensdauer einer Person<br>• wenn auf bestimmte Zeit abgeschlossen, jedoch ein Ver-tragspartner zu vorzeitiger Kündigung berechtigt ist<br>• wenn Rücktrittsrecht vorbe-halten ist<br>• wenn dem Pächter ein jeder-zeit ausübbares Erwerbsrecht eingeräumt wurde | § 99 Abs.1 Wert aller Leistungen des Mieters der ersten 5 Jahre (wenn höhere Mindestlaufzeit, dann höherer Vervielfältiger) | Nr. 21100 = 2,0 mindestens 120 € | |
| Patientenver-fügung | | § 36 Abs.2 u.3 Auffangwert 5.000 € | Nr. 21200 = 1,0 mindestens 60 € | |
| Pfandfreigabe | (Pfandentlassung) | § 44 Abs.1 jedes Recht einzeln mit Gesamtwert des freizu-gebenden Grundbesit-zes vergleichen, der niedrigere Wert ist je-weils maßgebend | Nr. 21201 = 0,5 mindestens 30 € | § 44 Abs. 1; Nr. 14142 = 0,3 |
| Pfandunter-stellung | (Pfanderstreckung) mit Zwangsvollstreckungs-unterwerfung | § 44 Abs.1 jedes Recht einzeln mit Gesamtwert des nachzu-verpfändenden Grund-besitzes vergleichen, der niedrigere Wert ist je-weils maßgebend | Nr. 21200 = 1,0 mindestens 60 € | § 44 Abs. 1; Nr. 14123 = 0,5 |
| Pflichtteilsver-zicht | | § 102 Abs.4 Pflichtteilsquote d. Ver-zichtenden vom modifi-zierten Reinvermögen d. Erblassers | Nr. 21100 = 2,0 mindestens 120 € | |
| | gegenständlich beschränkter Pflichtteilsverzicht | § 102 Abs.4 Wert des betroffenen Gegenstandes, Schulden bis maximal 50 % ab-ziehen; dann davon Pflichtteilsquote d. Verzichtenden | Nr. 21100 = 2,0 mindestens 120 € | |
| Rangbeschei-nigung | | § 122 Wert des beantragten Rechtes | Nr. 25201 = 0,3 | |

| Hauptstichwort | ggf. Unterstichwort | Notar: §§ GNotKG Geschäftswert | Notar: Nr. KV Gebührensatz | Gericht: §§ GNotKG; Nr. KV ggf. zuzügl. KatFortGeb |
|---|---|---|---|---|
| Rangrücktritt | | § 45 Abs.1<br>Vergleich Summe der vortretenden Rechte mit Summe der zurücktretenden Rechte, der geringere Wert ist maßgebend | Nr. 21201 = 0,5<br>mindestens 30 € | § 45 Abs. 1;<br>Nr. 14130 = 0,5 (pro zurücktretendem Recht eine Gebühr).<br>Ausnahme: Rangrücktritt einer Auflassungsvormerkung ist gebührenfrei, vgl. Nr. 14130 iVm Vorbemerkung 1.4.1.2 KV |
| Rangvorbehalt | in gesonderter Urkunde | § 45 Abs.1<br>Vergleich Summe der Rechte, die einen schlechteren Rang erhalten sollen, mit dem Wert des Rechtes, das einen besseren Rang erhalten soll, der geringere Wert ist maßgebend | Nr. 21201 = 0,5<br>mindestens 30 € | Originäre Eintragung mit dem belasteten Recht ist gebührenfrei (kein Gebührentatbestand).<br>Nachträgliche Eintragung = Nr. 14130 = 0,5, und zwar aus 10 – 25 % des Wertes des vorbehaltenen Rechts, § 36 Abs. 1 |
| Rechtswahl (allgemeine) | etwa nach Art. 3 des VO (EG) Nr. 593/2008 | § 104 Abs.3<br>30 % des Wertes des Rechtsgeschäfts, für das die Rechtswahl bestimmt ist | Nr. 21100 = 2,0<br>mindestens 120 € | |
| Rechtswahl im Eherecht | allgemein | § 104 Abs.1<br>30 % des Wertes wie Ehevertrag | Nr. 21100 = 2,0<br>mindestens 120 € | |
| | gegenständlich beschränkt auf ein bestimmtes Grundstück | §§ 104 Abs.1, 100 Abs.3, 46<br>Wertgrundlage: Verkehrswert des Grundstücks, höchstens modifiziertes Reinvermögen; davon 30 % | Nr. 21100 = 2,0<br>mindestens 120 € | |
| Rechtswahl im Erbrecht | | § 104 Abs.2<br>30 % des Wertes wie Erbvertrag | Nr. 21100 = 2,0<br>mindestens 120 € | |
| Rentenschuldbestellung | mit Zwangsvollstreckungsunterwerfung (oder andere materiell-rechtl. Erklärung) | §§ 97 Abs.1, 53 Abs.1<br>Nennbetrag der Ablösesumme | Nr. 21200 = 1,0<br>mindestens 60 € | Nr. 14121 = 1,0<br>(Briefrentenschuld teurer, Nr. 14120 = 1,3) |
| | nur formell-rechtlichen Inhalts | §§ 97 Abs.1, 53 Abs.1<br>Nennbetrag der Ablösesumme | Nr. 21201 = 0,5<br>mindestens 30 € | Nr. 14121 = 1,0<br>(Briefrentenschuld teurer, Nr. 14120 = 1,3) |
| Rückgabe eines Erbvertrags | aus der notariellen Verwahrung | § 114<br>wie Erbvertrag im Zeitpunkt der Rücknahme | Nr. 23100 = 0,3 | |
| Sachgründungsbericht | Entwurfsfertigung | §§ 119 Abs.1, 36 Abs.1<br>Teilwert von ca. 20 - 30 % vom Wert der Sacheinlage | Nr. 24101 = 1,0<br>(§ 92 Abs.2)<br>mindestens 60 € | |
| Satzungsbescheinigung | s. unter Hauptstichwort Bescheinigung | | | |
| Schenkungsversprechen von Todes wegen | § 2301 BGB (unter der Bedingung, dass der Beschenkte den Schenker überlebt) | § 102 Abs.3<br>Wert des betroffenen Gegenstandes; sind darauf lastende Verbindlichkeiten vom Beschenkten zu übernehmen, werden diese maximal bis zur Hälfte des Vermögenswertes abgezogen | Nr. 21100 = 2,0<br>mindestens 120 € | |

| Haupt-stichwort | ggf. Unterstichwort | Notar | | Gericht |
|---|---|---|---|---|
| | | §§ GNotKG Geschäftswert | Nr. KV Gebührensatz | §§ GNotKG; Nr. KV ggf. zuzügl. KatFortGeb |
| Schiffshypothek | Bestellung | §§ 97 Abs.1, 53 Abs.1 Nennbetrag | Nr. 21200 = 1,0 mindestens 60 € (wenn nur formell-rechtl. Erkl. dann Nr. 21201 Nr.4 = 0,5 mindestens 30 €) | Nr. 14220 = 1,0 (Eintragung als Gesamtrecht im Register verschiedener Gerichte teurer, die 1,0 Gebühr erhöht sich ab dem zweiten Gericht für jedes beteiligte Gericht um 0,2 = Nr. 14221) |
| | Löschungsantrag | §§ 97 Abs.1, 53 Abs.1 Nennbetrag | Nr. 21201 = 0,5 mindestens 30 € | Nr. 14240 = 0,5 (Löschung eines Gesamtrechts, das im Register verschiedener Gerichte eingetragen ist, teurer, die 0,5 Gebühr erhöht sich ab dem zweiten für jedes weitere beteiligte Gericht um 0,1 = Nr. 14241) |
| Schiffsbauregister | Erklärung nach § 69 Abs.2 SchRegO (öffentl. begl. Erkl. des Inhabers der Schiffswerft über die Darlegung des Eigentumserwerbs) | §§ 119 Abs.1, 46 Abs.1 Wert des Schiffs, im Regelfall also Kaufpreis (kein Höchstwert) | Nr. 24102 = 0,5 (§ 92 Abs.2) mindestens 30 € | § 69, Nr. 14210 = 1,0 |
| Schließfachöffnung | mit Protokoll über die Beaufsichtigung | § 36 Abs.1 wenn Wert feststeht, dann dieser, sonst Interesse- bzw. Schätzwert | Nr. 25104 = 1,0 | |
| Schuldbekenntnis | | § 97 Abs.1 Schuldbetrag | Nr. 21200 = 1,0 mindestens 60 € | |
| Sicherstellung der Zeit | zu der eine Privaturkunde ausgestellt ist | wertunabhängig | Nr. 25103 = 20 € | |
| Siegelung | zur Nachlasssicherung | § 115 Wert der versiegelten Gegenstände | Nr. 23503 = 0,5 (wenn mit Aufnahme eines Vermögensverzeichnisses dann Nr. 23500 = 2,0; wenn unter Mitwirkung bei der Aufnahme eines Vermögensverzeichnisses, dann Nr. 23502 = 1,0) | Nr. 12310 = 0,5 (Sicherung durch Gericht) |
| Sorgerechtserklärung | | § 36 Abs.2, 3 Auffangwert 5.000 € für jedes Kind | Nr. 21100 = 2,0 mindestens 120 €, wenn vertraglich | |
| Spaltung | s. unter Hauptstichwort Gesellschaftsrecht | | | |
| Stiftung | Errichtung einer Stiftung | § 107 Abs.1 zugesichertes Vermögen, gem. § 38 ohne Schuldenabzug; mindestens 30.000 €, höchstens 10 Mio €. | Nr. 21200 = 1,0 selbst wenn durch mehrere Personen und selbst wenn mit Verpflichtung zur Grundbesitzübertragung | |
| | Auflassung an Stiftung nach deren Anerkennung | §§ 97 Abs.1, 46 Abs.1, 107 Abs.1 Verkehrswert des Grundbesitzes; mindestens 30.000 €, höchstens 10 Mio € | Nr. 21102 Nr. 1 = 1,0 mindestens 60 € | §§ 69, 46; Nr. 14110 = 1,0 |
| Stimmrechtsvollmacht | | § 98 Abs.2 Hälfte des Anteils des Vollmachtgebers an dem Geschäft; höchstens 1 Mio € | Nr. 21200 = 1,0 mindestens 60 € | |

| Haupt-stichwort | ggf. Unterstichwort | Notar | | Gericht |
|---|---|---|---|---|
| | | §§ GNotKG Geschäftswert | Nr. KV Gebührensatz | §§ GNotKG; Nr. KV ggf. zuzügl. KatFortGeb |
| Stundung | eines Pflichtteilsanspruchs | § 36 Abs.1<br>angemessener Teilwert | Nr. 21100 = 2,0<br>mindestens 120 € | |
| Tatsachenbe-scheinigung | über Tatsachen oder Verhältnisse, die urkundlich nachgewiesen oder offenkundig sind | § 36<br>wenn sich ein zahlenmäßiger Wert ermitteln lässt, ist dieser Geschäftswert; sonst Interesse- bzw. Schätzwert | Nr. 25104 = 1,0 | Verfahren über die Erteilung einer Bescheinigung, die die Annahme des Amtes als Testamentsvollstrecker bestätigt<br>= Nr. 12413 = 50 € |
| | Protokoll über Beaufsichtigung einer Schließfachöffnung | § 36 Abs.1<br>wenn Wert feststeht, dann dieser, sonst Interesse- bzw. Schätzwert | Nr. 25104 = 1,0 | |
| | Protokoll über Öffnung von Briefumschlägen mit Preisangebote mehrerer Kaufinteressenten | § 36 Abs.1<br>höchstes abgegebenes Gebot | Nr. 25104 = 1,0 | |
| | Protokoll über Beaufsichtigung des Schreibens einer Prüfung | | § 126<br>durch öffentl.-rechtl. Vertrag zu vereinbaren (nicht Nr. 25104, weil nicht das Protokoll im Vordergrund steht) | |
| Tauschvertrag | | §§ 97 Abs.1, 97 Abs.3<br>werthöchste der beiden Austauschleistungen | Nr. 21100 = 2,0<br>mindestens 120 € | §§ 69, 46;<br>für jede Eigentumseintragung Nr. 14110 = 1,0 |
| Teileigentum | s. unter Hauptstichwort Wohnungseigentum | | | |
| Teilung eines Grundpfandrechts (nicht Verteilung auf einzelne Grundstücke) | | §§ 36 Abs.1, 53 Abs.1<br>Teilwert von ca.<br>20 - 30 % des ursprünglichen Nennbetrags | Nr. 21201 = 0,5<br>mindestens 30 € | Nr. 14130 = 0,5<br>(dies gilt auch für die Eintragung mehrerer Veränderungen des Rechts, Geschäftswert dann § 69 Abs. 2 iVm Absatz 5 der Vorbemerkung 1.4) |
| Teilungserklärung | gem. § 3 WEG | § 42 Abs.1<br>Verkehrswert vom Grundstück inclusive Bebauung | Nr. 21100 = 2,0<br>mindestens 120 € | Nr. 14112 = 1,0 |
| | gem. § 8 WEG | § 42 Abs.1<br>Verkehrswert vom Grundstück inclusive Bebauung | Nr. 21200 = 1,0<br>mindestens 60 € | Nr. 14112 = 1,0 |
| Testament | mit Verfügung über den ganzen Nachlass (konkret bezeichnete Vermögenswerte, die noch nicht dem Erblasser gehören, werden hinzugerechnet) | § 102 Abs.1<br>Wert des Vermögens; Verbindlichkeiten werden nur bis zur Hälfte des Werts des Vermögens abgezogen | Nr. 21200 = 1,0<br>mindestens 60 € | |
| | mit Verfügung über einen Bruchteil des Nachlasses | § 102 Abs.1<br>der Bruchteil des Vermögens, über den verfügt wurde; Verbindlichkeiten werden maximal bis zur Hälfte des Werts des Vermögens abgezogen | Nr. 21200 = 1,0<br>mindestens 60 € | |
| | nur mit Vermächtnisanordnung | § 102 Abs.3<br>deren Wert; sind darauf lastende Verbindlichkeiten vom Bedachten zu übernehmen, werden diese maximal bis zur Hälfte des Vermögenswertes abgezogen (nicht begrenzt auf modifiziertes Reinvermögen) | Nr. 21200 = 1,0<br>mindestens 60 € | |

| Haupt-stichwort | ggf. Unterstichwort | Notar | | Gericht |
|---|---|---|---|---|
| | | §§ GNotKG Geschäftswert | Nr. KV Gebührensatz | §§ GNotKG; Nr. KV ggf. zuzügl. KatFortGeb |
| | nur mit Anordnung der Testamentsvollstreckung | § 36 Abs.1<br>Teilwert von ca. 20 - 30 % des Bruttonachlasswertes | Nr. 21200 = 1,0<br>mindestens 60 € | |
| | nur mit Auswechslung der Person des Testamentsvollstreckers | § 36 Abs.2<br>analog § 65 Schätzwert von etwa 10 % des Wertes des vermachten Gegenstandes | Nr. 21200 = 1,0<br>mindestens 60 € | |
| Testamentserrichtung durch Übergabe einer offenen oder verschlossenen Schrift | § 2232 BGB, § 30 BeurkG | § 102 Abs.1<br>Wert des Vermögens; Verbindlichkeiten werden maximal bis zur Hälfte des Werts des Vermögens abgezogen | Nr. 21200 = 1,0<br>mindestens 60 € | |
| Testamentsvollstreckerzeugnis | Antrag auf Erteilung, mit eidesstattlicher Versicherung | § 40 Abs.5<br>20 % des Nachlasswertes im Zeitpunkt des Erbfalls, ohne Abzug von Nachlassverbindlichkeiten | Nr. 23300 = 1,0 | § 40 Abs. 5;<br>Nr. 12210 = 1,0.<br>Die Eintragung und Löschung eines Testamentsvollstreckervermerks im Grundbuch erfolgen gebührenfrei (Eintragung von Verfügungsbeschränkungen im Grundbuch stets ohne Gebühren). |
| | Antrag auf Erteilung, mit eidesstattlicher Versicherung<br>• wenn nur auf einen Teil des Nachlasses bezogen | § 40 Abs.5 u.3<br>wie oben, aber nur betroffenen Teil | Nr. 23300 = 1,0 | § 40 Abs. 5, Abs. 3; Nr. 12210 = 1,0.<br>Zur gebührenfreien Eintragung und Löschung von Testamentsvollstreckervermerken im Grundbuch s. o. |
| | Erklärung ggü. dem Nachlassgericht über Bestimmung der Person des Testamentsvollstreckers | § 36 Abs.2<br>analog § 65 Schätzwert von etwa 10 % des betroffenen Vermögens | Nr. 21201 Nr.7 = 0,5<br>mindestens 30 € | Entgegennahme Nr. 12410 Abs. 1 Nr. 4 = 15 €<br>Ggf. Verfahren über die Erteilung einer Bescheinigung, die die Annahme des Amtes als Testamentsvollstrecker bestätigt = Nr. 12413 = 50 € |
| Treuhandvertrag | über Geschäfts- oder Gesellschaftsanteil | §§ 97 Abs.1, 54<br>wie für Abtretung des Anteils (s. unter Hauptstichwort Übertragung) | Nr. 21100 = 2,0<br>mindestens 120 € | |
| Treuhändersperrvermerk | darüber Eintragungsantrag z.B. in Kaufvertrag | §§ 97 Abs.1, 51 Abs.2<br>30 % des Grundstückswertes | Nr. 21201 Nr.4 = 0,5<br>mindestens 30 € | Eintragung im Grundbuch erfolgt gebührenfrei (kein Gebührentatbestand für Eintragung von Verfügungsbeschränkungen). Auch die Löschung eines Treuhändersperrvermerks erfolgt im Grundbuch gebührenfrei. |
| Übergabe einer offenen oder verschlossenen Schrift zur Testmentserrichtung | § 2232 BGB, § 30 BeurkG | § 102 Abs.1<br>Wert des Vermögens; Verbindlichkeiten werden maximal bis zur Hälfte des Werts des Vermögens abgezogen | Nr. 21200 = 1,0<br>mindestens 60 € | |

| Haupt-stichwort | ggf. Unterstichwort | Notar | | Gericht |
|---|---|---|---|---|
| | | §§ GNotKG Geschäftswert | Nr. KV Gebührensatz | §§ GNotKG; Nr. KV ggf. zuzügl. KatFortGeb |
| Übergabe eines eigenhändigen Testaments an den Notar nur zur Weiterleitung an Amtsgericht zwecks Verwahrung | ohne Beurkundung und ohne Beratung | wertunabhängige Gebühr | Nr. 22124 = Festgebühr 20 € | |
| Übergabevertrag | | §§ 97 Abs.1 u.3 Vergleich der Übergeberleistungen (Grundbesitz gem. § 46 mit Verkehrswert, ggf. gem. § 48 mit 4-fachen Einheitswert) mit den Übernehmerleistungen (wiederkehrende Leistungen sind nach § 52 zu bewerten); die höhere der beiden Austauschleistungen ist Geschäftswert | Nr. 21100 = 2,0 mindestens 120 € | §§ 69, 46, ggf. § 48; Nr. 14110 = 1,0 (ggf. für Eintragung Reallast etc. Nr. 14121 = 1,0) |
| Übernahmeerklärung | nach § 55 Abs.1 GmbHG | § 97 Abs.1 voller Wert | Nr. 21200 = 1,0 mindestens 60 € | |
| Übertragung (unentgeltlich) | Anteil an einer BGB-Gesellschaft | § 97 Abs.1 Aktivvermögen der Gesellschaft, gem. § 38 ohne Schuldenabzug: davon Prozentsatz, der dem übertragenen Anteil entspricht (bei einem Fall des § 107 Abs.2 ggf. Höchstwert 10 Mio €) | Nr. 21100 = 2,0 mindestens 120 € | §§ 70 Abs. 1, 4; Nr. 14110 = 1,0 |
| | Einzelunternehmen | §§ 97 Abs.1, 46 Abs.1 Aktivwert des Unternehmens, gem. § 38 ohne Schuldenabzug | Nr. 21100 = 2,0 mindestens 120 € | § 58; s. HRegGebV |
| | Erbanteil | § 97 Abs.1 Aktivwert des Nachlasses, gem. § 38 ohne Schuldenabzug: davon Prozentsatz, der dem übertragenen Anteil entspricht | Nr. 21100 = 2,0 mindestens 120 € | Nr. 12410 = 15 € für Entgegennahme der Anzeige; Eintragung im Grundbuch: § 70 Abs. 1; Nr. 14110 = 1,0 |
| | Erbbaurecht | §§ 97 Abs.1, 49 Abs.2 80 % von (Grundstück + Bauwerk) | Nr. 21100 = 2,0 mindestens 120 € | § 49 Abs. 2; Nr. 14110 = 1,0 |
| | Forderung, s. unter Hauptstichwort Abtretung | | | |
| | GmbH-Anteil, • die Gesellschaft ist nicht überwiegend vermögensverwaltend tätig | §§ 97 Abs.1, 54 Eigenkapital i.S.v. § 266 Abs. 3 HGB, ggf. berichtigt um Grundstückswert: davon Prozentsatz, der dem übertragenen Anteil entspricht – außer es liegen genügende Anhaltspunkte für einen höheren Wert vor (bei einem Fall des § 107 Abs. 2 ggf. Höchstwert 10 Mio €) | Nr. 21100 = 2,0 mindestens 120 € | § 58; s. HRegGebV |
| | GmbH-Anteil, • die Gesellschaft ist überwiegend vermögensverwaltend tätig | §§ 97 Abs.1, 46 Abs.1 Wert des Vermögens der Gesellschaft, gem. § 38 ohne Schuldenabzug: davon Prozentsatz, der dem übertragenen Anteil entspricht | Nr. 21100 = 2,0 mindestens 120 € | § 58; s. HRegGebV |

| Haupt-stichwort | ggf. Unterstichwort | Notar | | Gericht |
|---|---|---|---|---|
| | | §§ GNotKG Geschäftswert | Nr. KV Gebührensatz | §§ GNotKG; Nr. KV ggf. zuzügl. KatFortGeb |
| | Grundstück | §§ 97 Abs.1, 46 Abs.1 Verkehrswert | Nr. 21100 = 2,0 mindestens 120 € | §§ 69, 46 Abs. 1; Nr. 14110 = 1,0 (ggf. für Auflassungsvormerkung zusätzlich Nr. 14150 = 0,5; für Löschung der Vormerkung Nr. 14152= 25 €) |
| | Kommanditanteil, • die Gesellschaft ist nicht überwiegend vermögensverwaltend tätig | §§ 97 Abs.1, 54 Eigenkapital i.S.v. § 266 Abs. 3 HGB, ggf. berichtigt um Grundstückswert: davon Prozentsatz, der dem übertragenen Anteil entspricht – außer es liegen genügende Anhaltspunkte für einen höheren Wert vor (bei einem Fall des § 107 Abs. 2 ggf. Höchstwert 10 Mio €) | Nr. 21100 = 2,0 mindestens 120 € | § 58; s. HRegGebV |
| | Kommanditanteil, • die Gesellschaft ist überwiegend vermögensverwaltend tätig | §§ 97 Abs.1, 46 Abs.1 Wert des Vermögens der Gesellschaft, gem. § 38 ohne Schuldenabzug: davon Prozentsatz, der dem übertragenen Anteil entspricht | Nr. 21100 = 2,0 mindestens 120 € | § 58; s. HRegGebV |
| | Komplementärsanteil an einer KG, • wenn der pers. haftende Gesellschafter am Vermögen der KG beteiligt ist | § 97 Abs.1 Aktivvermögen der Gesellschaft, gem. § 38 ohne Schuldenabzug: davon Anteil des Komplementärs (bei einem Fall des § 107 Abs.2 ggf. Höchstwert 10 Mio €) | Nr. 21100 = 2,0 mindestens 120 € | § 58; s. HRegGebV |
| | Komplementärsanteil an einer KG, • wenn der pers. haftende Gesellschafter am Vermögen der KG nicht beteiligt ist | § 36 Abs.1 Aktivvermögen der Gesellschaft, gem. § 38 ohne Schuldenabzug: davon Teilwert von ca. 3 - 5 % | Nr. 21100 = 2,0 mindestens 120 € | § 58; s. HRegGebV |
| | OHG-Anteil | § 97 Abs.1 Aktivvermögen der Gesellschaft, gem. § 38 ohne Schuldenabzug: davon Prozentsatz, der dem übertragenen Anteil entspricht (bei einem Fall des § 107 Abs.2 ggf. Höchstwert 10 Mio €) | Nr. 21100 = 2,0 mindestens 120 € | |
| | Wohnungs- oder Teileigentum | §§ 97 Abs.1, 46 Abs.1 Verkehrswert | Nr. 21100 = 2,0 mindestens 120 € | §§ 69, 46 Abs. 1; Nr. 14110 = 1,0 (ggf. für AV zusätzlich Nr. 14150 = 0,5; für Löschung der AV Nr. 14152 = 25 €) |
| UG (Unternehmergesellschaft haftungsbeschränkt) | s. unter Hauptstichwort Gesellschaftsrecht | | | |
| Umgangsrecht | vertragliche Regelung über gemeinsame Kinder | § 36 Abs.2, 3 Auffangwert 5.000 € für jedes Kind | Nr. 21100 = 2,0 mindestens 120 € | |
| Umsatzsteuer-Befreiungsverzicht | | § 97 Abs.1 Betrag der Umsatzsteuer | Nr. 21200 = 1,0 mindestens 60 € | |

| Haupt-stichwort | ggf. Unterstichwort | Notar | | Gericht |
|---|---|---|---|---|
| | | §§ GNotKG Geschäftswert | Nr. KV Gebührensatz | §§ GNotKG; Nr. KV ggf. zuzügl. KatFortGeb |
| Umschreibung Vollstreckungsklausel | s. unter Hauptstichwort Vollstreckbare Ausfertigung | | | |
| Umwandlung | Buchgrundschuld in Briefgrundschuld, oder umgekehrt s. Grundschuld-Umwandlung | §§ 36 Abs.1, 53 Abs.1 Teilwert von ca. 10 - 20 % des Grundschuldnennbetrages | Nr. 21201 = 0,5 mindestens 30 € | Umwandlung Buchrecht in Briefrecht: §§ 71, 36 Abs. 1; Nr. 14130 = 0,5 für die Eintragung der Umwandlung im Grundbuch, und zwar aus 20 % des Grundschuldnennbetrages, § 36 Abs. 1, sowie Nr. 14124 = 0,5 für nachträgliche Erteilung eines Grundschuldbriefes, und zwar aus dem vollen Wert des Grundschuldnennbetrages, § 71 Abs. 1 Umwandlung Briefrecht in Buchrecht: nur Nr. 14130 = 0,5 |
| | Grundschuld in Hypothek, oder umgekehrt (mit Unterwerfung) | §§ 97 Abs.1, 53 Abs.1 Nennbetrag | Nr. 21200 = 1,0 mindestens 60 € | § 53 Abs. 1; Nr. 14130 = 0,5 |
| | Gesamtgut in Vorbehaltsgut, oder umgekehrt (in späterer Urkunde, bei Gütergemeinschaft) | § 100 Abs.2 dessen Wert, gem. § 38 ohne Abzug darauf lastender Verbindlichkeiten; höchstens modifiziertes Reinvermögen | Nr. 21100 = 2,0 mindestens 120 € | § 70; Nr. 14110 = 1,0 |
| | im Gesellschaftsrecht, s. unter Hauptstichwort Gesellschaftsrecht | | | |
| | Wohnungseigentum in Teileigentum und umgekehrt | §§ 97 Abs.1, 46 Abs.1, 36 Abs.1 Teilwert von ca. 20 - 30 % des betroffenen Sondereigentums | Nr. 21200 = 1,0 mindestens 60 € | Nr. 14160 Nr. 5 = 50 € für jedes betroffene Blatt, höchstens 500 € |
| Unterhaltstitel | Bezifferung dynamischer Unterhaltstitel zur Zwangsvollstreckung im Ausland | | Vorbem. 2 Abs.3 gebührenfrei | |
| Unternehmensvertrag | Gewinnabführungs- und Beherrschungsvertrag | §§ 97 Abs.1, 52 Abs.3 bei unbestimmter Dauer der auf die ersten 10 Jahre entfallende Wert | Nr. 21100 = 2,0 mindestens 120 € | § 58; s. HRegGebV |
| | ohne Gewinnabführungsverpflichtung | § 36 Abs.1 Schätzwert unter Berücksichtigung der Größe des Unternehmens und des Jahresumsatzes | Nr. 21100 = 2,0 mindestens 120 € | § 58; s. HRegGebV |
| Unterschriftsbeglaubigung ohne Entwurf | • unter einer Zustimmung nach § 27 GBO sowie damit verbundenem Löschungsantrag • unter einem Nachweis der Verwaltereigenschaft gem. § 26 Abs.4 WEG • unter einer Erklärung nach den Staatsschuldbuchgesetzen | wertunabhängig | Nr. 25101 = 20 € | |
| | unter anderen Erklärungen als oben | § 121 wie für Beurkundung der Erklärung | Nr. 25100 = 0,2 mindestens 20 €, höchstens 70 € | |

| Haupt-stichwort | ggf. Unterstichwort | Notar | | Gericht |
|---|---|---|---|---|
| | | §§ GNotKG Geschäftswert | Nr. KV Gebührensatz | §§ GNotKG; Nr. KV ggf. zuzügl. KatFortGeb |
| | Zusatzgebühr (Vollzugsgebühr) neben der Beglaubigungsgebühr für Übermittlung von Anträgen, Erklärungen oder Unterlagen an ein Gericht, eine Behörde oder einen Dritten (z.B. Vorlage an Grundbuchamt) | wertunabhängig | Nr. 22124 = 20 € | |
| | Zusatzgebühr neben der Beglaubigungsgebühr, wenn Beglaubigungsvermerk des Notars in fremder Sprache | § 121 wie für Beurkundung der Erklärung | Nr. 26001 = 30 % der für die Beglaubigung zu erhebenden Gebühr | |
| Unterteilung Wohnungseigentum | Unterteilung eines Wohnungseigentums in mehrere selbstständige Wohnungseigentumseinheiten | § 42 Abs.1 voller Wert des Wohnungseigentums | Nr. 21200 = 1,0 mindestens 60 € (wenn nur formell-rechtliche Erklärungen dann Nr. 21201 = 0,5 mindestens 30 €) | § 42 Abs. 1; Nr. 14112 = 1,0 |
| Unzeitgebühr | Beurkundung an Sonn- und Feiertag, Werktags außerhalb von 8 bis 18 Uhr, samstags nach 13 Uhr | wie Beurkundung | Nr. 26000 in Höhe von 30 % der für das Verfahren oder das Geschäft zu erhebenden Gebühr; höchstens 30 € | |
| Vaterschaftsanerkennung | | | Vorbem. 2 Abs.3 gebührenfrei | |
| Veräußerungs- und Belastungsverbot | | §§ 97 Abs.1, 50 Nr.1 10 % des Verkehrswertes vom belasteten Objekt | Nr. 21100 = 2,0 mindestens 120 € (wenn vertraglich) | Nr. 14150 = 0,5 für Eintragung AV |
| Vereinsregisteranmeldung | Erstanmeldung | §§ 119 Abs.1, 36 Abs.3 in der Regel 5.000 €, höchstens 1 Mio € | Nr. 24102 = 0,5 (§ 92 Abs.2) mindestens 30 € | Nr. 13100 = 75 € |
| | spätere Anmeldung | §§ 119 Abs.1, 36 Abs.3 jede Tatsache in der Regel 5.000 € (wenn mehrere Veränderungen dann ca. 1.000 € - 5.000 € pro Veränderung), höchstens 1 Mio € | Nr. 24102 = 0,5 (§ 92 Abs.2) mindestens 30 € | Nr. 13101 = 50 € (für mehrere Eintragungen nur einmal – für Erlöschen des Vereins keine Gebühr) |
| Verfügungseinschränkung über eine Sache oder ein Recht | Verpflichtung dazu durch Eigentümer / Erwerber | §§ 97 Abs.1, 50 Nr.1 10 % des Verkehrswerts der Sache oder des Rechts | Nr. 21100 = 2,0 mindestens 120 € (wenn vertraglich) | Eintragung von Verfügungsbeschränkungen erfolgt im Grundbuch gebührenfrei |
| Verlängerung des Europäischen Nachlasszeugnisses | Antrag auf Verlängerung, ohne eidesstattliche Versicherung | § 36 Abs. 1 10 - 20 % des Nachlassreinvermögens | Nr. 21201 Nr. 6 = 0,5 mindestens 30 € | Nr. 12218 = 20 € |
| Verlosung | | §§ 97 Abs.1, 36 Abs.1 Wert der verlosten Gegenstände | Nr. 23200 = 2,0 | |
| Verlustausgleichsvereinbarung | Beherrschungs-, Gewinnabführungs- oder Verlustausgleichsvereinbarung | §§ 97 Abs.1, 52 Abs.3 bei unbestimmter Dauer der auf die ersten 10 Jahre entfallende Wert | Nr. 21100 = 2,0 mindestens 120 € | |
| Vermächtniserfüllung | über Grundstück, angeordnet in einem notariellen Testament oder Erbvertrag | §§ 97 Abs.1, 46 Abs.1 Verkehrswert des Grundstücks | Nr. 21102 = 1,0 mindestens 60 € | § 46 Ab. 1; Nr. 14110 = 1,0; Ausnahme: Erfüllung eines Vorausvermächtnisses (§ 2150 BGB) für einen Miterben erfolgt im Grundbuch gebührenfrei, sofern die Eintragung ohne Voreintragung der Erbengemeinschaft binnen zwei Jahren ab Erbfall erfolgt, vgl. Nr. 14110 Anm. 1 |
| | über GmbH-Geschäftsanteil, angeordnet in einem notariellen Testament oder Erbvertrag | s. unter Hauptstichwort „Übertragung“ | Nr. 21102 = 1,0 mindestens 60 € | |

Kosten-stichworte

| Hauptstichwort | ggf. Unterstichwort | Notar: §§ GNotKG Geschäftswert | Notar: Nr. KV Gebührensatz | Gericht: §§ GNotKG; Nr. KV ggf. zuzügl. KatFortGeb |
|---|---|---|---|---|
| | angeordnet in einer privatschriftlichen Verfügung von Todes wegen | §§ 97 Abs.1, 46 Abs.1 Verkehrswert des Grundstücks (bei anderen Gegenständen der dortige Wert) | Nr. 21100 = 2,0 mindestens 120 € | Nr. 14110 = 1,0 |
| Vermessungskosten | Übernahme durch Käufer bei einem Teilflächenkauf | §§ 97 Abs.1, 47 Höhe der Vermessungskosten | Zurechnungsposten beim Kaufvertrag | Hinzurechnungsposten, § 47 S. 2 |
| Vermögensübertragung | nach § 174 ff UmwG, s. unter Hauptstichwort Gesellschaftsrecht | | | |
| Vermögensverzeichnis | Aufnahme des Verzeichnisses | § 115 Wert der verzeichneten Gegenstände, gem. § 38 ohne Schuldenabzug | Nr. 23500 = 2,0 | Nr. 12310 = 0,5 |
| | Mitwirkung als Urkundsperson bei der Aufnahme | § 115 Wert der verzeichneten Gegenstände, gem. § 38 ohne Schuldenabzug | Nr. 23502 = 1,0 | |
| Vernehmung | von Zeugen und Sachverständigen | § 36 wie für Eidesstattl. Vers. | Nr. 23302 = 1,0 | |
| Verpfändung | | §§ 97 Abs.1, 53 Abs.2 Betrag der Forderung oder – wenn wertniedriger – Wert des Pfandobjekts | Nr. 21200 = 1,0 mindestens 60 € (wenn vertraglich dann Nr. 21100 = 2,0 mindestens 120 €) | § 53 Abs. 2; Nr. 14130 = 0,5; die Verpfändung einer Auflassungsvormerkung ist jedoch gebührenfrei |
| Verschmelzung nach UmwG | s. unter Hauptstichwort Gesellschaftsrecht | | | |
| Versicherung an Eides statt | s. unter Hauptstichwort Eidesstattliche Versicherung | | | |
| Verteilung eines Grundpfandrechtes | ein Gesamtrecht auf einzelne Grundstücke gem. § 1132 Abs.2 BGB | §§ 97 Abs.1, 53 Abs.1 Nennbetrag | Nr. 21201 = 0,5 mindestens 30 € | § 53 Abs. 1; Nr. 14130 = 0,5 |
| Vertragsangebot | | wie für Vertrag | Nr. 21100 = 2,0 mindestens 120 € | Nr. 14150 = 0,5 für Eintragung AV |
| Vertretungsbescheinigung | nach § 21 Abs.1 Nr.1 BNotO | wertunabhängig | Nr. 25200 = 15 € für jedes Registerblatt, dessen Einsicht zur Erteilung erforderlich ist | |
| Verwahrung | von Geldbeträgen | § 124 von jeweils ausgezahltem Betrag | Nr. 25300 = 1,0; mindestens 15 €; bei Beträgen von mehr als 13 Mio € = 0,1 % des Auszahlungsbetrages (ggf. zuzügl. Betreuungsgeb. Nr. 22200 Nr.4) | |
| | von Wertpapieren und Kostbarkeiten | § 124 Wert der Wertpapiere und Kostbarkeiten | Nr. 25301 = 1,0; mindestens 15 €; bei Werten von mehr als 13 Mio € = 0,1 % des Werts (ggf. zuzügl. Betreuungsgeb. Nr. 22200 Nr.4) | |
| | Sparbücher, Bürgschaftsurkunden, Quellcodes u.dgl. | kann, muss aber nicht am Wert orientiert werden | § 126 durch öffentl.-rechtl. Vertrag zu vereinbaren | |
| Verwalternachweis | Unterschriftsbeglaubigung unter Beschluss der Wohnungseigentümerversammlung | wertunabhängig | Nr. 25101 = 20 € | |
| Verwaltervertrag | | § 99 Abs.2 Wert aller Bezüge, höchstens die der ersten 5 Jahre | Nr. 21100 = 2,0 mindestens 120 € | |

| Haupt-stichwort | ggf. Unterstichwort | Notar | | Gericht |
|---|---|---|---|---|
| | | §§ GNotKG Geschäftswert | Nr. KV Gebührensatz | §§ GNotKG; Nr. KV ggf. zuzügl. KatFortGeb |
| Verwalter-zustimmung | zum Verkauf einer Wohnung nach § 12 WEG | § 98 Abs.1 Wert des Veräußerungs-vertrages (ggf. abzügl. Bewegliches), davon die Hälfte; höchstens 1 Mio € | Nr. 21200 = 1,0 mindestens 60 € | |
| Verwaltungs-regelung | unter Miteigentümer gem. § 1010 BGB | §§ 97 Abs.1, 51 Abs.2 30 % des betroffenen Gegenstandes | Nr. 21100 = 2,0 mindestens 120 € | Nr. 14160 Nr.4 = 50 € (für jeden belasteten Anteil gesondert; abgegolten ist damit auch die gleichzeitige Eintragung einer Benutzungsregelung und eines Aufhebungsausschlusses) |
| Verweisungs-urkunde | Bezugsurkunde, Grundlagen-urkunde, Mutterurkunde | § 36 Abs.1 angemessener Teilwert, meist 10 % | Nr. 21200 = 1,0 mindestens 60 € | |
| Verzicht | auf Erb- bzw. Pflichtteils-anspruch, s. dort | | | Eintragung eines Verzichts auf Grundpfandrecht im Grundbuch = Nr. 14130 = 0,5 aus Nennbetrag des Grundpfandrechts. Eintragung des Verzichts auf Überbaurente im Grundbuch dagegen 25 € = Nr. 14143. |
| | des Angebotsempfängers auf Annahme eines Vertrags-angebotes | § 36 Abs.1 Teilwert von 10 - 30 % vom Wert des Angebots | Nr. 21200 = 1,0 mindestens 60 € wenn einseitig (wenn vertraglich dann Nr. 21100 = 2,0 mindestens 120 €) | |
| | des Vorkaufsberechtigten auf Ausübung des Vorkaufs-rechtes | § 36 Abs.1 Teilwert von ca. 10 % vom Wert des Kaufvertrages | Nr. 21200 = 1,0 mindestens 60 € (wenn nicht Vollzugsgebühr KV Vorbem. 2.2.1.1. Abs.1 Nr.7) | |
| | auf Steuerbefreiung nach UStG, in Kaufvertrag | § 97 Abs.1 Betrag der Umsatz-steuer | Nr. 21200 = 1,0 mindestens 60 € wenn durch einseitige Erklärung | |
| Vollmacht | allgemeine (General-vollmacht) | § 98 Abs. 3 Hälfte des Aktivvermögens, gem. § 38 ohne Schuldenabzug; höchstens 1 Mio € | Nr. 21200 = 1,0 mindestens 60 € | |
| | Vorsorgevollmacht | wie allgemeine Vollmacht | Nr. 21200 = 1,0 mindestens 60 € | |
| | für ein bestimmtes Geschäft | § 98 Abs.1 Hälfte des Wertes des bestimmten Rechts-geschäfts; höchstens 1 Mio € | Nr. 21200 = 1,0 mindestens 60 € | |
| | Bankvollmacht (zur Vertretung einer Bank) | § 98 Abs.3 im Regelfall der Höchst-wert über 1 Mio € | Nr. 21200 = 1,0 mindestens 60 € | |
| | zur Verfügung über Bank-guthaben | § 98 Abs.1 Hälfte des aktuellen Bankguthabens; höchstens 1 Mio € | Nr. 21200 = 1,0 mindestens 60 € | |

| Haupt-stichwort | ggf. Unterstichwort | Notar | | Gericht |
|---|---|---|---|---|
| | | §§ GNotKG Geschäftswert | Nr. KV Gebührensatz | §§ GNotKG; Nr. KV ggf. zuzügl. KatFortGeb |
| | Registervollmacht eines Kommanditisten | § 98 Abs.3<br>- Wert einer Handelsregisteranmeldung, also mindestens 30.000 € nach § 105 Abs.1 S.2,<br>- multipliziert x 2 (wenn allg. für künftige Anmeldungen verwendbar),<br>- davon dann die Hälfte gem. § 98 Abs.3;<br>- höchstens 1 Mio € | Nr. 21200 = 1,0 mindestens 60 € | |
| | zum Beitritt in eine GbR | § 98 Abs.2<br>Hälfte von: künftiger Anteil des Vollmachtgebers am Aktivvermögen der GbR, gem. § 38 ohne Schuldenabzug, mindestens Wert einer Einlage des Vollmachtgebers; höchstens 1 Mio € | Nr. 21200 = 1,0 mindestens 60 € | |
| | zur Stimmrechtsausübung | § 98 Abs.2<br>Hälfte des Anteils des Vollmachtgebers an dem Geschäft; höchstens 1 Mio € | Nr. 21200 = 1,0 mindestens 60 € | |
| Vollmachts-bestätigung | Entwurfsfertigung mit Anforderung zu einem Beurkundungsverfahren | § 112<br>Wert des Beurkundungsverfahrens | Nr. 22110 = 0,5 (oder Nr. 22111 = 0,3, wenn Gebühr für Beurkundungsverfahren weniger als 2,0) | |
| Vollmachtswiderruf | | § 98 Abs.5<br>wie für widerrufene Vollmacht | Nr. 21200 = 1,0 mindestens 60 € | |
| Vollstreckbare Ausfertigung – Erteilung / Umschreibung für oder gegen Rechtsnachfolger | z.B.<br>• nach Abtretung des Grundpfandrechts<br>• nach einem Eigentümerwechsel<br>• hinsichtlich des übertragenden Rechtsträgers nach Verschmelzung, Spaltung, Ausgliederung (nicht bei formwechselnder Umwandlung)<br>• gegen Nachlassverwalter, Nachlasspfleger, Zwangsverwalter, Insolvenzverwalter, Kanzleiabwickler (ebenso danach zurück auf wieder verfügungsberechtigten Eigentümer)<br>• gegen unbekannte Erben, vertreten durch Nachlasspfleger<br>• gegen Nacherben<br>• gegen Testamentsvollstrecker<br>• gegen Eigenbesitzer | § 118<br>Wert der Ansprüche, die Gegenstand der Vollstreckbarkeitserklärung sind | Nr. 23803 = 0,5 | |
| | bei fortbestehender Identität, nur Namens- oder Firmenänderung, z.B.<br>• nach formwechselnder Umwandlung<br>• betreffend die Vor-GmbH<br>• Liquidation<br>• von bisher unbekannten Erben auf inzwischen namentlich bekannte Erben | | gebührenfrei | |
| Vollstreckbare Ausfertigung – Erteilung einer weiteren | § 797 Abs.3, § 733 ZPO | wertunabhängig | Nr. 23804 = 22 € | |

| Haupt-stichwort | ggf. Unterstichwort | Notar | | Gericht |
|---|---|---|---|---|
| | | §§ GNotKG Geschäftswert | Nr. KV Gebührensatz | §§ GNotKG; Nr. KV ggf. zuzügl. KatFortGeb |
| Vollstreckbare Ausfertigung wurde bisher nicht erteilt | darüber Bestätigung | | gebührenfreie Sachstandsmitteilung | |
| Vollstreckbarer Anwaltsvergleich | Vollstreckbarerklärung eines Anwaltsvergleichs nach § 796a ZPO | wertunabhängig | Nr. 23800 = 66 € | |
| Vollstreckbarerklärung eines Schiedsspruchs | § 1053 ZPO | § 118<br>Wert des Anspruchs, der Gegenstand der Vollstreckbarerklärung ist | Nr. 23801 = 2,0 | |
| Vollstreckbarerklärung bzw. Bescheinigung dazu | Bestätigung nach § 1079 ZPO oder Bescheinigung nach § 1110 ZPO =<br>Bestätigung bzw. Bescheinigung des Notars zu einer eigenen vollstreckbaren Urkunde; dies ermöglicht die unmittelbare Vollstreckung im Mitgliedstaat, ohne dass dort ein Vollstreckbarerklärungsverfahren vorgeschaltet werden muss. | wertunabhängig | Nr. 23805 = 22 € | |
| | Verfahren über einen Antrag auf Vollstreckbarerklärung einer notariellen Urkunde nach § 55 Abs.3 AVAG, nach § 35 Abs.3 AUG oder nach § 3 Abs.4 IntErbRVG oder nach § 4 Abs.4 IntGüRVG =<br>Notar erklärt ausländische Notarurkunde für vollstreckbar; die spätere Erteilung des notariellen Zeugnisses wird nicht gesondert vergütet. | wertunabhängig | Nr. 23806 = 264 € | |
| | Bescheinigung nach § 57 AVAG, § 27 IntErbRVG oder § 27 IntGüRVG oder für die Ausstellung des Formblatts oder der Bescheinigung nach § 71 Abs.1 AUG =<br>Bescheinigung des Notars zu einer eigenen vollstreckbaren Urkunde; ist Voraussetzung für die Vollstreckbarerklärung durch einen ausländischen Notar zwecks Vollstreckung im Ausland. | wertunabhängig | Nr. 23808 = 17 € | |
| Vollstreckbare Räumungspflicht | darüber Beurkundung einer Unterwerfung | § 36 Abs.1<br>einmaliges Jahresentgelt des Mieters (Jahresmiete + Betriebskosten) | Nr. 21200 = 1,0<br>mindestens 60 € | |
| Vorbehaltsgutserklärung | bei Gütergemeinschaft, in späterer Urkunde | § 100 Abs.2<br>deren Wert, gem. § 38 ohne Abzug darauf lastender Verbindlichkeiten; höchstens modifiziertes Reinvermögen | Nr. 21100 = 2,0<br>mindestens 120 € | Nr. 14110 = 1,0 |
| Vorkaufsrecht, Wiederkaufsrecht | | §§ 97 Abs.1, 51 Abs.1<br>halber Wert des belasteten Objekts | Nr. 21100 = 2,0<br>mindestens 120 €<br>wenn vertraglich | § 51 Abs. 1, halber Wert des belasteten Objekts;<br>Nr. 14121 = 1,0 für Eintragung eines Vorkaufsrechts;<br>Nr. 14150 = 0,5 für Eintragung einer AV zur Sicherung des Wiederkaufsrechts |

| Hauptstichwort | ggf. Unterstichwort | Notar: §§ GNotKG Geschäftswert | Notar: Nr. KV Gebührensatz | Gericht: §§ GNotKG; Nr. KV ggf. zuzügl. KatFortGeb |
|---|---|---|---|---|
| Vorvertrag | | §§ 97 Abs.1, 51 Abs.1 wie in Aussicht genommener endgültiger Vertrag | Nr. 21100 = 2,0 mindestens 120 € | Nr. 14150 = 0,5 für Eintragung AV |
| Wechselprotest | auch, wenn ohne Aufnahme des Protests an den Notar gezahlt oder ihm die Zahlung nachgewiesen wird | § 97 Abs.1 Wechselsumme ohne Nebenleistungen (wenn Teilbetrag, dann dieser) | Nr. 23400 = 0,5 | |
| | Verfahren über die Aufnahme eines jeden Protests wegen Verweigerung der Ehrenannahme oder wegen unterbliebener Ehrenzahlung, wenn der Wechsel Notadressen enthält | § 97 Abs.1 Wechselsumme ohne Nebenleistungen (wenn Teilbetrag, dann dieser) | Nr. 23401 = 0,3 | |
| Werkvertrag | | §§ 97 Abs.1, 47 Preis für Bauwerk | Nr. 21100 = 2,0 mindestens 120 € | |
| Wertsicherungsklausel | zu wiederkehrenden Leistungen | § 52 Abs.7 wird nicht berücksichtigt | | § 52 Abs. 7, Wertsicherungsklausel wird nicht berücksichtigt |
| Widerruf einer Vollmacht | | § 98 Abs.5 wie für widerrufene Vollmacht | Nr. 21200 = 1,0 mindestens 60 € | |
| Wiederkaufsrecht, Vorkaufsrecht | s. unter Hauptstichwort Vorkaufsrecht | §§ 97 Abs.1, 51 Abs.1 halber Wert des belasteten Objekts | Nr. 21100 = 2,0 mindestens 120 € wenn vertraglich | § 51 Abs. 1 S. 2, halber Wert der Immobilie; Nr. 14150 = 0,5 für Eintragung einer AV zur Sicherung des Wiederkaufsrechts; Nr. 14121 = 1,0 für Eintragung eines Vorkaufsrechts |
| Wiederkehrende Nutzungen und Leistungen | von bestimmter Dauer | §§ 97 Abs.1, 52 Abs.2 die Summe der einzelnen Jahreswerte, höchstens die der ersten 20 Jahre (wenn auf Lebensdauer einer Person beschränkt, dann § 52 Abs. 4) | Nr. 21100 = 2,0 mindestens 120 € wenn vertraglich | Nr. 14121 = 1,0 für Eintragung Reallast |
| | von unbeschränkter Dauer, d.i. wenn der Wegfall des Bezugsrechtes nicht abzusehen ist, z.B.<br>• Nießbrauch für eine juristische Person<br>• Einräumung einer Grunddienstbarkeit<br>• unkündbare beschränkte persönliche Dienstbarkeit<br>• Überbau- und Notwegrenten<br>• Dauerwohnrecht nicht auf bestimmte Zeit | §§ 97 Abs.1, 52 Abs.3 Jahresleistungen der ersten 20 Jahre | Nr. 21100 = 2,0 mindestens 120 € wenn vertraglich | Nr. 14121 = 1,0 für Eintragung des Rechts |
| | von unbestimmter Dauer, d.i. wenn der Wegfall des Rechtes gewiss, der Zeitpunkt aber ungewiss ist, z.B.<br>• Rechte und Leistungen, deren Wegfall von einer Kündigung abhängt<br>• Rechte und Leistungen, deren Wegfall von der Beendigung eines anderen Schuldverhältnisses abhängt<br>• Zinserhöhung oder -herabsetzung bei jederzeit fälliger Grundschuld | §§ 97 Abs.1, 52 Abs.3 Jahresleistungen der ersten 10 Jahre | Nr. 21100 = 2,0 mindestens 120 € wenn vertraglich | Nr. 14121 = 1,0 für Eintragung des Rechts |

| Haupt-stichwort | ggf. Unterstichwort | Notar | | Gericht |
|---|---|---|---|---|
| | | §§ GNotKG Geschäftswert | Nr. KV Gebührensatz | §§ GNotKG; Nr. KV ggf. zuzügl. KatFortGeb |
| | • Rechte für bestimmte Zeit mit automatischer Verlängerung, wenn nicht gekündigt wird<br>• Nießbrauch und beschr. pers. Dienstbarkeit für OHG od. KG, wenn sie durch den Tod eines pers. haft. Gesellschafters aufgelöst wird | | | |
| | auf Lebenszeit | §§ 97 Abs.1, 52 Abs.4 Vervielfältiger je nach Lebensalter d. Berechtigten | Nr. 21100 = 2,0 mindestens 120 € wenn vertraglich | Nr. 14121 = 1,0 für Eintragung Reallast |
| Wirksamkeitsbescheinigung | s. unter Hauptstichwort Bescheinigung | | | |
| Wohnungsbesetzungsrecht | in Grundschuldbestellungsurkunde | § 36 Abs.1 Teilwert von ca. 10 - 20 % des Darlehensnennbetrages | Nr. 21200 = 1,0 mindestens 60 € wenn mit materiell-rechtl. Erklärungen (wenn nur formell-rechtl. Inhalts dann Nr. 21201 = 0,5 mindestens 30 €) | §§ 36 Abs. 1, 50 Nr. 2, 20 % des Darlehensnennbetrages; Nr. 14121 = 1,0 |
| | eigenständig, ohne Zusammenhang mit einer Grundschuldbestellung | §§ 97 Abs.1, 52 Abs.1, 50 Nr. 2 20 % vom Verkehrswert des betroffenen Grundbesitzes | Nr. 21100 = 2,0 mindestens 120 € wenn vertraglich | §§ 36 Abs. 1, 50 Nr. 2, 20 % des Verkehrswertes des betroffenen Grundbesitzes; Nr. 14121 = 1,0 |
| Wohnungseigentum | Begründung nach § 3 WEG | § 42 Abs.1 Verkehrswert vom Grundstück inclusive Bebauung | Nr. 21100 = 2,0 mindestens 120 € | § 42 Abs. 1; Nr. 14112 = 1,0; ggf. zusätzlich Nr. 14160 Nr. 3 = 50 € für die Eintragung der Vereinigung von Grundstücken; ggf. zusätzlich Nr. 14110 = 1,0 für die Schaffung von Bruchteilseigentum |
| | Begründung nach § 8 WEG | § 42 Abs.1 Verkehrswert vom Grundstück inclusive Bebauung | Nr. 21200 = 1,0 mindestens 60 € | § 42 Abs. 1; Nr. 14112 = 1,0; ggf. zusätzlich Nr. 14160 Nr. 3 = 50 € für die Eintragung der Vereinigung von Grundstücken |
| | unbedingte vertragliche Verpflichtung zur Begründung durch alle Miteigentümer | § 42 Abs.1 Verkehrswert vom Grundstück inclusive Bebauung | Nr. 21100 = 2,0 mindestens 120 € | Ggf. Nr. 14150 = 0,5, Eintragung einer Vormerkung |
| | Aufhebung der Verfügungsbeschränkung gem. § 12 Abs.4 WEG<br>• Entwurfsfertigung für den Antrag auf Löschung im Grundbuch an allen Einheiten | §§ 119 Abs.1, 51 Abs.2 30 % des Wertes der Wohnanlage | Nr. 24102 = 0,5 (§ 92 Abs.2) mindestens 30 € | Nr. 14160 Nr. 5 = 50 € für jedes betroffene Sondereigentum, höchstens 100 € |
| | Aufhebung der Verfügungsbeschränkung gem. § 12 Abs.4 WEG<br>• Unterschriftsbeglaubigung unter Beschluss der Eigentümerversammlung | §§ 121, 51 Abs.2 30 % des Wertes der Wohnanlage | Nr. 25100 = 0,2 mindestens 20 €, höchstens 70 € | Nr. 14160 Nr. 5 = 50 € für jedes betroffene Sondereigentum, höchstens 100 € |
| | Aufhebung von Wohnungs- und Teileigentum | § 42 Abs.1 Verkehrswert vom Grundstück inclusive Bebauung | Nr. 21201 = 0,5 mindestens 30 € wenn durch Alleineigentümer; Nr. 21100 = 2,0 mindestens 120 € wenn vertraglich | Nr. 14160 Nr. 5 = 50 € für jedes betroffene Sondereigentum, höchstens 500 € |

| Haupt-stichwort | ggf. Unterstichwort | Notar | | Gericht |
|---|---|---|---|---|
| | | §§ GNotKG Geschäftswert | Nr. KV Gebührensatz | §§ GNotKG; Nr. KV ggf. zuzügl. KatFortGeb |
| | Genehmigung Verwalter oder anderer Wohnungs-eigentümer | §§ 119 Abs.1, 98 Abs.1 Wert des Veräußerungs-vertrages (ggf. abzügl. Be-wegliches), davon 50 %; höchstens 1 Mio € | Nr. 24101 = 1,0 (§ 92 Abs.2) mindestens 60 € | |
| | nachträgliche Feststellung über Identität des Aufteilungs-planes | § 36 Abs.1 10 - 20 % des Wertes der Teilungserklärung | Nr. 21201 = 0,5 mindestens 30 € (unerheblich, ob zu Teilungserklärung nach § 3 WEG oder nach § 8 WEG) | |
| | Umwandlung Wohnungs-eigentum in Teileigentum (und umgekehrt) | §§ 97 Abs.1, 46 Abs.1, 36 Abs.1 Teilwert von ca. 20 - 30 % des betroffe-nen Sondereigentums | Nr. 21200 = 1,0 mindestens 60 € | Nr. 14160 Nr. 5 = 50 € für jedes betroffene Sondereigentum, höchstens 500 € |
| | Unterteilung eines Wohnungs-eigentums in mehrere selbständige Wohnungseigen-tumseinheiten | § 42 Abs.1 voller Wert des Woh-nungseigentums | Nr. 21200 = 1,0 mindestens 60 € (wenn nur formell-rechtliche Erklärungen dann Nr. 21201 = 0,5 mindestens 30 €) | § 42 Abs. 1; Nr. 14112 = 1,0 |
| | Veräußerung | §§ 97 Abs.1, 46 Abs.1 Verkehrswert | Nr. 21100 = 2,0 mindestens 120 € | §§ 69, 46 Abs. 1; Nr. 14110 = 1,0 (ggf. für AV zusätzlich Nr. 14150 = 0,5; für Lö-schung der AV Nr. 14152 = 25 €) |
| | Vereinigung Wohnungseigen-tumsrechte (bestehen an dem-selben Grundstück und gehö-ren demselben Eigentümer) | § 36 Abs.1 Teilwert von ca. 20 % vom Wert der zu vereini-genden Einheiten | Nr. 21201 = 0,5 mindestens 30 € | Nr. 14160 Nr. 5 = 50 € für jedes betroffene Sondereigentum, höchstens 500 € |
| | Verwalternachweis (Unter-schriftsbeglaubigung unter Beschluss der Wohnungseigen-tümerversammlung) | wertunabhängig | Nr. 25101 = 20 € | |
| | Zustimmung Verwalter oder anderer Wohnungs-eigentümer | § 98 Abs.1 Wert des Veräußerungs-vertrages (ggf. abzügl. Be-wegliches), davon 50 %; höchstens 1 Mio € | Nr. 21200 = 1,0 mindestens 60 € | |
| Wohnungs-erbbaurecht | Begründung | §§ 97 Abs.1, 42 Abs.2, 49 Abs.2 voller Wert des Erbbau-rechtes = 80 % von (Ver-kehrswert des Grund-stücks inclusive Bebau-ung) | Nr. 21100 = 2,0 mindestens 120 € wenn vertraglich (wenn einseitige Erklärung dann Nr. 21200 = 1,0 mindestens 60 €) | §§ 42 Abs. 2, 49; Nr. 14112 = 1,0 |
| Wohnungs-recht | | §§ 97 Abs.1, 52 Abs.4 nach Lebensalter kapita-lisierter Jahreswert | Nr. 21100 = 2,0 mindestens 120 €, wenn vertraglich (wenn nur formell-rechtliche Erklärungen dann Nr. 21201 = 0,5 mindestens 30 €) | § 52; Nr. 14121 = 1,0 |
| Zeugenver-nehmung | oder von Sachverständigen | §§ 97 Abs.1, 36 wie für Eidesstattl. Vers. | Nr. 23302 = 1,0 | |
| Zustimmung | eines Vertragsteils zu einer bereits beurkundeten Erklä-rung, z.B. Verkäufer oder Käufer etc. | §§ 119 Abs.1, 98 Abs.1 die Hälfte des Geschäfts-wertes für das Geschäft; höchstens 1 Mio € | Nr. 24101 = 1,0 (§ 92 Abs.2) mindestens 60 € | |
| | eines Mitberechtigten, z.B. Käufer sind Ehegatten in Gütergemeinschaft, einer der Ehegatten genehmigt nach | §§ 119 Abs.1, 98 Abs.2 Hälfte vom Wert des Kaufvertrages, davon 1/2; höchstens 1 Mio € | Nr. 24101 = 1,0 (§ 92 Abs.2) mindestens 60 € | |

| Hauptstichwort | ggf. Unterstichwort | Notar: §§ GNotKG Geschäftswert | Notar: Nr. KV Gebührensatz | Gericht: §§ GNotKG; Nr. KV ggf. zuzügl. KatFortGeb |
|---|---|---|---|---|
| | Ehegatte nach § 1365 BGB | §§ 119 Abs.1, 98 Abs.1 die Hälfte des Geschäftswertes für das Geschäft; höchstens 1 Mio € | Nr. 24101 = 1,0 (§ 92 Abs.2) mindestens 60 € | |
| | Ehegatten sind Miteigentümer je zur Hälfte eines Grundstücks. Es wird eine Grundschuld bestellt mit Übernahme der gesamtschuldnerischen Haftung. Einer der beiden Ehegatten wird bei der Beurkundung vertreten und genehmigt nach | §§ 119 Abs.1, 98 Abs.1 die Hälfte des Geschäftswertes der Grundschuldbestellung; höchstens 1 Mio € | Nr. 24101 = 1,0 (§ 92 Abs.2) mindestens 60 € | |
| | des Nacherben zur Verfügung des Vorerben | §§ 119 Abs.1, 98 Abs.1 Hälfte des Wertes des genehmigten Geschäfts; höchstens 1 Mio € | Nr. 24101 = 1,0 (§ 92 Abs.2) mindestens 60 € | |
| | eines Mitnacherben zur Verfügung des Vorerben | §§ 119 Abs.1, 98 Abs.2 Hälfte des Wertes des genehmigten Geschäfts, davon Prozentsatz entsprechend der Quote des Mitnacherben; höchstens 1 Mio € | Nr. 24101 = 1,0 (§ 92 Abs.2) mindestens 60 € | |
| | des Verwalters zum Verkauf einer Wohnung nach § 12 WEG | §§ 119 Abs.1, 98 Abs.1 Wert des Veräußerungsvertrages (ggf. abzüglich Bewegliches), davon 50 %; höchstens 1 Mio € | Nr. 24101 = 1,0 (§ 92 Abs.2) mindestens 60 € | |
| | einer von mehreren Wohnungseigentümern zum Verkauf einer anderen Wohnung nach § 12 WEG | §§ 119 Abs.1, 98 Abs.2 Hälfte des Wertes des Kaufvertrages, davon Prozentsatz entsprechend des Anteiles, welcher der Mitberechtigung des Zustimmenden am gemeinschaftlichen Eigentum entspricht; höchstens 1 Mio € | Nr. 24101 = 1,0 (§ 92 Abs.2) mindestens 60 € | |
| | Grundpfandgläubiger zu Wohnungseigentumsbegründung | §§ 119 Abs.1, 98 Abs.1 Hälfte von: Wert der Teilungserklärung, begrenzt auf Nominalbetrag des Grundpfandrechtes; höchstens 1 Mio € | Nr. 24101 = 1,0 (§ 92 Abs.2) mindestens 60 € | |
| | eines Mittestamentsvollstreckers | §§ 119 Abs.1, 98 Abs.1 Hälfte des Wertes des genehmigten Geschäfts (nicht Quote davon); höchstens 1 Mio € | Nr. 24101 = 1,0 (§ 92 Abs.2) mindestens 60 € | |
| Zwangsvollstreckungsunterwerfung | in gesonderter Urkunde | § 97 Abs.1 Schuldbetrag | Nr. 21200 = 1,0 mindestens 60 € | |
| | über Räumungspflicht | § 36 Abs.1 einmaliges Jahresentgelt des Mieters (Jahresmiete + Betriebskosten) | Nr. 21200 = 1,0 mindestens 60 € | |
| Zuwendungsverzicht | nach § 2352 BGB | § 97 Abs.1 Wert des bedachten Erbteils (Reinnachlass) bzw. Vermächtnisses im Zeitpunkt der Beurkundung des Verzichts, Schulden bis zur Hälfte abzuziehen | Nr. 21100 = 2,0 mindestens 120 € | |

# Bestellschein für Nachbestellungen

Absender: (Stempel)

An
NOMOS Verlag
Stichwort *Bäuerle-Tabelle*
Waldseestraße 3-5
76530 Baden-Baden

Einfach Seite abfotografieren oder einscannen und per E-Mail an:
**bestellung@nomos.de**
Oder per Fax an: 072 21 - 21 04 43

Hiermit bestelle ich ______ Exemplar(e) der 35. Auflage 2021 der Kostentabelle für Notare (**Bäuerle-Tabelle**) ISBN 978-3-8487-7053-3 gegen Rechnung.

◯ Ich bin Mitglied des Bayerischen Notarvereins e.V. und beanspruche daher den Vorzugspreis: € 9,90 *) .

◯ Ich bin nicht Mitglied des o. g. Vereins und zahle daher den regulären Verkaufspreis: € 29,00 *) .

______________________________

(Unterschrift)
Notar/in

*) inkl. MwSt., zzgl. Versandkosten